실전! 12가지 프로젝트로 배우는
OpenAI API, 랭체인 완벽 활용법

OpenAI API부터
음성/이미지 처리, 랭체인, RAG,
GPTs, 어시스턴트, 파인튜닝까지

실전! 12가지 프로젝트로 배우는
OpenAI API, 랭체인 완벽 활용법

OpenAI API부터
음성/이미지 처리, 랭체인, RAG,
GPTs, 어시스턴트, 파인튜닝까지

지은이 김준성, 브라이스 유, 안상준

펴낸이 박찬규 엮은이 윤가희, 전이주 디자인 북누리 표지디자인 Arowa & Arowana

펴낸곳 위키북스 전화 031-955-3658, 3659 팩스 031-955-3660
주소 경기도 파주시 문발로 115 세종출판벤처타운 311호

가격 32,000 페이지 376 책규격 175 x 235mm

초판 발행 2024년 10월 29일
ISBN 979-11-5839-550-6 (93000)

등록번호 제406-2006-000036호 등록일자 2006년 05월 19일
홈페이지 wikibook.co.kr 전자우편 wikibook@wikibook.co.kr

Copyright © 2024 by 김준성, 브라이스 유, 안상준
All rights reserved.
Printed & published in Korea by WIKIBOOKS

이 책의 한국어판 저작권은 저작권자와 독점 계약한 위키북스에 있습니다.
신저작권법에 의해 한국 내에서 보호를 받는 저작물이므로 무단 전재와 복제를 금합니다.

이 책의 내용에 대한 추가 지원과 문의는 위키북스 출판사 홈페이지 wikibook.co.kr이나
이메일 wikibook@wikibook.co.kr을 이용해 주세요.

실전! 12가지 프로젝트로 배우는
OpenAI API, 랭체인 완벽 활용법

OpenAI API부터
음성/이미지 처리, 랭체인, RAG,
GPTs, 어시스턴트, 파인튜닝까지

김준성, 브라이스 유, 안상준 지음

위키북스

서문

오늘날 인공지능(AI)은 우리 생활 곳곳에서 놀라운 변화를 일으키고 있습니다. OpenAI에서 개발한 대화형 인공지능 서비스인 ChatGPT는 그 중심에 있으며, 여기에 랭체인(LangChain)과 같은 강력한 도구들이 더해지면서 AI 활용의 가능성은 더욱 넓어지고 있습니다. 단순히 텍스트를 입력하고 답변을 받는 것을 넘어서, 챗봇, 음성 비서, 고객 서비스 도우미, 심지어 창의적인 소설가 역할까지 수행하며 전 세계적으로 주목받고 있습니다. 이러한 뛰어난 기능을 OpenAI API와 랭체인을 통해 손쉽게 자신의 애플리케이션에 통합할 수 있습니다. 인공지능 전문가가 아니더라도, 복잡한 시스템 없이 이 강력한 기술들을 활용해 누구나 AI 기반 애플리케이션을 만들 수 있는 시대가 열렸습니다.

≪실전! 12가지 프로젝트로 배우는 OpenAI API, 랭체인 완벽 활용법≫은 OpenAI API를 처음 접하는 사람부터 숙련된 개발자까지 모두에게 도움이 되도록 기획됐습니다. 이 책은 이론에만 머무르는 AI 기술이 아닌, 실제 프로젝트를 통해 실전에서 어떻게 활용할 수 있는지 단계별로 안내합니다. 텍스트 생성, 음성 비서 개발, 이미지 설명 AI 도슨트, 선택형 동화책 제작, 챗봇 개발 등 다양한 프로젝트를 다루며, 실제로 AI 기술을 사용하여 혁신적인 앱을 만드는 과정을 직접 경험할 수 있습니다.

특히 이 책은 요즘 주목받는 랭체인과 RAG(정보 검색 기반 텍스트 생성) 기술을 소개하고, 이를 활용해 복잡한 PDF 문서를 처리하는 챗봇이나 유튜브 콘텐츠를 요약 및 번역하는 프로그램 등을 만드는 방법을 심도 있게 다룹니다. 또한, ChatGPT의 성능을 높일 수 있는 파인 튜닝 기법으로 자신만의 커스텀 AI를 개발하는 과정도 설명합니다.

이 책을 통해 OpenAI API와 랭체인을 실전에 적용하는 방법을 배우고, 더 나아가 AI 기술을 활용하여 세상을 변화시킬 통찰을 얻기를 바랍니다. 지금이 바로 AI 혁신을 이끌 최고의 기회입니다.

추천사

김수종 _ 아마존 웹 서비스(Amazon Web Services)

≪실전! 12가지 프로젝트로 배우는 OpenAI API, 랭체인 완벽 활용법≫은 인공지능에 대한 지식이 전무한 사람도 12개의 주요 프로젝트를 통해서 누구나 자신만의 AI 비서를 손쉽게 제작할 수 있도록 안내하는 서적입니다. 이 책은 기술적인 내용을 초보자도 쉽게 이해할 수 있도록, 현업에서 마주할 수 있는 유형의 프로젝트 위주의 실습으로 구성되어져 있습니다.

저자들은 ≪딥 러닝을 이용한 자연어 처리 입문≫과 ≪진짜 챗GPT 활용법≫이라는 저서를 통해 인공지능을 대중에게 쉽게 전달하는 경험이 풍부합니다. AI를 처음 접하는 사람도 어렵지 않게 개념을 이해할 수 있다는 점이 이 책의 진정한 장점입니다. LLM을 활용해 업무 효율을 높이는 AI 개발에 관심이 있다면 이 책을 꼭 읽어보시기를 권해드립니다.

"인공지능에 대한 지식이 없는 초보자도 자신만의 LLM 서비스를 만들 수 있는 책. 이미 많은 인공지능 베스트셀러를 집필한 저자들이 쉽고 명확한 설명과 예시, 팁을 통해 고성능 AI 서비스 개발을 가능하게 합니다."

이재홍 _ 네이버클라우드 NLP 엔지니어

최근 LLM과 랭체인을 이용한 다양한 서비스가 나오고 있다. 기업과 엔지니어의 입장에서 LLM을 이용해 빠르게 서비스를 만드는 것이 경쟁력이 되고 있지만, 아직 초보자를 위한 지침서는 마땅히 없었다. 이 책은 실무에 쓰이는 랭체인 문법을 망라하여 누구나 쉽고 빠르게 인공지능 서비스를 개발할 수 있도록 필요한 모든 것을 압축한 지침서이다.

단순한 이론 설명으로는 충분하지 않다는 것을 알고 있는 저자는, 이 책을 통해 독자가 직면할 수 있는 실제 비즈니스 문제와 가까운 프로젝트 중심으로 내용을 구성하고, 그 해결책까지 다룬다. 이러한 접근 덕분에 이 책은 단순한 개발 가이드를 넘어, 현장에서 즉시 활용할 수 있는 핵심 가이드가 됐다고 생각한다.

"실무에 쓰이는 랭체인 문법과 실제 비즈니스 문제에 가까운 프로젝트들만을 정리하여 누구나 쉽게 현장에서 즉각 활용할 수 있습니다."

김신영 _ 현대오토에버 엔지니어

이 책은 인공지능 서비스를 사용해본 적이 없는 사람도, 랭체인이라는 LLM 개발 프레임워크에 대한 이해가 없는 사람도 단 몇 시간 만에 자신만의 인공지능 서비스를 개발할 수 있도록 쉽고 명확하게 안내해준다. GPT를 직접 튜닝하거나, 자신의 데이터로 RAG 챗봇을 만들거나, 음성을 인식하는 인공지능 비서를 만드는 과정도 책을 따라가다 보면 순식간에 완성된다. 더 이상 인공지능 서비스를 만들기 위해 인터넷을 뒤적거리며 오랜 시간 스트레스를 받을 필요가 없다. 이 책을 통해 ChatGPT API와 랭체인 사용법을 익히고 원하는 것을 쉽고 빠르게 만들기만 하면 된다.

> "진입장벽 없이 랭체인과 ChatGPT로 AI 서비스를 개발할 수 있게 가이드하는 책. ChatGPT 파인 튜닝부터 음성 비서, 내 데이터로 학습된 챗봇까지 모두 단 몇 시간 만에 성공했습니다."

김현지 _ 동아일보 기자

기자로 일하다 뒤늦게 데이터 사이언스 엔지니어링의 세계에 입문한 저 같은 '문송(문과라 죄송)'에게 코딩의 벽은 높았습니다. 한국어로 쓰였지만 이해하기 어려운 번역서나 영어로 된 '프로그래밍 쿡북(cook book)' 앞에서 여러 번 좌절했습니다. 그래서 잘 압니다. 이 책과 같은 친절한 안내서가 얼마나 소중한 자산인지를요. 기초부터 차근차근 설명하는 친절한 가이드, '동화 생성'처럼 아기자기한 프로젝트부터 챗봇 개발과 같은 진지한 프로젝트까지 섭렵하는 폭넓은 주제 선택, 술술 읽히는 단정하고 간결한 문체는 이 책의 최대 강점입니다. OpenAI API를 배우고 싶지만 낯설고 어려운 분야라는 생각에 망설이는 모든 분들께 이 책을 추천합니다.

> "저같이 코딩의 벽이 높은 문과 출신도, 술술 읽히는 단정하고 간결한 문체를 따라가며 코딩하다 보니 순식간에 인공지능 챗봇을 만들 수 있었습니다"

책 사용 설명서

본문 내용을 시작하기에 앞서 이 책의 예제 파일을 다운로드하는 방법을 설명하겠습니다.

도서 홈페이지

이 책의 홈페이지 URL은 다음과 같습니다.

- 도서 홈페이지: https://wikibook.co.kr/llm-projects

이 책을 읽는 과정에서 내용상 궁금한 점이나 잘못된 내용, 오탈자가 있다면 홈페이지 오른쪽의 [도서 관련 문의]를 통해 문의해 주시면 빠른 시간 내에 안내해 드리겠습니다.

예제 파일 내려받기

도서 홈페이지의 [예제 코드] 탭을 클릭하면 아래와 같이 예제 파일이 있습니다. [예제 파일 다운로드] 링크를 클릭하면 예제 파일을 내려받을 수 있습니다.

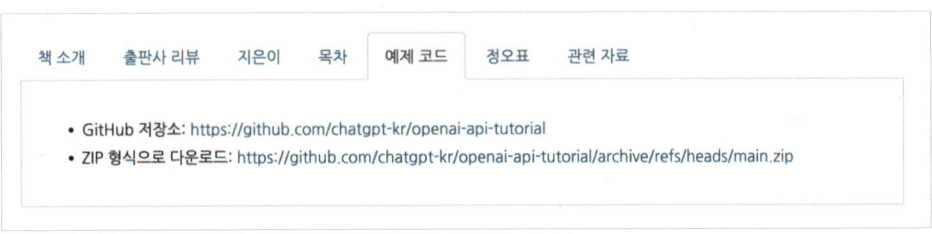

이 책의 구성

이 책은 총 12장으로 구성되어 있으며, OpenAI API와 랭체인의 기본 개념부터 고급 활용법까지 다양한 주제를 다룹니다.

1장에서는 OpenAI가 무엇인지 다룹니다. 이 책에서 배우게 될 OpenAI API의 다양한 기능과 개념을 설명합니다. 또한, 각 기능별 API 사용 요금과 OpenAI API 키 발급 방법에 관한 Q&A를 포함해 OpenAI를 전반적으로 이해할 수 있도록 돕습니다.

`#OpenAI` `#API소개` `#API키발급` `#API요금`

2장에서는 실습 환경을 구축합니다. 윈도우와 macOS에서 파이썬을 설치 방법부터 가상 환경 생성, 비주얼 스튜디오 코드 설치, 주피터 노트북 사용 방법까지 차근차근 설명합니다. 이를 통해 처음 접하는 독자도 개발 환경을 쉽게 구축할 수 있도록 안내합니다.

`#파이썬설치` `#가상환경` `#VSCode` `#주피터노트북` `#개발환경구축`

3장에서는 텍스트 생성 모델의 활용 방법을 다룹니다. 텍스트 생성 모델의 기본 API 사용법을 익히고, 스트림릿을 이용해 프로그램 UI를 생성하는 방법까지 배웁니다. 이를 바탕으로 글 요약 프로그램을 직접 만들어 보며 실전 감각을 키웁니다.

`#텍스트생성모델` `#ChatGPTAPI`
`#스트림릿` `#글요약프로그램`

Procject 01 글 요약 프로그램

4장에서는 음성 비서 만들기 (TTS, STT)를 다룹니다. TTS와 Whisper API 사용법을 익히고, 이를 활용해 음성 인식 및 생성 기능을 구현합니다. 이를 통해 사용자와 자연스럽게 대화하는 음성 비서 서비스를 개발하며, 실제 응용 가능한 프로젝트를 경험할 수 있습니다.

Procject 02 음성 비서 프로그램

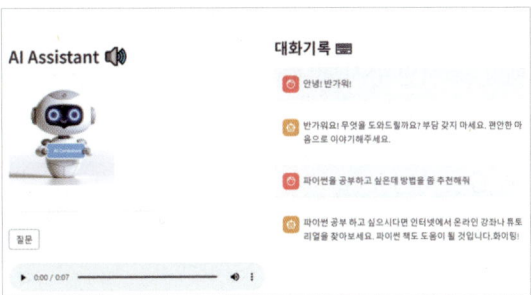

#음성비서 #TTS #STT #Whisper #스트림릿

5장에서는 이미지 설명을 들려주는 AI 도슨트를 만들어 봅니다. GPT-4V를 소개하며, 이미지를 분석하고 설명하는 AI 도슨트 서비스를 구축합니다. 이를 통해 이미지 기반의 정보 제공과 비전 모델의 활용법을 익힙니다.

Procject 03 이미지 설명을 들려주는 AI 도슨트 프로그램

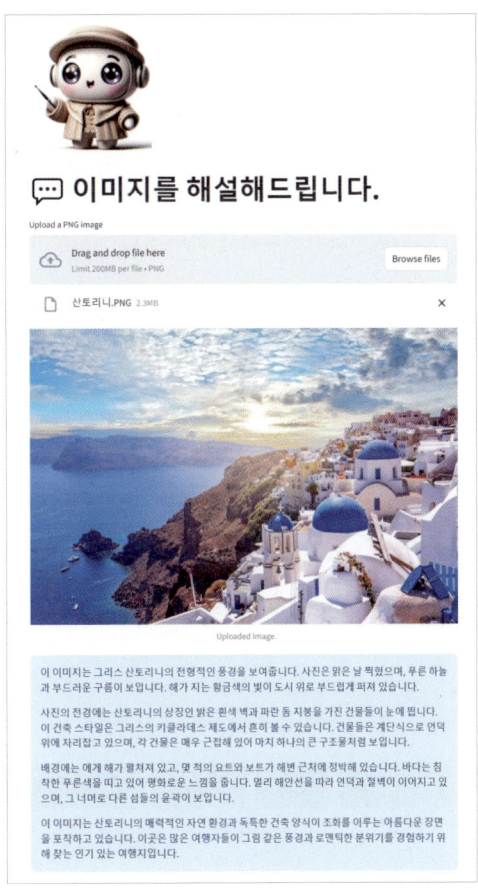

#AI도슨트 #GPT4V #이미지분석

#비전모델 #스트림릿

6장에서는 랭체인과 RAG(Retrieval-Augmented Generation) 개념을 학습합니다. 특히 랭체인을 활용해 RAG 시스템을 구축하는 방법에 대해 자세히 다룹니다. 텍스트 임베딩, 코사인 유사도, OpenAI의 Embedding API 등을 활용해 챗봇의 구조를 파악하고, 벡터 데이터베이스인 크로마와 파이스도 소개합니다.

#RAG #랭체인 #텍스트임베딩 #코사인유사도 #벡터데이터베이스 #크로마 #파이스

7장에서는 복잡한 PDF 파일로 만드는 RAG 챗봇을 개발합니다. 랭체인을 이용해 복잡한 PDF 문서를 처리하고, 사용자 질문에 정확히 답변하는 챗봇을 만들어 봅니다. 이번에는 그라디오를 활용해서 챗봇 UI를 만드는 방법도 다룹니다.

Procject 04 경제 금융 용어를 설명해주는 챗봇

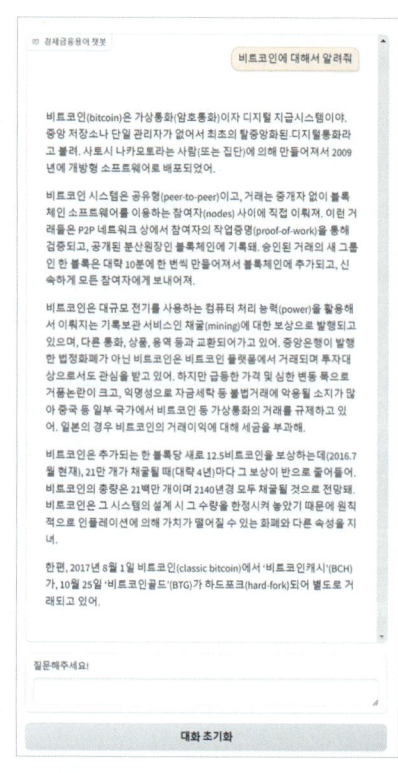

#PDF챗봇 #RAG #랭체인 #문서처리 #챗봇개발 #그라디오

8장에서는 Whisper와 랭체인을 이용해 유튜브 영상을 요약하는 방법을 다룹니다. 유튜브 영상의 음성을 텍스트로 변환하고, 이를 요약 및 번역하는 프로그램을 개발합니다. 또한 랭체인을 활용해 긴 영상을 효율적으로 요약하고 이해하는 법도 다룹니다.

Procject 05 유튜브 영상 요약 프로그램

Please write down the YouTube address.

https://www.youtube.com/watch?v=xC-c7E5PK0Y

Summary Outcome (in English)

The speaker emphasizes the importance of data science in creating impact for companies, clarifying misconceptions and tracing its history back to data mining in the 1990s. They discuss the key elements of data science, the varying responsibilities in different company sizes, and the roles within data science in a large company. The speaker highlights the significance of analytics, metrics, and A-B testing over AI and deep learning, encouraging viewers to engage with the content.

Final Analysis Result (Reply in Korean)

- 데이터 과학의 중요성 강조
- 1990년대 데이터 마이닝까지 역사 추적
- 데이터 과학의 주요 요소들 논의
- 기업 규모에 따른 역할 다양성
- 대기업 내 데이터 과학 역할 강조
- AI와 딥러닝보다 분석, 메트릭, A-B 테스팅 등 중요성 강조
- 시청자들이 콘텐츠에 참여하도록 촉구

`#유튜브요약` `#Whisper` `#랭체인` `#음성인식` `#번역프로그램` `#스트림릿`

9장에서는 GPT-4를 이용해 선택에 따라 스토리가 진행되는 동화책을 만듭니다. 이미지 생성 AI인 DALL·E를 활용해 사용자 선택에 따라 스토리와 이미지를 생성하는 동화책 서비스를 구현합니다. 이를 통해 인터랙티브 콘텐츠 제작 방법을 학습합니다.

Procject 06 사용자의 선택에 따라 스토리가 진행되는 동화책 프로그램

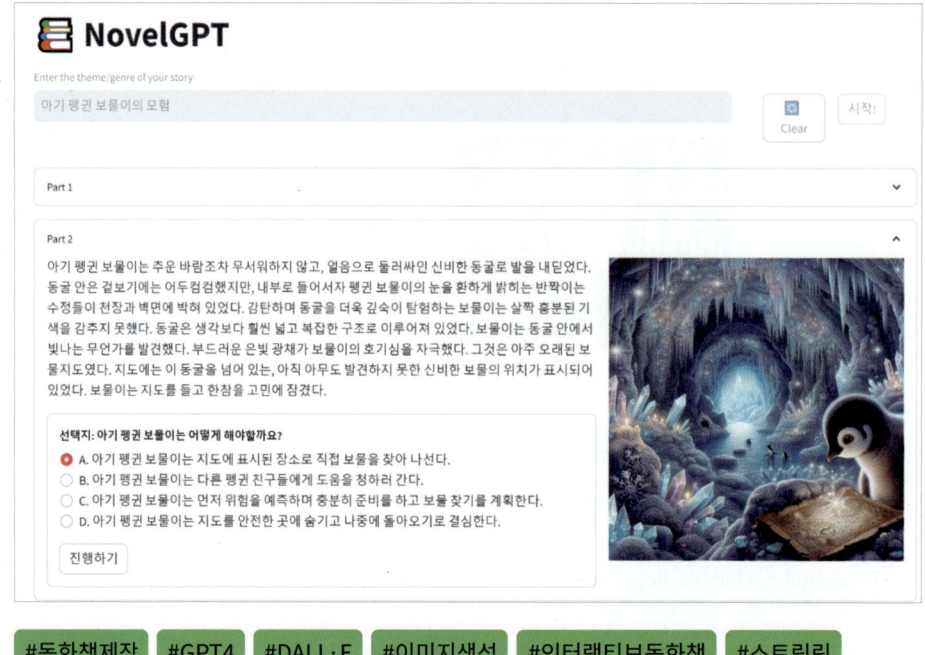

#동화책제작 #GPT4 #DALL·E #이미지생성 #인터랙티브동화책 #스트림릿

10장에서는 GPTs를 활용한 노코드 챗봇 만들기를 다룹니다. GPT 스토어와 GPT 빌더를 활용해 챗봇 제작의 기초를 배우고, 문서 참고, 웹 브라우징, DALL · E 연동 등 다양한 기능을 가진 챗봇을 노코드로 제작하는 방법을 익힙니다. 또한, **Actions를 활용하여 외부 API를 챗봇에 적용하는 방법**도 소개합니다.

Procject 07 축구 규칙 설명 챗봇

Procject 08 뉴스 기사 기반 블로그 글 생성 챗봇

You
https://www.wowtv.co.kr/NewsCenter/News/Read?articleId=A202402170015&t=NN

뉴스 기사 기반 블로그 글 생성기
이번 블로그 글에서는 최근 인공지능 기술의 혁신적 발전과 그 영향에 대해 다룹니다. 특히 오픈AI가 새롭게 선보인 영상 생성 도구 'Sora'가 어도비를 시장에서 어떻게 뒤흔들었는지에 초점을 맞춥니다. 또한, 이 기술이 기존의 창작 소프트웨어 시장에 어떤 변화를 가져오고 있는지, 그리고 이러한 변화가 향후 우리의 일상과 산업에 어떤 의미를 가지는지 탐구합니다.

오픈AI의 혁신, 'Sora'가 기존 시장 질서를 바꾸다

오픈AI의 새로운 도전, 어도비의 시장 지위에 변화를 주다

오픈AI가 공개한 영상 생성 도구 'Sora'는 인공지능 기술을 활용해 실제와 구분하기 어려운 영상을 생성할 수 있는 툴입니다. 이는 어도비와 같은 기존의 영상 및 이미지 편집 도구 시장에 큰 도전장을 던졌습니다. 'Sora'는 사용자가 텍스트 입력을 통해 원하는 영상을 생성할 수 있게 해, 창작의 장벽을 대폭 낮췄습니다.

기술적 혁신이 가져온 시장과 산업의 변화

오픈AI의 이번 혁신은 단순히 새로운 도구의 출시를 넘어, 창작과 편집 소프트웨어 시장의 경쟁 구도를 재편하는 계기가 되었습니다. 어도비의 주가가 크게 하락하는 등 시장의 반응은 실질적이었으며, 이는 오픈AI가 창작 도구 분야에서도 중요한 플레이어로 자리매김하고 있음을 보여줍니다.

결론: 인공지능 기술의 미래와 그 영향

오픈AI의 'Sora'와 같은 기술의 등장은 창작과 표현의 방식을 근본적으로 변화시키고 있습니다. 이러한 기술이 가져올 미래는 매우 흥미롭지만, 동시에 기존 시장 질서와 산업의 생태계 변화에 대한 심도 있는 논의가 필요합니다. 인공지능 기술의 발전이 우리 사회와 산업에 미치는 영향은 계속해서 주목해야 할 주제입니다.

Message 뉴스 기사 기반 블로그 글 생성기...

Procject 09 창의적인 컬러링북 생성 챗봇

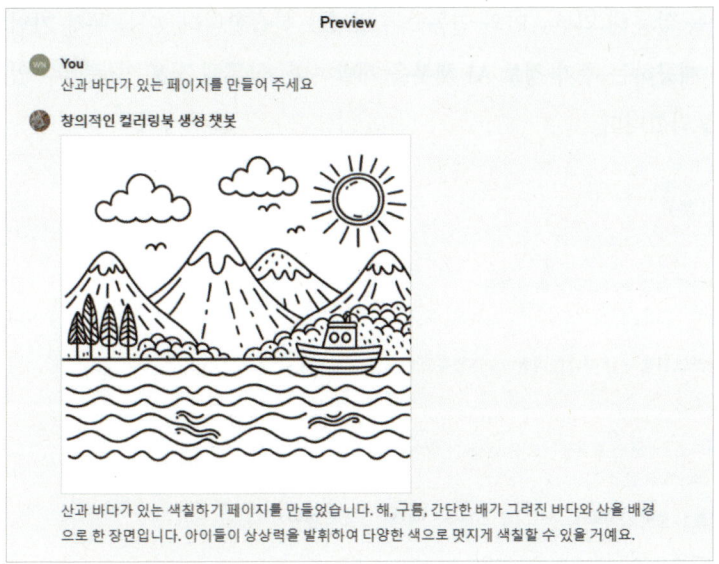

Procject 10 네이버 쇼핑 리스트 검색 챗봇

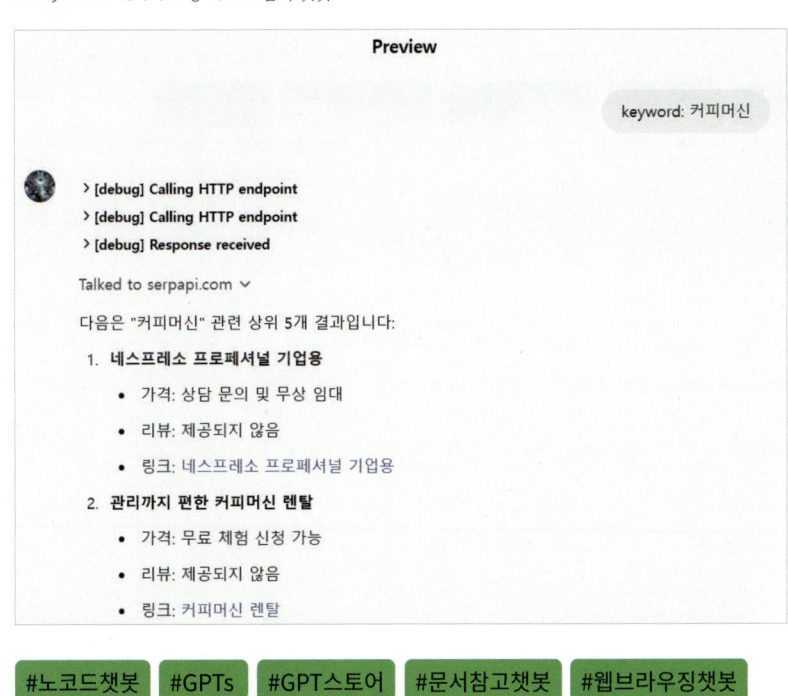

#노코드챗봇 #GPTs #GPT스토어 #문서참고챗봇 #웹브라우징챗봇

#이미지생성챗봇 #외부API #Actions

11장에서는 Assistants API를 활용한 커스터마이징 챗봇 만들기를 다룹니다. 문서 기반 답변과 함수 호출을 활용해 외부 API와 연동하는 방법을 학습합니다. 이를 통해 기업의 **주가 및 최신 뉴스를 제공하는 주가 정보 AI 챗봇을 개발**하며, 실무에 적용 가능할 수 있는 커스터마이징 기술을 익힙니다.

Procject 11 주가 정보 AI 챗봇

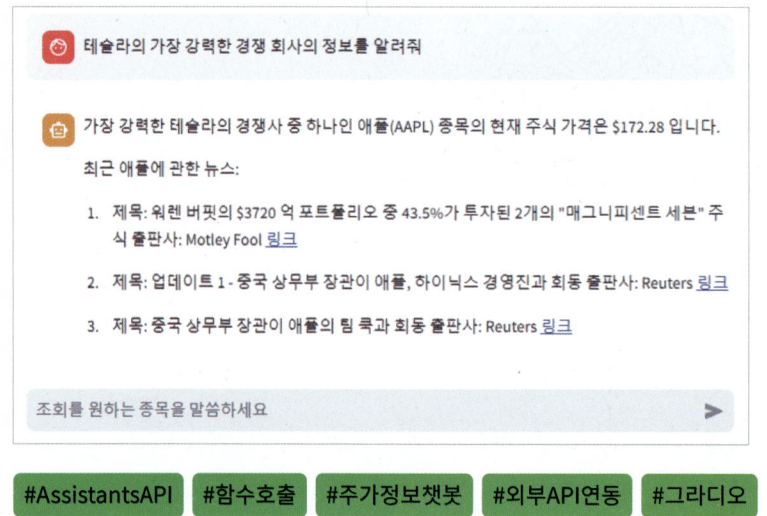

#AssistantsAPI #함수호출 #주가정보챗봇 #외부API연동 #그라디오

12장에서는 파인 튜닝 챗봇을 만드는 방법을 다룹니다. OpenAI의 언어 모델을 API를 활용해서 파인튜닝 하는 방법을 자세히 설명합니다. 파인 튜닝을 위한 데이터셋 준비부터 **심리 상담 ChatGPT 제작** 과정까지 다루며, 이를 통해 **특정 분야에 특화된 챗봇을 개발하는 방법**을 배울 수 있습니다.

Procject 12 심리상담 챗봇

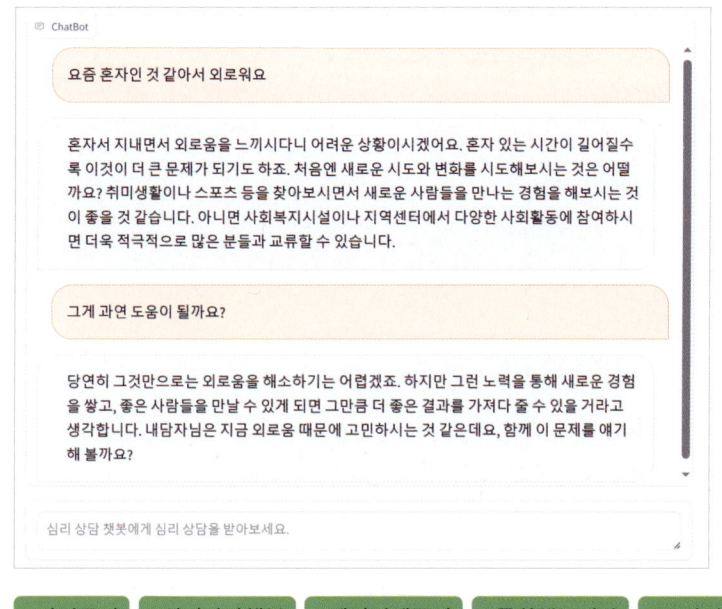

#파인튜닝 #심리상담챗봇 #데이터셋준비 #특화챗봇개발 #그라디오

01

OpenAI란?

1.1 OpenAI API란?   5
    텍스트 생성(GPT 시리즈)   5
    이미지 생성(DALL·E 3)   5
    비전(GPT-4 V)   5
    인간의 음성 언어 인식(Whisper)   6
    인간의 음성 언어 생성(TTS)   6
    다양한 기능의 챗봇 만들기(Assistant)   6
    자연어 임베딩   6
    텍스트 생성 언어 모델의 파인 튜닝   7

1.2 API 사용 요금   7
    텍스트 생성 모델   7
    이미지 생성 모델   8
    비전 모델   9
    인간의 음성 언어 인식 및 생성   9
    다양한 기능의 챗봇 만들기(Assistant)   9
    자연어 임베딩   10
    텍스트 생성 모델의 파인 튜닝   10

1.3 OpenAI API 키 발급하기   11

1.4 OpenAI API 사용에 관한 Q&A   15

02
실습 환경 구축하기

2.1 파이썬 설치하기   20
    윈도우에서 파이썬 설치하기   20
    macOS에서 파이썬 설치하기   23

2.2 파이썬 가상 환경 만들기   25
    프로젝트 폴더 만들기   25
    가상 환경 생성하기   26
    가상 환경 진입하기   27
    가상 환경 벗어나기   27

2.3 비주얼 스튜디오 코드 설치하기   27

2.4 주피터 노트북 사용 방법 익히기   29

03

텍스트 생성 모델

3.1 실습 환경 구축하기 … 34
    프로젝트 폴더 생성하기 … 34
    가상 환경 생성하기 … 35
    VS Code에서 프로젝트 폴더 선택하기 … 35

3.2 텍스트 생성 모델의 기본 API 사용법 익히기 … 36
    파이썬 스크립트 생성 … 36
    기본 질문하기 … 38
    역할 부여하기 … 43
    이전 대화를 포함하여 답변하기 … 45
    JSON 구조로 답변 받기 … 46

3.3 프로그램 UI를 생성하는 스트림릿 사용법 익히기 … 47
    스트림릿 설치 … 48
    스트림릿 가져오기 … 48
    스트림릿 기본 함수 … 49
    앱 실행하기 … 50

3.4 텍스트 생성 모델을 활용한 글 요약 프로그램 만들기 … 51
    프로그램 구조 … 54
    코드 구조 … 54
    기본 정보 불러오기 … 56
    기능 구현 함수 … 56
    메인 함수 … 57

04

음성 비서 만들기
(TTS, STT)

4.1 음성 비서 프로그램 맛보기	64
4.2 프로그램 구조	66
4.3 실습 환경 구축하기	67
프로젝트 폴더 생성하기	68
가상 환경 생성하기	68
VS Code에서 프로젝트 폴더 선택하기	69
4.4 TTS 소개	69
TTS 과금 체계	69
TTS 사용해보기	70
앱 실행하기	71
4.5 Whisper 소개	71
Whisper 사용해보기	72
앱 실행하기	73
4.6 음성 비서 서비스	73
코드 구조	73
기본 정보 불러오기	75
기능 구현 함수	75
메인 함수	78
앱 실행하기	83

05

이미지 설명을 들려주는 AI 도슨트

5.1 AI 도슨트 서비스 맛보기	86
5.2 프로그램 구조	89
5.3 실습 환경 구축하기	90
프로젝트 폴더 생성하기	90
가상 환경 생성하기	90
VS Code에서 프로젝트 폴더 선택하기	91
5.4 GPT-4V 소개	91
GPT-4V의 과금 체계	92
GPT-4V 사용해보기	93
5.5 AI 도슨트 서비스	97
코드 구조	97
기본 정보 불러오기	98
기능 구현 함수	99
메인 함수	101
앱 실행하기	102

06

랭체인과
RAG 이해하기

6.1 실습 환경 구축하기	106
프로젝트 폴더 생성하기	107
가상 환경 생성하기	107
VS Code에서 프로젝트 폴더 선택하기	108
6.2 RAG(Retrieval-Augmented Generation)	109
텍스트 임베딩	109
코사인 유사도	110
OpenAI의 Embedding API	112
RAG를 이용한 챗봇의 구조	116
6.3 ChatOpenAI와 Memory	117
6.4 길이로 분할하는 RecursiveCharacterTextSplitter	127
6.5 의미로 분할하는 SemanticChunker	132
백분위수 방식	136
표준편차 방식	137
사분위수 방식	138
6.6 다양한 PDF Loader	139
PyPDFLoader	139
PyMuPDFLoader	142
PDFPlumberLoader	143
6.7 벡터 데이터베이스	145
크로마	145
파이스	151

07

복잡한 PDF 파일로 만드는 RAG 챗봇

7.1 복잡한 PDF를 이용한 챗봇 맛보기   156

7.2 실습 환경 구축하기   159
    프로젝트 폴더 생성하기   160
    가상 환경 생성하기   160
    VS Code에서 프로젝트 폴더 선택하기   161

7.3 랭체인을 이용한 RAG 챗봇   162

08

Whisper와 랭체인을 이용해 유튜브 요약하기

8.1 유튜브 요약/번역 프로그램 맛보기 ... 182

8.2 프로그램 구조 ... 184

8.3 실습 환경 구축하기 ... 185
    프로젝트 폴더 생성하기 ... 185
    가상 환경 생성하기 ... 185
    VS Code에서 프로젝트 폴더 선택하기 ... 186

8.4 랭체인의 load_summarize_chain ... 187
    앱 실행하기 ... 190

8.5 유튜브 요약/번역 프로그램 ... 191
    코드 구조 ... 191
    기본 정보 불러오기 ... 192
    기능 구현 함수 ... 193
    메인함수 ... 195
    앱 실행하기 ... 198
    에러 발생 시 ... 198

09

GPT-4를 이용한 선택에 따라 스토리가 진행되는 동화책

9.1	선택에 따라 스토리가 진행되는 동화책 맛보기	202
	선택에 따라 스토리가 진행되는 동화책 서비스	202
9.2	프로그램 구조	205
9.3	실습 환경 구축하기	207
	프로젝트 폴더 생성하기	207
	가상 환경 생성하기	207
	VS Code에서 프로젝트 폴더 선택하기	208
9.4	이미지 생성 AI DALL·E 소개	209
	DALL·E 과금 체계	210
	DALL·E 사용해 보기	211
9.5	동화책 만들기	217
	코드 구조	217
	코드 실행 순서도	218
	기본 정보 불러오기	221
	기능 구현 함수	222
	메인 함수	234
	GPT-4 선언 함수	241
	DALL·E 호출 함수	245
	앱 실행하기	247

10

GPTs를 활용한 노코드 챗봇 만들기

10.1 GPT 스토어	250
10.2 GPT 빌더를 활용한 챗봇 제작 기초	252
10.3 문서를 참고하여 챗봇 제작하기	255
10.4 웹 브라우징 기능을 활용한 챗봇 제작하기	260
10.5 이미지 생성 AI인 DALL·E를 활용한 챗봇 제작하기	263
10.6 Actions를 활용하여 외부 API를 챗봇에 적용하기	266

11

Assistants API를 활용한 커스터마이징 챗봇 만들기

11.1 실습 환경 구축하기	281
프로젝트 폴더 생성하기	281
가상 환경 생성하기	281
VS Code에서 프로젝트 폴더 선택하기	282
11.2 문서 기반 답변 Assistants API 사용법 익히기	282
클라이언트 생성 및 참고 파일 업로드하기	283
Assistant 생성하기	285
Thread 생성하기	289
Run을 통해 질문 및 답변 받기	291
11.3 함수 호출을 활용한 Assistants API 사용법 익히기	298
주식의 현재가를 불러오는 yfinance API	299
파이썬 스크립트 생성	300
함수 생성 및 스키마 작성	302
Assistant 생성 및 실행	306
11.4 기업의 주가 및 최신 뉴스를 답변하는 주가 정보 AI 챗봇	312
프로그램 맛보기	312
프로그램 구조	314
코드 작성하기	315
코드 구조	315
기본 정보 불러오기	316
기능 구현 함수	318
메인 함수	321

12

OpenAI의 ChatGPT
추가 학습하기

12.1 ChatGPT의 파인 튜닝	328
12.2 실습 환경 구축하기	329
프로젝트 폴더 생성하기	330
가상 환경 생성하기	330
VS Code에서 프로젝트 폴더 선택하기	331
12.3 파인 튜닝을 위한 데이터셋 준비	331
12.4 심리 상담 ChatGPT 만들기	332
데이터셋 준비하기	333
전처리 후 데이터 예시	335
파일 업로드	338
파인 튜닝	339
status 확인	340
파인 튜닝 모델 사용하기	341

Part 01

OpenAI란?

OpenAI API란?

API 사용 요금

API 키 발급하기

OpenAI API 사용에 관한 Q&A

OpenAI는 인공지능 연구를 선도하는 회사로, 그 목적은 인공지능(AI) 기술을 인류의 이익을 위해 안전하게 개발하고 배포하는 것입니다. 2015년에 일론 머스크, 샘 알트만, 등과 같은 유명 인사들에 의해 공동 설립되었으며, AI의 잠재적 위험성을 인식하고 이를 민주화하려는 목표를 가지고 있습니다.

OpenAI의 핵심 목표 중 하나는 AI 기술의 안전하고 공정한 발전을 촉진하는 것입니다. 이 회사는 AI의 사회적, 경제적 영향을 깊이 고민하며, 그 기술이 가져올 수 있는 장단점을 모두 탐구합니다. 예를 들어, OpenAI는 인공지능이 일자리에 미칠 영향, 프라이버시 및 보안 문제, 그리고 가능한 미래 시나리오에서 AI가 인간 사회에 어떻게 통합될 수 있는지 등을 연구합니다.

또한 OpenAI는 고도로 발달된 AI 모델의 개발에 주력하고 있으며, 이를 통해 자연어 처리, 컴퓨터 비전, 로보틱스, 게임 이론 및 시뮬레이션 등 다양한 분야에서 혁신을 이루고 있습니다. OpenAI의 대표적인 성과 중 하나는 최근 전 세계를 강타한 ChatGPT의 근본이 되는 언어 모델인 GPT 시리즈입니다. GPT는 광범위한 언어 이해 및 생성 능력을 보여주며, 다양한 언어 관련 작업에서 인상적인 결과를 달성했습니다. 이 모델들은 자연어 이해, 기계 번역, 자동 요약, 심지어 코드 생성까지 다양한 응용 분야에서 사용될 수 있습니다.

OpenAI의 또 다른 주목할 만한 프로젝트는 DALL·E와 SORA와 같은 컴퓨터 비전 모델입니다. DALL·E는 텍스트 설명을 바탕으로 복잡한 이미지를 생성할 수 있는 능력을 보여준 반면, SORA는 기능을 더욱 확장하여 텍스트를 토대로 비디오를 생성합니다. 이러한 모델은 AI가 인간의 언어와 시각적 세계를 어떻게 이해할 수 있는지에 대한 우리의 이해를 한층 더 발전시켰습니다.

OpenAI는 기술적 혁신뿐만 아니라 윤리적 고민에도 많은 노력을 기울입니다. AI 기술이 사회에 미칠 영향에 대한 깊은 이해와 책임감을 가지고, AI의 개발과 사용에서 생길 수 있는 윤리적 문제들을 주의 깊게 검토합니다. 이를 위해 OpenAI는 정책 입안자, 규제 기관, 그리고 다른 연구 기관들과 협력하여 AI 기술의 안전한 사용을 촉진하고, 사회적으로 책임 있는 방향으로 AI가 발전할 수 있도록 노력합니다.

- OpenAI 공식 홈페이지: https://openai.com/

1.1 OpenAI API란?

OpenAI API 서비스는 개발자들이 OpenAI의 강력한 인공지능 모델을 쉽게 통합하고 사용할 수 있도록 설계된 클라우드 기반의 인터페이스입니다. 특히 파이썬, Node.js 등 다양한 언어로 API 활용이 가능한 라이브러리를 제공하여 OpenAI의 다양한 AI를 자신만의 애플리케이션과 서비스에 쉽게 적용할 수 있습니다. OpenAI API를 활용할 수 있는 AI 서비스는 다음과 같습니다.

텍스트 생성(GPT 시리즈)

GPT(Generative Pre-trained Transformer) 시리즈는 자연어 처리를 위해 설계된 모델로, 사용자의 입력 텍스트에 기반하여 관련성 높은 텍스트를 생성할 수 있습니다. 다양한 언어와 주제에 대해 놀라울 정도로 유창한 텍스트를 만들어낼 수 있으며, 챗봇, 콘텐츠 생성, 번역 등 다양한 용도로 사용됩니다. 웹상에서 사용하는 ChatGPT와 동일한 기능을 합니다.

- API 공식 문서: https://platform.openai.com/docs/guides/text-generation

이미지 생성(DALL·E 3)

텍스트 설명을 바탕으로 이미지를 생성하는 모델입니다. 사용자가 제공한 텍스트 설명을 해석하여 해당 내용을 시각적으로 표현하는 이미지를 생성합니다. 창의적인 이미지 생성, 아이디어 시각화, 아트워크 제작 등 다양한 분야에서 활용됩니다.

- API 공식 문서: https://platform.openai.com/docs/guides/images

비전(GPT-4 V)

GPT-4 V는 이미지를 이해하고, 이미지 내용에 대해 자연어로 설명을 제공할 수 있는 기능을 갖춘 모델입니다. 이미지 내 객체 인식, 이미지 기반의 질문 답변, 이미지 콘텐츠에 대한 텍스트 설명 생성 등의 작업을 수행할 수 있습니다.

- API 공식 문서: https://platform.openai.com/docs/guides/vision

인간의 음성 언어 인식(Whisper)

Whisper는 음성을 텍스트로 변환하는 데 특화된 모델입니다. 다양한 언어와 방언을 인식할 수 있으며, 뛰어난 정확도로 음성을 텍스트로 변환합니다. 이를 통해 음성 명령 해석, 음성 기반 문서 작성, 자막 생성 등에 활용됩니다.

- API 공식 문서: https://platform.openai.com/docs/guides/speech-to-text

인간의 음성 언어 생성(TTS)

TTS는 텍스트를 자연스러운 인간의 음성으로 변환하는 기술입니다. 다양한 목소리와 억양을 선택할 수 있으며, 음성 안내, 오디오북 제작, 음성 기반 인터페이스 등에서 사용됩니다.

- API 공식 문서: https://platform.openai.com/docs/guides/text-to-speech

다양한 기능의 챗봇 만들기(Assistant)

Assistant는 다양한 질문에 대답하거나 사용자와의 대화를 진행할 수 있는 챗봇을 만드는 데 사용되는 API입니다. 특히 문서 기반의 정보 검색, 사용자와의 대화 기억 등 챗봇을 만들 때 필요한 다양한 기능을 제공합니다.

- API 공식 문서: https://platform.openai.com/docs/assistants

자연어 임베딩

자연어 임베딩은 텍스트를 고차원적인 벡터 공간에 매핑하여 텍스트 간의 의미적 유사성을 계산할 수 있게 하는 기술입니다. 검색 최적화, 문서 분류, 의미적 유사성 분석 등에 활용됩니다.

- API 공식 문서: https://platform.openai.com/docs/guides/embeddings

텍스트 생성 언어 모델의 파인 튜닝

특정 작업이나 도메인에 맞게 기존의 텍스트 생성 모델을 맞춤 설정하는 과정입니다. 이를 통해 사용자의 특정 요구 사항이나 콘텐츠 스타일에 더 잘 맞는 텍스트 생성이 가능해집니다. 모델 자체를 도메인에 맞게 새롭게 학습하는 서비스로 본인의 입맛에 맞는 ChatGPT와 같은 언어 모델을 생성하는 과정입니다.

- **API 공식 문서**: https://platform.openai.com/docs/guides/fine-tuning

앞으로 이 책에서는 여기에 소개한 모든 API 서비스의 기본 사용법부터 앱에 적용하는 방법까지 상세히 다룰 예정입니다.

1.2 API 사용 요금

OpenAI API 서비스는 유료입니다. ChatGPT Plus와는 완전히 별개의 서비스이며, ChatGPT Plus 사용자도 API를 사용하려면 별도의 요금을 지불해야 합니다. API는 월 구독 서비스가 아닌 사용한 양에 따라 요금이 부과됩니다. 자세한 요금 정책은 다음 주소에서 확인할 수 있습니다.

- **OpenAI API 요금 정책**: https://openai.com/pricing

각 모델별 API 요금은 다음과 같습니다. 상세 모델에 대한 설명은 해당 모델을 실습할 때 자세히 하겠습니다. (API 요금 정책은 변경될 수 있습니다.)

텍스트 생성 모델

사용하는 언어 모델별로 요금이 다릅니다. 모델별로는 답변 성능 및 답변 가능 길이에서 차이가 있습니다. 또한 사용자의 입력 토큰 수와 언어 모델의 답변 토큰 수에 각각 다른 요금을 책정합니다.

표 1.1 텍스트 생성 모델의 과금 체계

모델	입력	출력
gpt-4o	$5.00 / 1M tokens	$15.00 / 1M tokens
gpt-4o-2024-08-06	$2.50 / 1M tokens	$10.00 / 1M tokens
gpt-4o-mini	$0.15 / 1M tokens	$0.60 / 1M tokens
gpt-4-turbo	$10.00 / 1M tokens	$30.00 / 1M tokens
gpt-4	$30.00 / 1M tokens	$60.00 / 1M tokens
gpt-4-32k	$60.00 / 1M tokens	$120.00 / 1M tokens
gpt-3.5-turbo-0125	$0.50 / 1M tokens	$1.50 / 1M tokens
gpt-3.5-turbo-instruct	$1.50 / 1M tokens	$2.00 / 1M tokens

이미지 생성 모델

사용하는 이미지 생성 모델 및 퀄리티, 이미지의 크기에 따라 요금이 부과됩니다. DALL·E 3가 최신 모델이며, 훨씬 뛰어난 퀄리티의 이미지를 생성합니다. 무엇보다도 한글을 지원한다는 장점이 있습니다.

표 1.2 이미지 생성 모델의 과금 체계

모델	퀄리티	해상도	요금
DALL·E 3	Standard	1024×1024	$0.040 / image
	Standard	1024×1792, 1792×1024	$0.080 / image
DALL·E 3	HD	1024×1024	$0.080 / image
	HD	1024×1792, 1792×1024	$0.120 / image
DALL·E 2		1024×1024	$0.020 / image
		512×512	$0.018 / image
		256×256	$0.016 / image

비전 모델

비전 모델은 입력한 이미지에 대한 답변을 GPT-4 또는 GPT-4o 모델을 활용하여 생성합니다. 입력하는 이미지의 크기와 답변 텍스트의 토큰 길이에 따라 요금이 부과됩니다.

표 1.3 비전 모델의 과금 체계

모델	입력	출력
gpt-4o-mini	150px×150px = $0.001275	$0.60 / 1M tokens
gpt-4	150px×150px = $0.00255	$30.00 / 1M tokens
gpt-4o	150px×150px = $0.001275	$15.00 / 1M tokens

인간의 음성 언어 인식 및 생성

음성 인식은 음원 파일의 시간에 따라 요금이 부과되고 음성 생성은 글자 수에 따라 요금이 부과됩니다.

표 1.4 음성 언어 인식 및 생성 모델의 과금 체계

모델	요금
Whisper	$0.006 / minute (rounded to the nearest second)
TTS	$15.00 / 1M characters
TTS HD	$30.00 / 1M characters

다양한 기능의 챗봇 만들기(Assistant)

챗봇 안에 다양한 툴(Tool)을 적용할 수 있습니다. 각 툴별로 별도의 요금이 부과됩니다. 특히 Retrieval은 OpenAI 서버에 업로드한 파일을 활용해서 답변을 생성하는 기능으로, 업로드한 파일의 크기에 따라 매일 일정 요금이 부과됩니다.

표 1.5 다양한 기능의 챗봇을 만들 수 있는 모델의 과금 체계

툴	요금
Code interpreter	$0.03 / session
File Search	$0.10 / GB / assistant / day

자연어 임베딩

모델별로 임베딩 문장의 토큰 길이에 따라 요금이 부과됩니다.

표 1.6 자연어 임베딩 모델의 과금 체계

모델	요금
text-embedding-3-small	$0.02 / 1M tokens
text-embedding-3-large	$0.13 / 1M tokens
ada v2	$0.10 / 1M tokens

텍스트 생성 모델의 파인 튜닝

파인 튜닝에 사용하는 모델별로 별도의 요금이 부과됩니다. 파인 튜닝을 위해 학습할 때와 해당 모델을 사용해 텍스트를 생성할 때 각각 별도의 요금이 부과됩니다.

표 1.7 파인 튜닝 모델의 과금 체계

모델	훈련	입력	출력
gpt-4o-mini-2024-07-18	$3.00 / 1M tokens	$0.30 / 1M tokens	$1.20 / 1M tokens
gpt-3.5-turbo	$8.00 / 1M tokens	$3.00 / 1M tokens	$6.00 / 1M tokens
davinci-002	$6.00 / 1M tokens	$12.00 / 1M tokens	$12.00 / 1M tokens
babbage-002	$0.40 / 1M tokens	$1.60 / 1M tokens	$1.60 / 1M tokens

1.3 OpenAI API 키 발급하기

OpenAI API를 사용하려면 API 키를 발급받아야 합니다. API 키는 외부 프로그램과 OpenAI 서버가 통신할 때 사용자가 누구인지 식별하는 용도로 사용되며, 주민등록번호와 같은 개념입니다. API 키가 노출되면 무단 사용으로 인해 나도 모르는 사이에 요금이 부과될 수 있으므로 항상 보안에 주의해야 합니다. API 키는 횟수에 제한 없이 재발급할 수 있으므로 키가 노출됐다면 재발급하는 것을 권장합니다. API 키를 발급하려면 OpenAI API API 키 관리 페이지에 접속해야 합니다.

- OpenAI API 관리 페이지: https://platform.openai.com/api-keys

OpenAI API 관리 페이지에 로그인한 다음, 오른쪽 상단에 있는 [Create new secret key] 버튼을 클릭합니다.

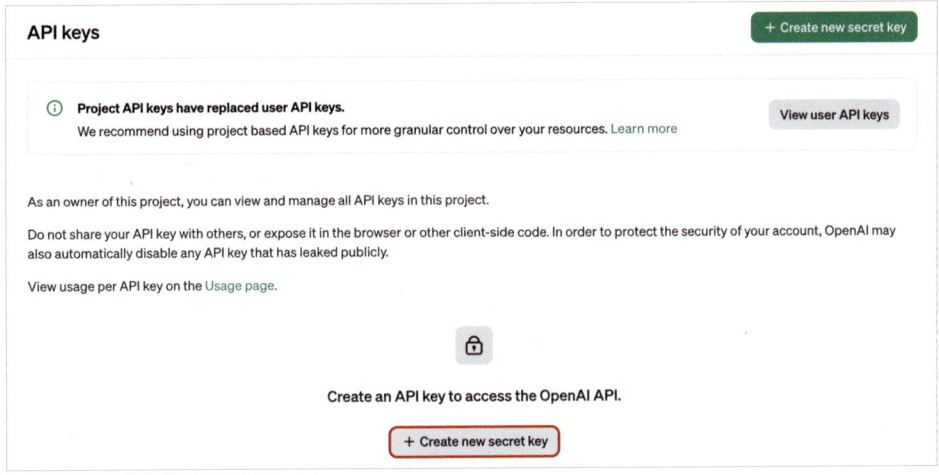

그림 1.1 OpenAI API API 페이지에서 [Create new secret key] 버튼 클릭

Name에 키 이름을 입력합니다. 이 책에서는 'api_key'라고 입력했습니다. Permissions에서는 API 키의 허용 범위를 선택하고 [Create secret key] 버튼을 클릭합니다. 이어서 사람이 맞는지 확인하기 위한 퍼즐 맞추기 문제가 나오면 해당 문제에 대해 답을 제출합니다.

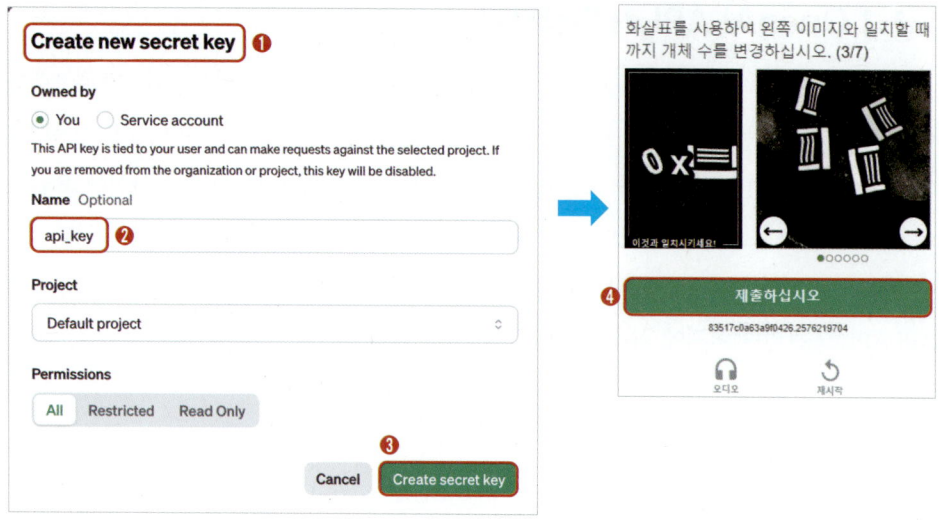

그림 1.2 API 키 발급하기

최종적으로 발급받은 API 키를 잘 복사해서 보관합니다. API 키는 절대 외부로 노출돼서는 안 되며, 만약 노출됐다면 해당 API 키를 바로 삭제하고 다시 발급받아서 나도 모르는 사이에 요금이 부과되는 것을 방지해야 합니다.

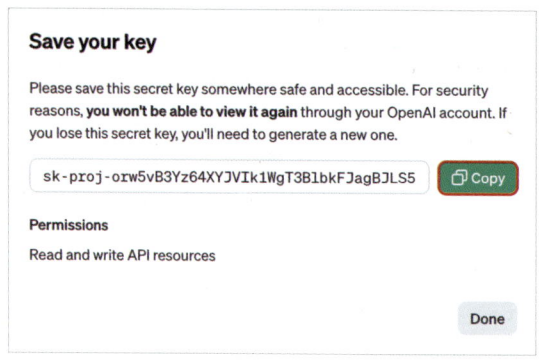

그림 1.3 발급받은 API 키 복사하기

OpenAI API는 선불 요금제로 운영됩니다. 일정 금액의 크레딧(Credit)을 선결제해야만 사용할 수 있습니다. OpenAI API 홈페이지에 접속한 다음 우측 상단에 있는 설정(톱

니 바퀴 아이콘)을 클릭합니다. 이어서 왼쪽 메뉴에서 [Organization] → [Billing] 메뉴를 클릭합니다.

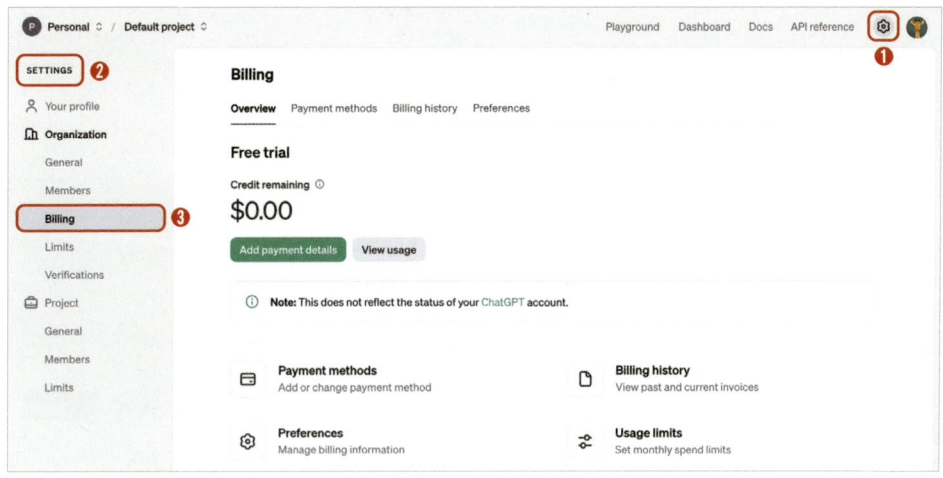

그림 1.4 OpenAI API의 Billing 페이지 접속하기

Credit remaining 아래에 있는 [Add payment details] 버튼을 클릭합니다. 이어서 What best describes you?라는 팝업창이 나오면 [Individual]을 클릭합니다.

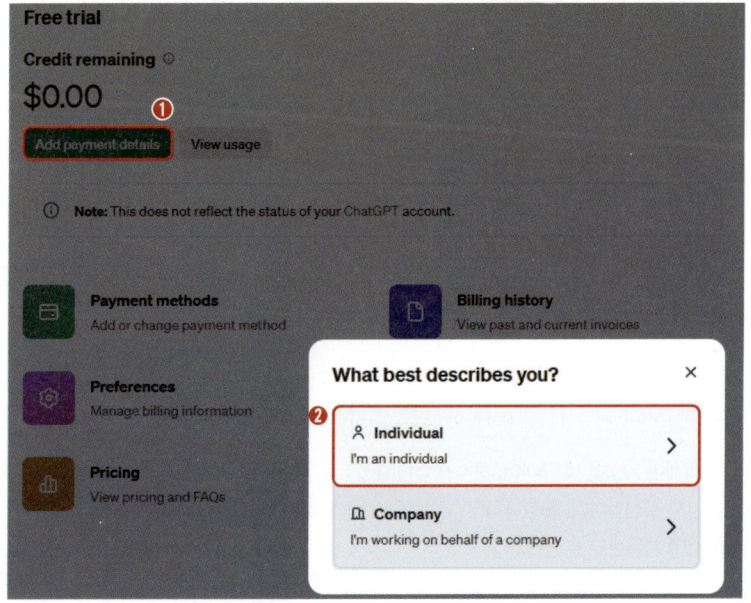

그림 1.5 Credit 결제 옵션 선택 창

Add payment details 화면이 나오면 결제에 사용할 신용카드 정보를 입력하고 [Continue] 버튼을 클릭합니다.

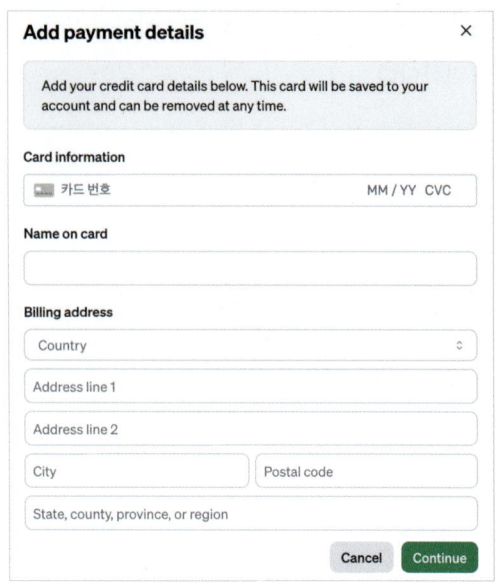

그림 1.6 결제에 사용할 신용카드 정보 입력

이어서 Configure payment 화면이 나오면 결제 정보를 입력하고 최종적으로 [Continue] 버튼을 클릭하여 결제를 완료합니다.

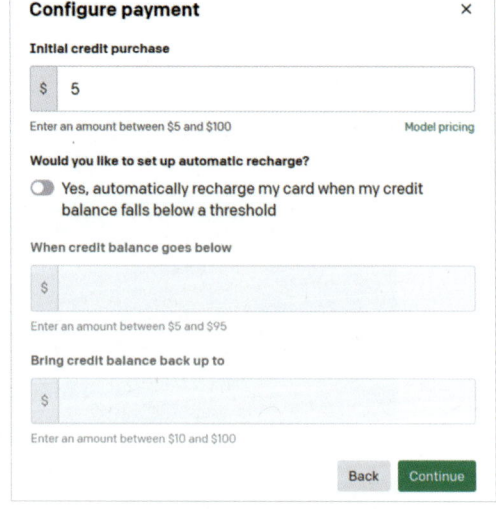

그림 1.7 결제 정보 입력

- Initial credit purchase: 구매할 크레딧의 양을 입력합니다. $5 이상 $100 미만의 값을 입력해야 합니다.

- Would you like to set up automatic recharge?: 크레딧이 일정 금액 이하보다 낮아지면 자동으로 재충전할 것인지 설정합니다. 활성화하면 "When credit balance goes below" 항목에 설정한 값보다 크레딧이 낮아지면 자동으로 충전됩니다.

- When credit balance goes below: 여기에서 설정한 값보다 크레딧이 낮아질 경우 자동 충전을 진행합니다(자동 충전을 활성화한 경우).
- Bring credit balance back up to: 여기에 설정한 값만큼 크레딧을 자동 충전합니다(자동 충전을 활성화한 경우).

이어서 API 사용량을 확인하는 방법을 살펴보겠습니다. OpenAI API 홈페이지에 접속한 다음 상단 메뉴에서 [Dashboard]를 클릭하고, 왼쪽 메뉴에서 [Usage]를 클릭하면 API 사용량을 대시보드 형태로 확인할 수 있습니다.

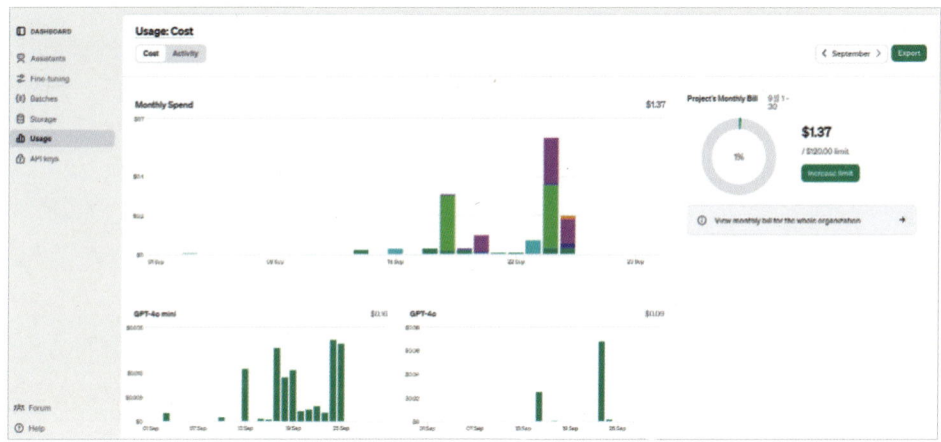

그림 1.8 OpenAI API 사용량 확인

1.4 OpenAI API 사용에 관한 Q&A

Q. 토큰이 무엇인가요?

A. 토큰은 챗GPT와 같은 자연어 처리 인공지능 모델이 사용하는 단어 조각의 단위입니다. 보통 영어의 경우 1토큰당 4글자 정도이고, 한글의 경우 1 토큰당 0.2~0.5글자 정도 사용됩니다. 즉, 같은 뜻의 문장을 입력해도 언어별로 사용하는 토큰 수가 다릅니다. OpenAI에서 공식적으로 제공하는 토큰 수 계산 페이지에 접속하여 문장을 입력하면 토큰의 개수를 확인할 수 있습니다.

- OpenAI 토큰 수 계산 페이지: https://platform.openai.com/tokenizer

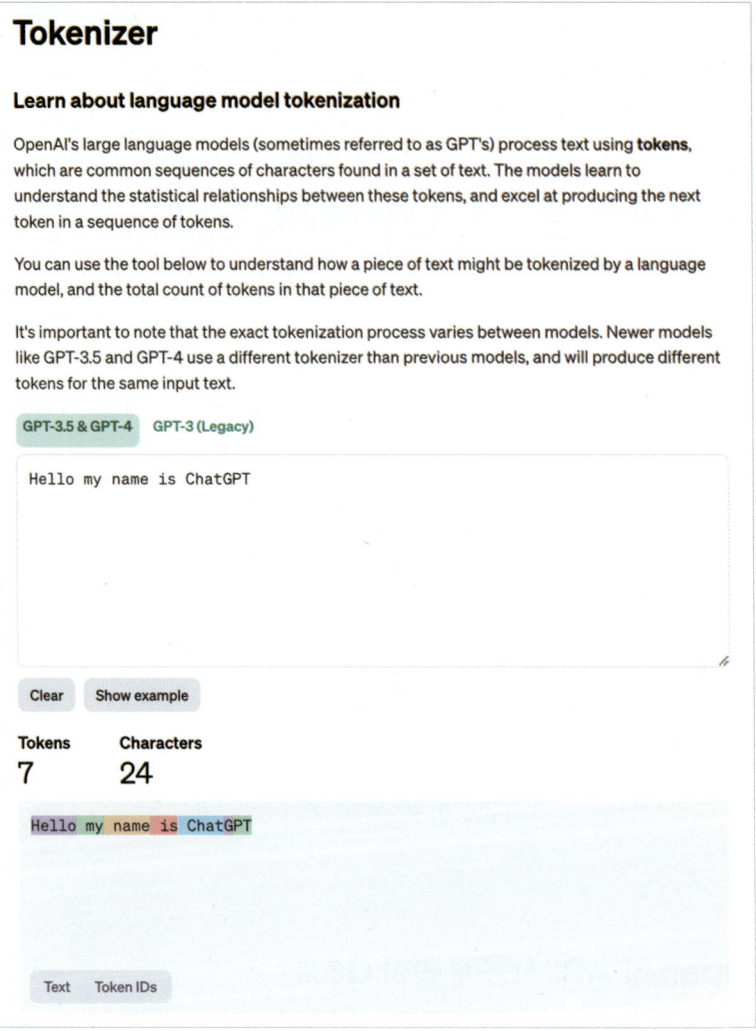

그림 1.9 토큰 수 계산 페이지

Q. **API의 다양한 모델을 웹에서 테스트해 볼 수 있나요?**

A. 네, 가능합니다. OpenAI 공식 홈페이지에서는 플레이그라운드(Playground) 서비스를 지원합니다. 플레이그라운드 환경에서 다양한 모델의 성능 평가가 가능합니다. 게다가 챗GPT를 활용할 때는 불가능했던 다양한 하이퍼파라미터 또한 튜닝하며 평가할 수 있습니다. 하이퍼파라미터에 대해서는 3장에서 자세히 설명합니다.

주의할 점은 플레이그라운드에서의 성능 평가 또한 요금이 부과된다는 것입니다.

- **OpenAI 플레이그라운드**: https://platform.openai.com/playground

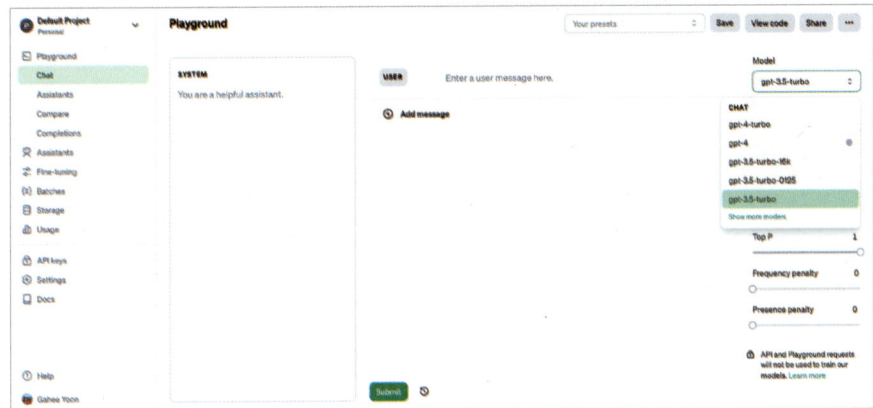

그림 1.10 OpenAI 플레이그라운드

Q. **챗GPT Plus 요금과 OpenAI API 요금은 별도인가요?**

A. 네, 그렇습니다. 챗GPT 유료 사용자도 API 사용 시 별도의 요금을 지불해야 합니다. 물론 챗GPT 무료 사용자도 API 사용 요금을 지불하면 API 사용이 가능합니다.

Part 02

실습 환경 구축하기

실습 환경 구축하기
파이썬 가상 환경 만들기
비주얼 스튜디오 코드 설치하기
주피터 노트북 사용 방법 익히기

본격적인 OpenAI API 실습에 앞서 필요한 프로그램을 설치하고 사용법을 알아보겠습니다. 이 책의 모든 실습은 파이썬으로 진행되며, 실습에는 비주얼 스튜디오 코드(Visual Studio Code, 이하 VS Code) 에디터를 사용할 예정입니다. VS Code 안에서 대화형 인터프리터인 주피터 노트북 파일을 활용해서 각 API의 기본 기능을 한 줄씩 확인하며 실습을 진행합니다. 프로그램 제작 실습 시에는 파이썬 스크립트를 작성해 제작할 예정입니다. 지금부터 파이썬과 VS Code의 설치 방법을 알아보고, 마지막으로 VS Code 환경에서 주피터 노트북을 사용하는 방법에 대해 차근차근 설명하겠습니다.

2.1 파이썬 설치하기

파이썬(Python)은 전 세계에서 가장 많이 사용되는 프로그래밍 언어 중 하나로, OpenAI API와 더불어 다양한 패키지를 지원합니다. OpenAI에서도 공식적으로 파이썬 패키지를 제공하여 파이썬 환경에서 OpenAI API를 편리하게 사용할 수 있도록 지원하고 있습니다. 실습 환경을 조성하기 위해 먼저 파이썬을 설치하겠습니다.

윈도우에서 파이썬 설치하기

파이썬 공식 홈페이지의 다운로드 페이지에 접속한 다음 [Download Python 3.12.3] 버튼[1]을 클릭해 윈도우용 파이썬 패키지를 내려받습니다.

- **파이썬 다운로드 페이지**: http://www.python.org/downloads

---

1 'Download Python' 뒤의 숫자는 실습하는 시점에 따라 달라질 수 있습니다. 이 책을 집필하는 시점의 파이썬 버전은 3.12.3입니다.

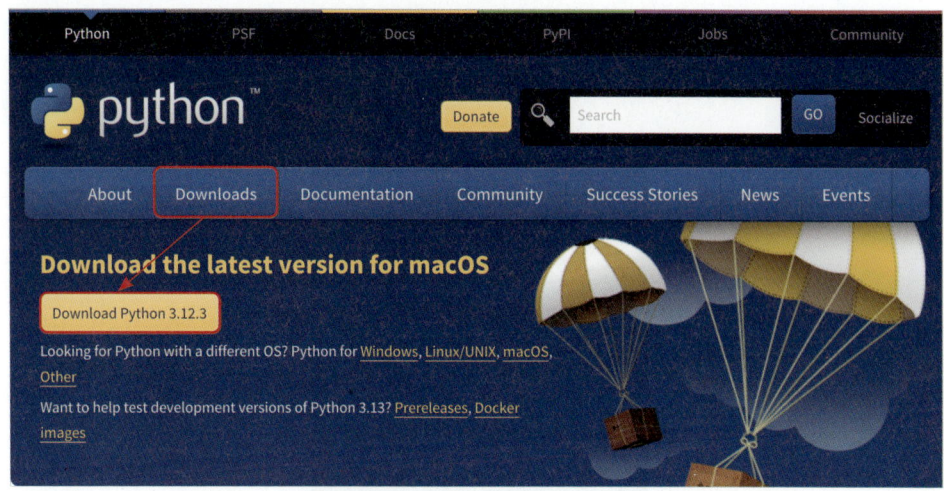

그림 2.1 윈도우용 파이썬 설치 파일 내려받기

내려받은 파일을 더블클릭해 인스톨러를 실행합니다. 파이썬 설치 창이 열리면 파이썬을 어떤 경로에서든 실행할 수 있도록 'Add python.exe to PATH' 옵션에 체크하고, [Install Now] 버튼을 클릭해 설치를 진행합니다. 설치가 완료되면 [Close] 버튼을 클릭해 설치 프로그램을 종료합니다.

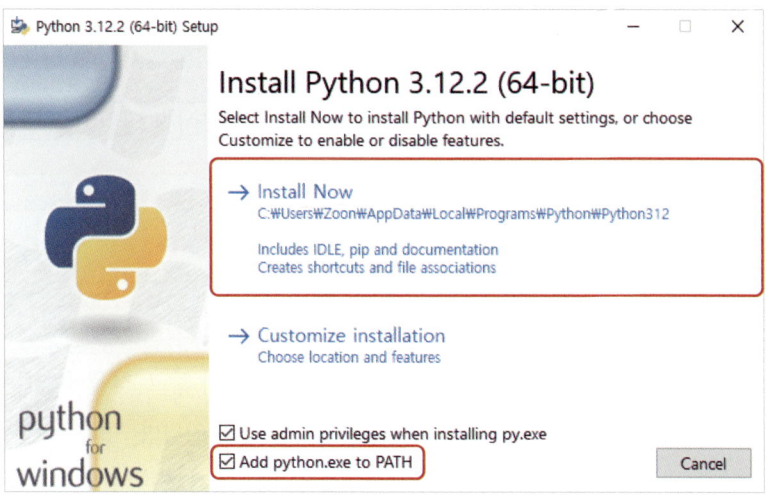

그림 2.2 파이썬 설치하기

파이썬이 잘 설치됐는지 확인해 보겠습니다. 윈도우 버튼을 누르고 '명령 프롬프트'라고 입력한 다음 [명령 프롬프트]를 선택해 명령 프롬프트(cmd)를 실행[2]합니다.

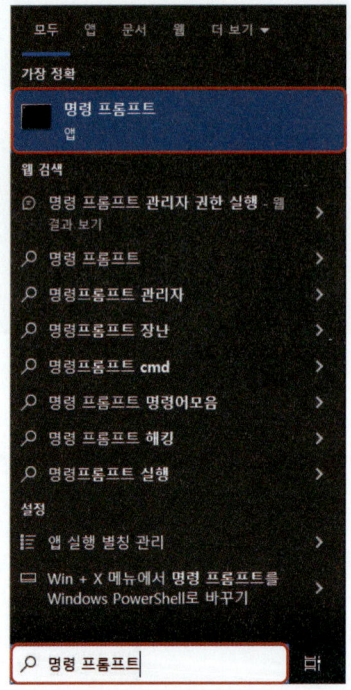

그림 2.3 명령 프롬프트 실행하기

명령 프롬프트에서 다음과 같이 python -V를 입력했을 때 파이썬 버전이 출력되면 설치에 성공한 것입니다.

```
C:\Users\Zoon>python -V
Python 3.12.2
```

만약 명령어를 제대로 입력했는데도 파이썬 버전이 나타나지 않고 '찾을 수 없는 명령'이라는 오류 메시지가 출력된다면 설치 과정에서 문제가 생긴 것입니다. 이때는 내려받은 설치 파일을 실행한 다음 [Uninstall]을 눌러 삭제하고 설치를 다시 진행[3]합니다.

---

[2] 또는 윈도우 + R 키를 눌러 실행 창을 연 다음, 'cmd'라고 검색해 실행할 수도 있습니다.
[3] 다시 설치를 진행하는 과정에서 'Add python.exe to PATH' 옵션에 꼭 체크하세요.

그림 2.4 파이썬 삭제하기

macOS에서 파이썬 설치하기

파이썬 공식 홈페이지의 다운로드 페이지에 접속한 다음 [Download Python 3.12.2] 버튼[4]을 클릭해 macOS용 파이썬 패키지를 내려받습니다.

- 파이썬 다운로드 페이지: http://www.python.org/downloads

그림 2.5 macOS용 파이썬 설치 파일 내려받기

---

4 Download Python 뒤의 숫자는 실습하는 시점에 따라 달라질 수 있습니다. 이 책을 집필하는 시점의 파이썬 버전은 3.12.2입니다.

내려받은 파일을 더블클릭해 인스톨러를 실행합니다. 파이썬 설치 창이 열리면 [계속] 버튼을 클릭해 설치를 진행합니다. 설치가 완료되면 [닫기] 버튼을 클릭해 설치 프로그램을 종료합니다.

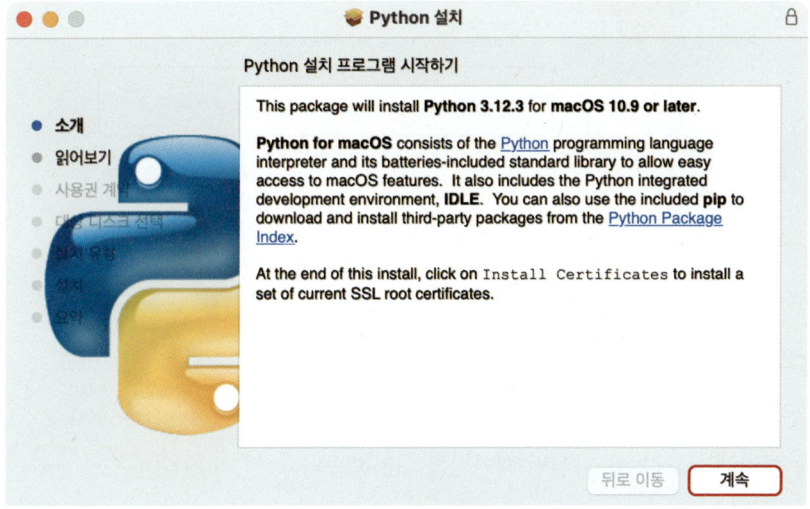

그림 2.6 파이썬 설치하기

파이썬이 잘 설치됐는지 확인해 보겠습니다. 스포트라이트를 실행한 후, '터미널'로 검색한 다음, [터미널]을 선택해 터미널(Terminal)을 실행합니다.

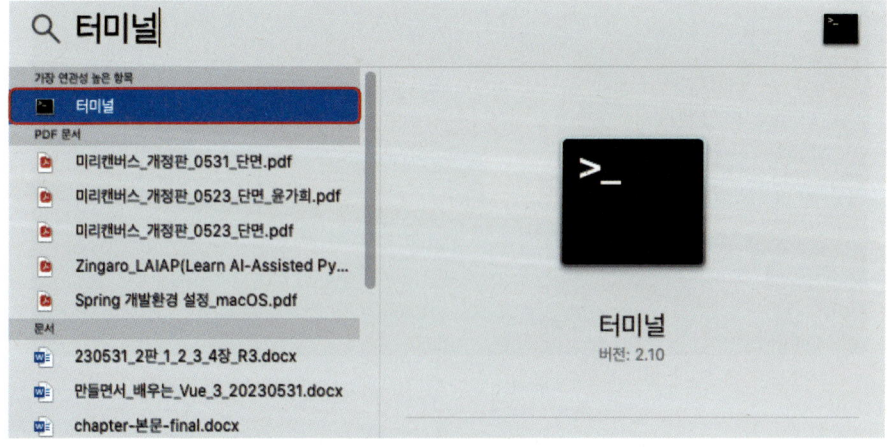

그림 2.7 터미널 실행하기

다음과 같이 터미널에서 python3 -V를 입력했을 때 파이썬 버전이 출력되면 설치에 성공한 것입니다.

```
Junseong@MacBook-Pro ~ % python3 -V
Python 3.12.3
```

2.2 파이썬 가상 환경 만들기

파이썬을 활용하여 프로그램을 개발할 때 반드시 알아야 할 개념 중 하나는 파이썬 가상 환경입니다. 파이썬 가상 환경은 독립된 환경을 생성하여 프로젝트별로 패키지 버전을 분리하여 관리하는 고마운 도구입니다. 예를 들어, 두 개의 OpenAI API 프로젝트를 개발 중이라고 가정해 보겠습니다. 이때 각 프로젝트에 필요한 OpenAI 패키지의 버전이 다를 수 있습니다. 이를테면 A 프로젝트에서는 OpenAI 2.1 버전이 필요하고, B 프로젝트에서는 OpenAI 1.2 버전이 필요할 수 있습니다. 이처럼 프로젝트의 패키지 버전이 다르면 하나의 PC에 서로 다른 버전의 OpenAI 패키지를 설치해야 하는 문제가 생깁니다.

이러한 개발 환경은 구축하기도 어렵고 사용하기도 불편합니다. 가상 환경이 없던 예전에는 이러한 고생을 감수할 수밖에 없었지만 파이썬 가상 환경을 이용하면 하나의 PC에 독립된 가상 환경을 여러 개 만들 수 있습니다. 즉, A 프로젝트를 위한 가상 환경을 만들어 OpenAI 2.1 버전을 설치하고, B 프로젝트를 위한 가상 환경을 만들어 OpenAI 1.2 버전을 설치해 사용할 수 있습니다.

이처럼 가상 환경을 이용하면 하나의 PC에 서로 다른 버전의 파이썬과 라이브러리를 쉽게 설치해 사용할 수 있습니다. 이 책에서는 각 장별로 별도의 가상 환경을 만들어 개발을 진행하겠습니다.

프로젝트 폴더 만들기

가상 환경 생성 실습에 앞서 프로젝트 폴더를 생성합니다. 이 책에서 진행하는 모든 예제는 C 드라이브에 openai-prg 폴더를 만들고, 그 폴더에서 실습합니다. 폴더를 생성하고 가상 환경을 생성하기 위해 명령 프롬프트[5]를 실행합니다.

---

[5] 윈도우에서는 명령 프롬프트를, macOS에서는 터미널을 실행해주세요. 명령 프롬프트 및 터미널을 여는 방법은 이 책의 2.1절 '파이썬 설치하기'를 참고해주세요.

명령 프롬프트에서 다음 명령어를 입력해 경로를 C 드라이브의 루트로 변경합니다.

```
C:\Users\Zoon> cd \
C:\>
```

C 드라이브 루트에 openai-prg 폴더를 생성합니다.

```
C:\> mkdir openai-prg
```

openai-prg 폴더로 경로를 변경합니다.

```
C:\> cd openai-prg
C:\openai-prg>
```

같은 방법으로 openai-prg 폴더 안에 2장에서 실습할 코드를 모아 둘 폴더인 ch02를 생성하고 해당 경로로 이동합니다.

```
C:\openai-prg> mkdir ch02
C:\openai-prg> cd ch02
C:\openai-prg\ch02>
```

가상 환경 생성하기

지금부터 작업 폴더 안에 가상 환경을 생성해 보겠습니다. 다음 명령어를 입력하여 py_env라는 이름의 가상 환경을 생성합니다.

```
# python -m venv '가상_환경_이름'
C:\openai-prg\ch02> python -m venv py_env
```

※ macOS 사용자는 터미널에서 python 대신 python3 명령어를 사용합니다.

명령을 잘 수행했다면 ch02 폴더 안에 py_env 폴더가 만들어졌을 것입니다. 이 폴더가 가상 환경이라고 생각하면 됩니다.

가상 환경 진입하기

가상 환경에 진입하려면 앞서 생성한 py_env 가상 환경의 Scripts 디렉터리에 있는 activate 명령을 실행해야 합니다.

```
# 윈도우: 가상_환경_이름\Scripts\activate.bat
# macOS: source 가상_환경_이름/bin/activate
C:\openai-prg\ch02> py_env\Scripts\activate.bat
```

※ macOS 사용자는 source py_env/bin/activate 명령어를 사용합니다.

가상 환경이 성공적으로 활성화되면 프롬프트 창 맨 왼쪽에 가상 환경의 이름이 표시됩니다.

```
(py_env) C:\openai-prg\ch02>
```

가상 환경 벗어나기

가상 환경에서 벗어나려면 deactivate 명령어를 입력합니다. 명령이 잘 수행되어 가상 환경에서 벗어났다면 프롬프트 창 왼쪽에 있던 가상 환경의 이름이 사라집니다.

```
(py_env) C:\openai-prg\ch02>deactivate
C:\openai-prg\ch02>
```

2.3 비주얼 스튜디오 코드 설치하기

프로그램 개발 시 코드 작성을 도와주는 도구를 코드 에디터라고 합니다. VS Code는 무료로 사용할 수 있는 대표적인 텍스트 에디터로, 프로그래머들에게 가장 많이 사랑받는 에디터 중 하나입니다. 이 책에서는 비주얼 스튜디오 코드를 사용하여 모든 실습을 진행합니다.

지금부터 비주얼 스튜디오 코드를 설치하는 방법을 살펴보겠습니다. 먼저 공식 홈페이지에서 설치 파일을 내려받아 설치를 진행합니다.

- 비주얼 스튜디오 코드 공식 홈페이지: https://code.visualstudio.com

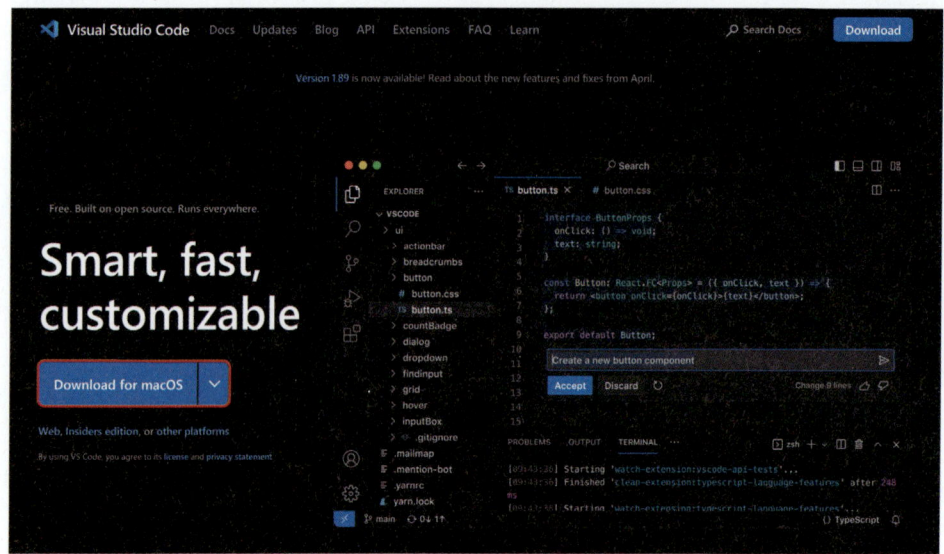

그림 2.8 비주얼 스튜디오 코드 내려받기

비주얼 스튜디오 코드는 파이썬 전용 에디터가 아닙니다. 파이썬 외에 여러 가지 언어를 지원하는 범용 에디터입니다. 따라서 파이썬 코드를 편집하려면 비주얼 스튜디오 코드를 설치한 후에 파이썬 확장 프로그램(Extension)을 설치해야 합니다. 비주얼 스튜디오 코드를 실행하고 왼쪽 메뉴 바에서 [Extensions] 버튼을 클릭합니다.

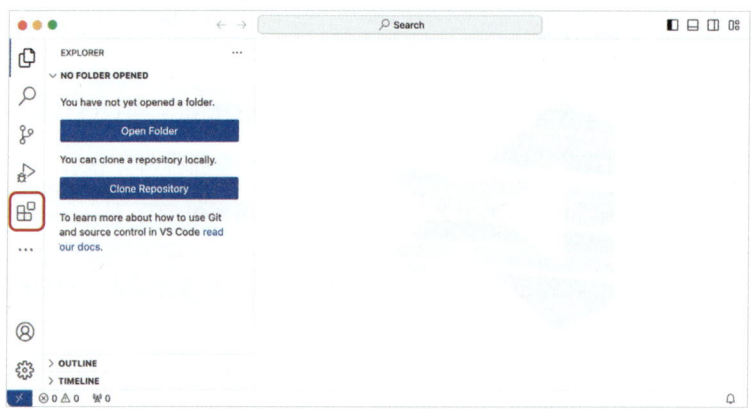

그림 2.9 비주얼 스튜디오 코드에서 Extensions 메뉴 선택

검색창에서 'python'으로 검색한 다음, 맨 위에 나오는 Python 항목에 있는 [Install] 버튼을 클릭해 파이썬 확장 프로그램을 설치합니다.

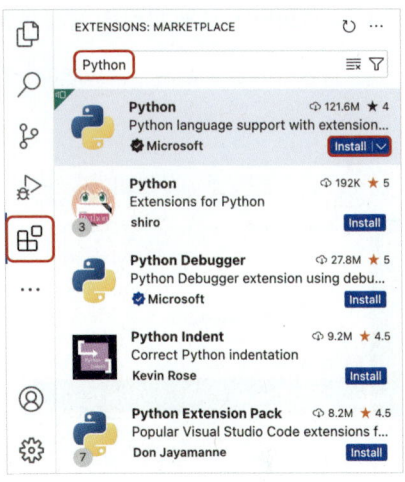

그림 2.10 Python 확장 프로그램 설치

2.4 주피터 노트북 사용 방법 익히기

주피터 노트북은 파이썬 코드를 한 줄씩 실행하며 결과를 확인할 수 있는 파이썬 실행 환경입니다. 특히 데이터 분석, 시각화, 컴퓨터 과학, 교육 등 다양한 분야에서 유용하게 활용됩니다. 주피터 노트북을 사용하는 방법은 여러 가지가 있지만 이 책에서는 비주얼 스튜디오 코드 환경에서 사용하는 방법을 설명합니다.

비주얼 스튜디오 코드를 실행하고 왼쪽에 있는 메뉴 바에서 [Extensions] 버튼을 클릭합니다. 'Jupyter'라고 검색한 다음, 맨 위에 나오는 Jupyter 확장 프로그램을 설치합니다.

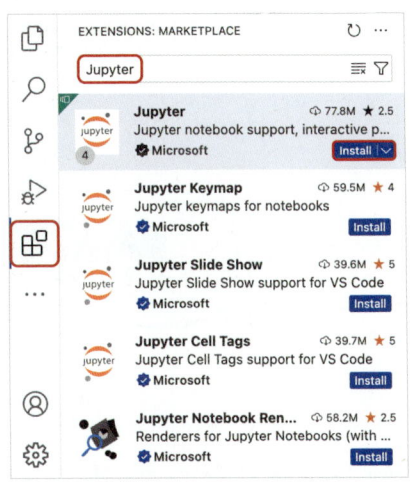

그림 2.11 Jupyter 확장 프로그램 설치

이제 주피터 노트북 파일을 생성해 보겠습니다. 상단 메뉴에서 [File] → [Open Folder]를 클릭한 후 앞서 생성한 C:\openai-prg\ch02 경로의 폴더를 선택합니다.

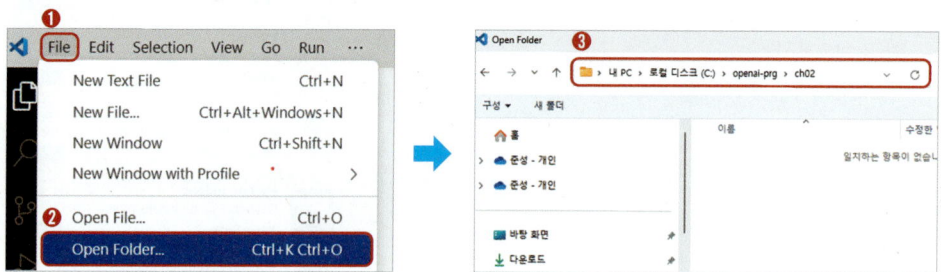

그림 2.12 실습 폴더 경로 지정하기

새로운 폴더에서 처음 작업을 시작할 때는 해당 폴더에서의 작업 신뢰 여부를 확인합니다. [Yes, I trust the authors] 버튼을 클릭합니다.

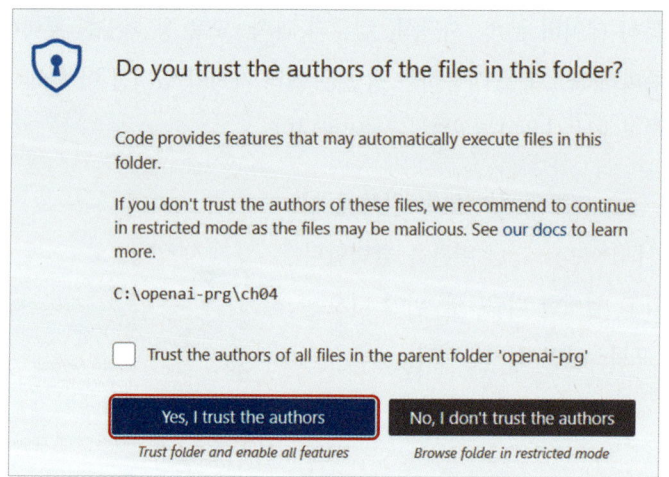

그림 2.13 실습 폴더에 대한 신뢰 여부 확인하기

다음으로 [View] → [Command Palette]를 클릭한 후 'Create: New Jupyter Notebook'을 검색하여 클릭합니다.

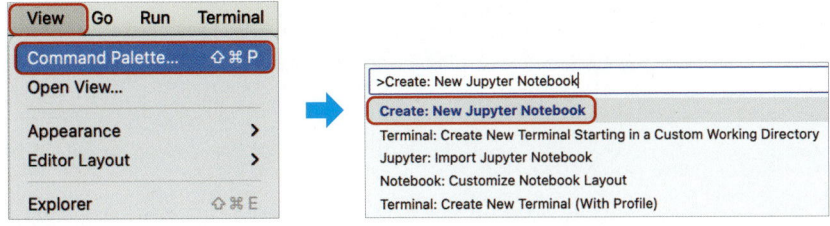

그림 2.14 주피터 노트북 파일 생성하기

주피터 노트북 파일을 생성하면 다음과 같은 화면이 나옵니다. '실습 파일명'이라고 표시한 부분은 노트의 제목을 설정하는 부분으로, 원하는 제목으로 수정할 수 있습니다. '파이썬 코드 작성'이라고 표시한 부분이 실습 코드를 작성하는 공간입니다. 코드 작성 왼쪽에 있는 [실행] 버튼은 코드를 작성한 후에 해당 코드를 실행하고자 할 때 클릭하는 버튼입니다. 이 버튼을 클릭하거나 단축키 [Shift] + [Enter]를 눌러 코드를 실행할 수 있는데, 일반적으로 단축키로 실행하는 방법이 편리합니다. 이제 '파이썬 코드 작성'이라고 표시한 부분에 3 + 5를 작성하고 [Shift] + [Enter] 키를 눌러 실행해 봅시다.

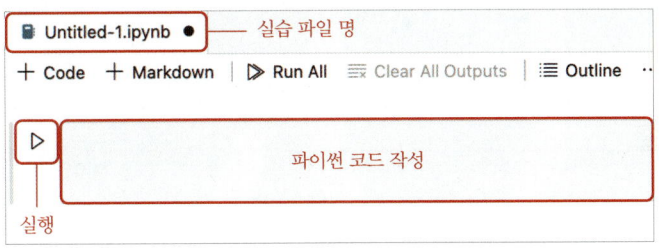

그림 2.15 주피터 노트북 실습 환경

다음과 같이 3 + 5가 실행되고 그 아래에 8이라는 결과와 함께 새로운 파이썬 코드를 작성하는 파이썬 코드 작성 공간이 다시 생깁니다. 파이썬 코드 작성 공간을 추가로 생성하고 싶다면 상단에 있는 [+ Code] 버튼을 눌러 임의로 추가할 수도 있습니다.

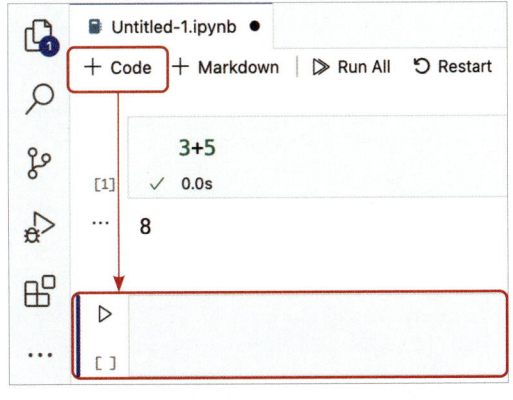

그림 2.16 주피터 노트북 환경에서 파이썬 코드 실행하기

Part 03

텍스트 생성 모델

실습 환경 구축하기
텍스트 생성 모델의 기본 API 사용법 익히기
프로그램 UI를 생성하는 스트림릿 사용법 익히기
텍스트 생성 모델을 활용한 글 요약 프로그램 만들기

OpenAI의 가장 대표적인 AI 모델은 ChatGPT와 같은 텍스트 생성 모델입니다. 텍스트 생성 모델(사전 학습된 생성형 트랜스포머 또는 대규모 언어 모델이라고도 함)은 자연어, 코드, 이미지를 이해하도록 학습되었습니다. 기본적으로 자연어 입력에 대한 응답으로 텍스트 출력을 제공합니다. 텍스트 생성 모델은 사용자 요청에 따라 다음과 같은 다양한 애플리케이션을 구축할 수 있습니다.

- 문서 초안 작성
- 컴퓨터 코드 작성
- 다양한 분야의 지식에 대한 질문에 답변하기
- 글 요약
- 소프트웨어에 자연어 인터페이스 제공
- 언어 번역

이번 장에서는 텍스트 생성 모델 API의 기본 사용법을 배우고 글 요약 프로그램과 광고 문구 생성 프로그램을 만들어 보겠습니다.

3.1 실습 환경 구축하기

본격적인 개발에 앞서 개발 환경을 준비하겠습니다. 프로젝트 폴더 생성부터 가상 환경 생성까지 명령 프롬프트를 활용하여 진행합니다.

프로젝트 폴더 생성하기

`openai-prg` 폴더 안에 3장에서 실습할 코드를 모아 둘 폴더인 `ch03`을 생성하고, 해당 폴더로 이동합니다.

```
C:\openai-prg> mkdir ch03
C:\openai-prg> cd ch03
C:\openai-prg\ch03>
```

탐색기에서 C 드라이브를 살펴보면 opnai-prg 폴더에 ch03 폴더가 생성된 모습을 확인할 수 있습니다.

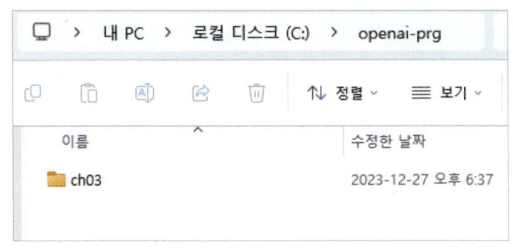

그림 3.1 프로젝트 폴더 생성 화면

가상 환경 생성하기

다음 명령어를 실행하여 ch03_env라는 이름의 가상 환경을 생성합니다.

```
C:\openai-prg\ch03> python -m venv ch03_env
```

가상 환경이 생성되면 다음 명령어로 가상 환경을 활성화[1]합니다.

```
C:\openai-prg\ch03> ch03_env\Scripts\activate.bat
```

가상 환경이 활성화되면 프롬프트 왼쪽에 가상 환경의 이름이 표시됩니다.

```
(ch03_env) C:\openai-prg\ch03>
```

VS Code에서 프로젝트 폴더 선택하기

비주얼 스튜디오 코드(Visual Studio Code, 이하 VS Code)를 열고, 상단 메뉴에서 [File] → [Open Folder]를 클릭합니다. 앞서 생성한 ch03 폴더(C:\openai-prg\ch03)를 선택하고, [열기] 버튼을 누릅니다.

---

[1] macOS에서는 source ch03_env/bin/activate 명령으로 가상 환경을 활성화합니다.

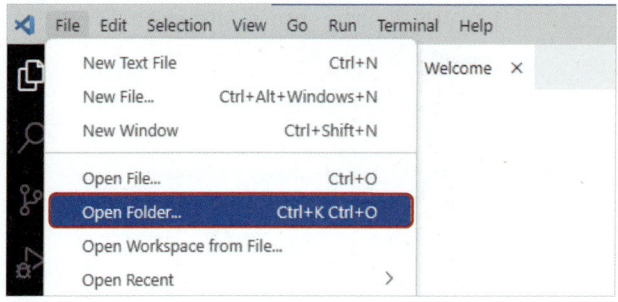

그림 3.2 VS Code에서 프로젝트 폴더 열기

3.2 텍스트 생성 모델의 기본 API 사용법 익히기

이번 절에서는 OpenAI의 텍스트 생성 모델 API의 기본 사용법을 익혀 보겠습니다.

먼저 다음 명령어로 가상 환경에 openai 패키지를 설치합니다.

```
(ch03_env) C:\openai-prg\ch03> pip install openai
```

파이썬 스크립트 생성

먼저 코드를 작성할 파일(주피터 노트북)을 생성합니다. VS Code의 왼쪽 EXPLORER 영역을 마우스 오른쪽 버튼으로 클릭하고, [New File]을 선택해 새로운 파일을 추가합니다. 파일 이름은 ch03_Text_Generation.ipynb로 지정합니다.

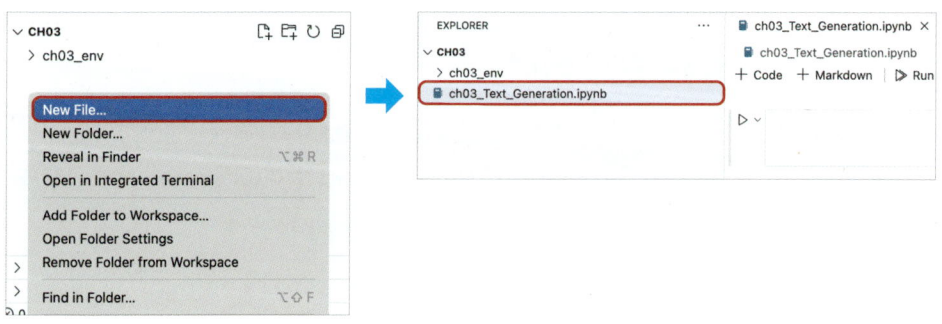

그림 3.3 주피터 노트북 파일 생성하기

다음으로 커널을 지정합니다. 커널은 주피터 노트북 파일 내에서 사용하는 가상 환경을 설정하는 과정입니다. [Select Kernel] → [Python Environments] → [ch03_env(Python 3.xx)] 버튼을 차례로 클릭하여 앞에서 생성한 ch03_env 가상 환경을 커널로 지정합니다.

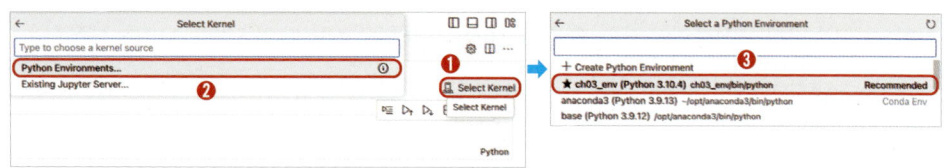

그림 3.4 커널 지정하기

가장 먼저 import openai로 OpenAI 라이브러리를 불러옵니다.

```
import openai
```

이때 셀을 실행하면 그림 3.5와 같이 커널로 지정한 가상 환경 안에 ipykernel 패키지를 설치할 것인지를 물어보는 창이 뜹니다. ipykernel은 주피터 노트북을 실행하기 위해서 설치해야 하는 패키지이므로 [Install] 버튼을 눌러 설치를 진행합니다.

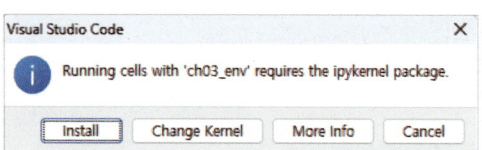

그림 3.5 가상 환경에 ipykernel 패키지 설치하기

다음으로 OpenAI API를 활용하기 위한 client 객체를 생성합니다. 이때 client = openai.OpenAI() 안의 api_key 값에 11쪽 'OpenAI API 키 발급하기'에서 얻은 키 값을 입력합니다. 이때 키 값은 큰따옴표 안에 들어가야 합니다.

```
client = openai.OpenAI(api_key = "여기에 API 키를 넣어주세요")
```

기본 질문하기

ChatGPT API를 활용하여 질문하기 위한 기본 형식을 살펴보겠습니다. 기본적으로 질문할 때는 앞서 생성한 `client` 객체를 활용하여 `client.chat.completions.create()` 메서드를 활용합니다. `create()` 메서드 안에는 모델, 프롬프트 외에도 다양한 파라미터를 지정할 수 있습니다. 웹 브라우저를 활용해 ChatGPT를 사용할 때와 달리, API를 사용할 때는 원하는 대로 파라미터를 조정할 수 있다는 장점이 있습니다.

```
response = client.chat.completions.create(        ← 질문하기 위한 메서드
    model="gpt-4o-mini",
    messages=[{"role": "user", "content": "프롬프트 입력"}],
    temperature=1,
    top_p=1,
    presence_penalty=1,
    frequency_penalty=1,
    n=1,
    max_tokens=4000,                              ← 파라미터들
    stop=None,
    seed=None,
    tools=None,
    tool_choice=None,
    response_format=None
)
```

각 파라미터의 의미는 다음과 같습니다.

- 모델(model): 사용할 언어 모델을 지정합니다. 모델에 관한 자세한 내용은 1.2절의 API 사용 요금의 설명을 참고하세요.

- 메시지(messages): 사용자가 입력할 프롬프트가 포함된 리스트입니다. 가장 핵심이 되는 부분으로 메시지를 활용하여 원하는 질문을 하고, 다양한 형태의 메시지 입력을 통해 프롬프트 엔지니어링을 할 수 있습니다. 기본적인 질문 방법은 [{role: "user", "content": "프롬프트 입력"}]과 같이 content 키 안에 질문하고자 하는 프롬프트를 입력하는 방법입니다. 역할을 부여하거나 이어서 질문하는 방법은 다음 절에서 자세히 다루겠습니다.

- 온도 조절(temperature): 텍스트의 무작위성(randomness)과 관련된 파라미터입니다. 온도를 높게 설정하면(최댓값은 2.0) 모델이 생성하는 텍스트가 사람이 보기에는 예측에서 벗어나고 다양하며 창의적으로

보이는 경향을 띕니다. 반면, 온도를 낮게 설정하면 좀 더 전형적이고 보수적인 텍스트를 생성하는 경향을 보입니다. 일반적으로 온도 값은 0.5~1.5 범위의 값을 시작점으로 사용합니다. 적절한 온도 값은 사용자가 어떤 작업을 하고 싶은지, 어떤 프롬프트를 사용하는지에 따라 다르므로 실험적으로 찾는 것이 좋습니다. 설정값의 범위는 0.0~2.0이며, 값을 설정하지 않으면 기본값인 1로 설정됩니다.

- 핵 샘플링(top_p): 다음 단어 또는 토큰이 샘플링되는 범위를 제어합니다. 응답을 생성할 때 모델은 다음 토큰의 어휘에 대한 확률 분포를 계산합니다. 예를 들어, top_p를 0.5로 설정하면 모델이 샘플링할 때 누적 확률이 0.5보다 큰 상위 토큰 중에서만 다음 토큰을 샘플링합니다. top_p를 1.0으로 설정하면 모든 토큰(전체 분포)에서 샘플링하고, top_p를 0.0으로 설정하면 항상 가장 확률이 높은 단일 토큰을 선택합니다. 설정값의 범위는 0.0~1.0이며, 값을 설정하지 않으면 기본값인 1로 설정됩니다.

- 존재 페널티(presence_penalty): 단어가 이미 생성된 텍스트에 나타난 경우 해당 단어가 등장할 가능성을 줄입니다. 빈도수 페널티와 달리 존재 페널티는 과거 예측에서 단어가 나타나는 빈도수에 따라 달라지지는 않습니다. OpenAI의 설명에 따르면 이 파라미터 값을 크게 설정할수록 모델이 새로운 주제에 대해 이야기할 가능성이 높아진다고 합니다. 설정값의 범위는 0.0~2.0이며, 값을 설정하지 않으면 기본값인 0으로 설정됩니다.

- 빈도수 페널티(frequency_penalty): 모델이 동일한 단어를 반복적으로 생성하지 않도록 설정하는 값입니다. 이 페널티는 어떤 단어가 어느 빈도로 등장했는지에 따라 영향을 받습니다. 빈도수 페널티의 값을 높게 설정하면 모델이 이미 생성한 단어를 다시 생성하는 것을 자제하므로 좀 더 다양하고 중복되지 않은 텍스트를 생성하도록 유도할 수 있습니다. 따라서 모델이 특정 단어를 반복하는 경향을 보인다면 빈도수 페널티 값을 높게 설정합니다. 설정값의 범위는 0.0~2.0이며, 값을 설정하지 않으면 기본값인 0으로 설정됩니다.

- 응답 개수(n): 입력 메시지에 대해 생성할 답변의 수를 설정합니다. 값을 설정하지 않으면 기본값인 1로 설정됩니다.

- 최대 토큰(max_tokens): 최대 토큰 수를 제한합니다. API 사용은 토큰 수에 따라 요금이 부과되므로 최대 토큰 파라미터를 통해 답변의 길이를 조절할 수 있습니다. 값을 설정하지 않으면 모델의 최대 토큰 수에 맞춰 설정됩니다.

- 중지 문자(stop): 토큰 생성을 중지하는 문자입니다. stop = ['\n', 'end of text']처럼 문자열 목록으로 값을 설정합니다. 앞의 예제에서는 None으로 설정했습니다. None으로 설정하면 따로 중지 문자 설정을 하지 않고 답변을 끝까지 생성합니다.

- 시드(seed): 언어 모델이 동일한 질문에 동일한 답변을 하도록 모델을 고정할 때 사용합니다. 기본적으로 시드를 지정하지 않으면 언어 모델은 동일한 질문에 매번 다른 답변을 하도록 설계되어 있습니다. 이 부분은 창의적인 글짓기를 할 때는 아주 강력한 무기가 되지만 매번 동일한 답변을 얻고자 반복 작업을 할 때는 단점으로 작용합니다. 이럴 경우 시드를 활용하여 동일한 답변이 나오도록 모델 고정이 가능합니다. 시드는 기본적으로 None으로 설정되며, 입력할 때는 자연수 형태로 입력합니다.

- 툴(tools, tool_choice): 언어 모델과 특정 기능을 하는 함수의 연결을 도와주는 기능으로, Function calling이라고 부르기도 합니다. 예를 들어, 질문 안에 날씨를 물어보는 내용이 있으면 미리 생성해 놓은 날씨 정보 조회 함수를 호출합니다. 해당 기능을 활성화하려면 tools에 openai에서 제공하는 구조에 맞춘 함수 정보를 tool_choice='auto'로 지정합니다. 해당 기능은 5장에서 소개할 예정인 Assistant API에서 예제와 함께 설명하겠습니다.
- 응답 구조(response_format): 언어 모델의 답변 구조를 설정합니다. 현 시점에는 JSON 포맷의 응답 구조만 지원합니다. JSON 포맷의 답변을 원한다면 {"type": "json_object"}를 지정합니다.

> **참고** 온도 조절(Temperature)과 핵 샘플링(Top P)의 차이점은?
>
> 온도 조절과 핵 샘플링 둘 다 무작위성을 제어하는 데 사용하는 파라미터지만 방식이 약간 다릅니다. 즉, 모델 출력의 다양성에 미치는 영향이 다릅니다.
>
> 온도 조절은 낮은 확률의 토큰을 높은 확률로 만들거나(높은 온도로 설정 시) 낮은 확률로 만들어 다음 토큰 확률의 전체 분포에 영향을 줍니다. 반면 핵 샘플링은 특정 누적 확률을 넘어서지 못하는 낮은 확률의 토큰을 단순히 차단하여 어느 정도의 다양성을 유지하면서 결과의 무작위성을 줄일 방법을 제공합니다. 따라서 핵 샘플링은 온도보다 응답의 다양성을 더 많이 제어할 수 있습니다.

파라미터에 대한 자세한 설명은 OpenAI 홈페이지의 API reference에서 확인할 수 있습니다.

- OpenAI API reference: https://platform.openai.com/docs/api-reference

이번에는 API를 활용하여 "피자를 만드는 방법을 알려줘(Tell me how to make a pizza)"라고 질문해 보겠습니다.

```
response = client.chat.completions.create(
    model="gpt-4o-mini",
    messages=[{"role": "user", "content": "Tell me how to make a pizza"}]
)
print(response)  ──── 답변 결과를 출력합니다.
```

결과는 ChatCompletion이라는 응답 객체 타입으로 출력됩니다.

```
ChatCompletion(
    id='chatcmpl-8L07P3XCYU2YX6v5Qq8DhULu6lmrV',
    choices=[
        Choice(finish_reason='stop',
            index=0,
            message=ChatCompletionMessage(content='<답변 내용>',
            role='assistant',
            function_call=None,
            tool_calls=None))
    ],
    created=1700016035,
    model='gpt-4o-mini ',
    object='chat.completion',
    system_fingerprint=None,
    usage=CompletionUsage(completion_tokens=305,
    prompt_tokens=15,
    total_tokens=320))
```

각 정보의 의미는 다음과 같습니다.

- choices: 완료 개체 목록입니다. 질문 시 응답 개수(n)를 1로 설정하면 한 개, 2로 설정하면 2개의 완료 개체가 리스트 형태로 저장됩니다.
- index: 완료 개체의 인덱스입니다.
- message: 모델에서 생성된 메시지 내용입니다. content는 답변 내용, role은 질문 시 지정한 역할입니다.
- created: 요청한 시점의 타임스탬프입니다.
- object: 반환된 객체의 유형입니다. ChatGPT의 경우 chat.completion 객체로 반환됩니다.
- usage: 질문할 때 사용한 토큰 수, 응답할 때 사용한 토큰 수, 총 사용한 토큰 수를 각각 나타냅니다.

답변 결과 중에서 우리에게 필요한 건 답변 결과 텍스트와 소모한 토큰 수입니다. 이 두 개만 발췌해서 확인해 보겠습니다. 언어 모델의 답변 결과는 response.choices[0].message.content를 통해 얻을 수 있습니다.

```
print(response.choices[0].message.content)
```

결과

```
As an AI language model, I can give you the steps to make a basic pizza.

Ingredients:

- 1 pound pizza dough
- 1 cup tomato sauce
- 2 cups shredded mozzarella cheese
- 1/2 cup grated parmesan cheese
- Optional toppings: sliced pepperoni, sliced onions, sliced mushrooms, sliced
bell peppers, chopped garlic, red pepper flakes, fresh basil leaves
... 생략...
```

이번에는 소모한 토큰 수를 확인해 보겠습니다. 소모한 토큰 수는 response.usage로 확인할 수 있습니다.

```
print(response.usage)
```

결과

```
CompletionUsage(
completion_tokens=305,
prompt_tokens=15,
total_tokens=320
)
```

이어서 총 얼마의 비용이 발생했는지 계산해 보겠습니다. gpt-4o-mini 모델을 사용했고, 해당 모델의 프롬프트 토큰은 1000토큰당 $0.00015, 완료 토큰은 1000토큰당 $0.0006의 비용이 발생하므로 약 0.241339원을 사용했습니다.[2]

```
total_bill_USD = (response.usage.completion_tokens*0.0006
+response.usage.prompt_tokens*0.00015)/1000
```

---

2 이 책의 집필 시점의 환율인 1달러당 원화 1304.84원으로 계산했습니다.

```python
# 24.01.07 기준 환율 1USD = 1304.84 KRW
total_bill_KRW = total_bill_USD*1304.84
print("총 소모 비용 : {} 원".format(total_bill_KRW))
```

결과

```
총 발생 비용 0.24133 원
```

역할 부여하기

API를 이용해 언어 모델을 사용할 때는 역할을 지시할 수 있습니다. 여기서 역할 지시란 언어 모델이 답변할 때 해당 역할로서 답변하라는 의미입니다. 앞으로 안내하는 역할 지시 방법은 항상 지시한 역할대로 동작한다는 보장은 없지만 역할 지시문에 따라 답변 자체의 방향성을 바꿔버리기도 합니다.

역할을 지시하려면 기존 코드에서 messages=[] 안에 {"role": "system", "content": ""}를 추가로 작성합니다. 예를 들어, 언어 모델에게 친절하게 답변해 주는 비서라는 역할을 부여해 보겠습니다. 코드는 다음과 같습니다.

```python
response = client.chat.completions.create(
    model="gpt-4o-mini",
    messages=[
        {"role": "system", "content": "너는 친절하게 답변해 주는 비서야"},
        {"role": "user", "content": "2020년 월드시리즈에서는 누가 우승했어?"}
    ]
)
print(response.choices[0].message.content)
```

결과

```
2020년 월드시리즈에서는 미국 메이저리그의 로스앤젤레스 더저스가 탬파베이 레이즈를 대상으로
4승 2패로 승리하여 우승하였습니다.
```

동일하게 로스앤젤레스 다저스(더져스)가 우승했다는 답변을 합니다. 이전보다 조금 더 상세한 답변이 작성됐지만, 원래도 동일한 질문에 다른 답변을 하는 챗봇이므로 이것만으로는 역할 지시문이 동작했는지는 알 수 없습니다.

이번에는 역할 지시문에 한국어로 질문해도 영어로 답변하는 챗봇이라는 지시문을 넣어 봅시다. 참고로 역할 지시문은 한국어가 아니라 영어로 작성해야 더 잘 동작하는 경향이 있으므로 지시문을 영어로 작성하겠습니다.

```
response = client.chat.completions.create(
    model="gpt-4o-mini",
    messages=[
        {"role": "system", "content": "You are a chatbot that answers questions in English. This must be honored. You must only answer in English. "},
        {"role": "user", "content": "2020년 월드시리즈에서는 누가 우승했어?"}]
)
print(response.choices[0].message.content)
```

역할 부여 / 질문

결과

```
In 2020 World Series, the Los Angeles Dodgers won the championship.
```

역할 지시문에 따라 한국어로 질문했는데도 영어로 답변하는 모습을 확인할 수 있습니다. 이번에는 질문에 대답하는 대신 답변을 거부하고, 사과하는 챗봇을 구현해 보겠습니다.

```
response = client.chat.completions.create(
    model="gpt-4o-mini",
    messages=[
        {"role": "system", "content": "You're a chatbot that refuses to answer and says sorry when users ask questions."},
        {"role": "user", "content": "2020년 월드시리즈에서는 누가 우승했어?"}]
)
print(response.choices[0].message.content)
```

결과

```
I'm sorry, but I can't answer your question.
```

질문에 답변하는 것이 아니라 답변을 거부하며 사과하는 모습을 보입니다. 이로써 역할 지시문이 언어 모델의 행동에 관여하고 있음을 알 수 있습니다.

마지막으로 질문에 답변하는 것이 아니라 번역하는 챗봇이라는 지시문을 주고, 답변을 확인해 봅시다.

```
response = client.chat.completions.create(
    model="gpt-4o-mini",
    messages=[
        {"role": "system", "content": "You are a translator who translates user input. You are a translator that translates users' inputs. If the input is in Korean, it must be translated into English. This must be strictly adhered to."},
        {"role": "user", "content": "2020년 월드시리즈에서는 누가 우승했어?"}]
)
print(response.choices[0].message.content)
```

결과

Who won the World Series in 2020?

사용자의 질문에 대답하는 것이 아니라 질문을 영어로 번역하여 답변합니다.

이전 대화를 포함하여 답변하기

OpenAI의 언어 모델을 웹에서 사용하면 이전 질문과 답변을 모두 고려하여 답변하는 특징이 있습니다. OpenAI API를 이용하면 언어 모델에게 답변을 요청할 때 '앞서 네가 이런 답변을 한 상태였다'는 정보를 전달할 수 있습니다. 이것은 사용자가 가정하는 것이지만 ChatGPT는 마치 과거에 자신이 답변한 것으로 가정하고, 추가 답변을 제공합니다.

이렇게 질문을 작성하려면 `messages=[ ]` 안에 `{"role": "user", "content": ""}`를 작성한 후 `{"role": "assistant", "content": ""}`를 추가로 작성하고, 다시 `{"role": "user", "content": ""}`를 번갈아 작성하면 됩니다. 실제 코드를 통해 확인해 봅시다.

다음 코드에서는 사용자가 "2002년 월드컵에서 가장 화제가 되었던 나라는 어디야?"라고 질문한 후, 언어 모델이 "바로 예상을 뚫고 4강 진출 신화를 일으킨 한국입니다."라고 답변한 상태라고 가정하고, 사용자가 다시 "그 나라가 화제가 되었던 이유를 자세하게 설명해 줘"라고 질문해 보겠습니다.

```
response = client.chat.completions.create(
    model="gpt-4o-mini",
    messages=[
        {"role": "user", "content": "2002년 월드컵에서 가장 화제가 되었던 나라는 어디야?"},
        {"role": "assistant", "content": "바로 예상을 뚫고 4강 진출 신화를 일으킨 한국입니다."},
        {"role": "user", "content": "그 나라가 화제가 되었던 이유를 자세하게 설명해 줘"}]
)
print(response.choices[0].message.content)
```

결과

한국이 2002년 월드컵에서 화제가 되었던 이유는 다음과 같습니다.
1. 예상치 못한 좋은 성적: 한국은 이전 대회에서는 한 번도 16강을 넘어갈 수 없었지만, 2002년 대회에서는 4강까지 진출하여 세계적인 축구 강국들을 이겨내었습니다. 이러한 좋은 성적은 세계적으로 큰 관심을 불러일으켰습니다.
… 생략…

JSON 구조로 답변 받기

JSON(JavaScript Object Notation)은 프로그래밍 언어에서 데이터를 주고받을 때 자주 사용하는 데이터 형식입니다. 챗봇에서 JSON 형태로 답변을 받는 것은 여러 가지 이유로 좋습니다. JSON은 데이터를 구조화하는 데 매우 효율적인 형식이기 때문에 이를 통해 챗봇과 사용자 간의 커뮤니케이션을 개선하고 다음과 같은 이점을 제공합니다.

- **표준화된 데이터 교환**: JSON은 널리 사용되는 표준 데이터 교환 형식입니다. 챗봇이 JSON 형태로 답변을 제공하면 다양한 플랫폼과 시스템에서 쉽게 사용하고 처리할 수 있습니다.
- **구조화된 데이터**: JSON을 사용하면 복잡한 데이터도 명확하게 구조화할 수 있습니다. 예를 들어, 챗봇이 여러 항목의 정보를 제공해야 할 때 각 항목을 명확하게 구분하여 제공하므로 사용자가 원하는 정보를 빠르게 파악할 수 있습니다.

답변을 JSON 형태로 받으려면 입력 파라미터에 response_format={ "type": "json_object" }를 추가합니다.

```python
response = client.chat.completions.create(
    model="gpt-4o-mini",
    response_format={"type": "json_object"},    # 파라미터 추가
    messages=[
        {"role": "system", "content": "You are a helpful assistant designed to output JSON."},
        {"role": "user", "content": "Who won the world series in 2020?"}]
)
print(response.choices[0].message.content)
```

결과

```
{
    "winner": "Los Angeles Dodgers",
    "year": 2020
}
```

3.3 프로그램 UI를 생성하는 스트림릿 사용법 익히기

스트림릿(Streamlit)[3]은 데이터 과학, 머신러닝, 분석 프로젝트를 위한 웹 애플리케이션을 만드는 과정을 간소화하고, 신속하게 웹 애플리케이션을 만들 수 있게 설계된 오픈소스입니다. 사용자가 앱을 사용할 때 실제로 보는 타이틀이나 버튼과 같은 UI를 손쉽게 만들 수 있으며, 직관적이고 사용자 친화적인 프레임워크입니다.

스트림릿을 활용하면 웹 개발에 대한 광범위한 지식이 없더라도 간단한 파이썬 스크립트 작성으로 인터랙티브하고 시각적으로 매력적인 애플리케이션을 빠르게 구축할 수 있습니다. 스트림릿의 주요 기능과 장점은 다음과 같습니다.

- **간단한 사용법**: 스트림릿의 문법은 매우 간단하여 파이썬을 기초 수준으로 이해하는 사용자라면 손쉽게 사용할 수 있습니다.
- **뛰어난 인터랙티브 기능**: 스트림릿에 내장된 위젯을 사용하면 최소한의 코딩으로 사용자와 원활한 상호작용이 가능합니다.

---

[3] https://streamlit.io

- **시각적 사용자 정의 기능**: 스트림릿은 Matplotlib, Plotly, Altair와 같이 널리 사용되는 데이터 시각화 라이브러리를 쉽게 통합할 수 있어 다양한 시각적 사용자 정의가 가능합니다.
- **실시간 업데이트**: 코드를 수정하면 스트림릿 애플리케이션이 자동 업데이트되어 효율적인 개발 환경을 제공합니다.
- **간편한 공유 기능**: 간소화된 배포 프로세스를 제공하여 다른 사용자에게 애플리케이션을 쉽게 공유할 수 있습니다.

이 책에서는 OpenAI API를 이용한 다양한 프로그램을 스트림릿 기반으로 제작할 예정이니 이번 절에서 간단한 사용법을 익혀보겠습니다.

스트림릿 설치

스트림릿은 다음과 같이 pip를 활용하여 설치할 수 있습니다. 이때 앞서 생성한 ch03_env 가상 환경 안에서 설치를 진행해야 합니다. 프롬프트 왼쪽에 (ch03_env)가 표시되는지 확인하고, 만약 (ch03_env)가 아니라면 3.1절 '실습 환경 구축하기'를 참고하여 가상 환경을 활성화합니다.

```
(ch03_env) C:\openai-prg\ch03> pip install streamlit
```

스트림릿 가져오기

스트림릿 설치를 마쳤다면 간단한 코드를 작성해 앱을 실행해 보겠습니다. 실습을 진행하기 위해 ch03 폴더에 파이썬 스크립트를 생성하고, 이름은 ch03_streamlit_example.py로 지정합니다.

스크립트의 첫 줄에 다음 코드를 추가하여 스트림릿 라이브러리를 가져옵니다. 이 코드를 통해 st라는 별칭을 사용하여 스트림릿의 함수와 구성 요소에 접근할 수 있습니다.

예제 3.1 스트림릿 가져오기　　　　　　　　　　　　　　　　　ch03/ch03_streamlit_example.py

```
import streamlit as st
```

스트림릿 기본 함수

다음은 스트림릿을 시작하는 데 도움이 되는 몇 가지 기본 함수입니다.

- st.title(): 앱에 제목을 생성합니다.
- st.header(): 앱에 헤더를 생성합니다.
- st.subheader(): 앱에 서브헤더를 생성합니다.
- st.text(): 앱에 일반 텍스트를 생성합니다.
- st.write(): 앱에 텍스트나 데이터를 생성합니다. 이 함수는 다용도로 사용할 수 있으며, 텍스트, 데이터 프레임 또는 플롯을 표시할 수 있습니다.

예를 들어, 다음과 같이 코드를 작성해 보겠습니다.

예제 3.2 스트림릿 기본 예제   ch03/ch03_streamlit_example.py

```
01  import streamlit as st
02
03  st.title("나의 첫 번째 Streamlit 앱")
04
05  st.header("Streamlit에 오신 것을 환영합니다")
06  st.subheader("웹 앱을 만들기 위한 강력하고 사용하기 쉬운 라이브러리")
07
08  st.text("이것은 일반 텍스트입니다.")
09
10  st.write("write() 함수를 사용하여 텍스트, 데이터 또는 플롯을 표시할 수도 있습니다.")
```

앞에서 소개한 5가지 기본 함수 외에 다양한 함수는 스트림릿의 공식 홈페이지에서 확인할 수 있습니다.

- 스트림릿 공식 홈페이지: https://streamlit.io/

앱 실행하기

스트림릿 앱은 가상 환경이 활성화된 명령 프롬프트 창 또는 터미널 창에서 실행할 수 있습니다. 다음 명령어를 입력합니다.

```
(ch03_env) C:\openai-prg\ch03> streamlit run ch03_streamlit_example.py
```

실행이 정상적으로 완료되면 터미널에 'You can now view your Streamlit app in your browser.'라는 문구와 함께 스트림릿 앱에 접속할 수 있는 URL이 표시됩니다.

```
You can now view your Streamlit app in your browser.

Local URL: http://localhost:8501
Network URL: http://182.224.74.205:8501
```

그림 3.6 스트림릿 앱 실행

곧이어 자동으로 브라우저가 열리고 앱이 실행됩니다. 브라우저가 자동으로 열리지 않는다면 브라우저를 실행하고 터미널에서 안내한 Local URL 주소를 입력해 실행합니다. 또한 터미널에서 안내한 Network URL 주소를 활용하면 같은 네트워크에 있는 PC에서도 앱에 접근할 수 있습니다.

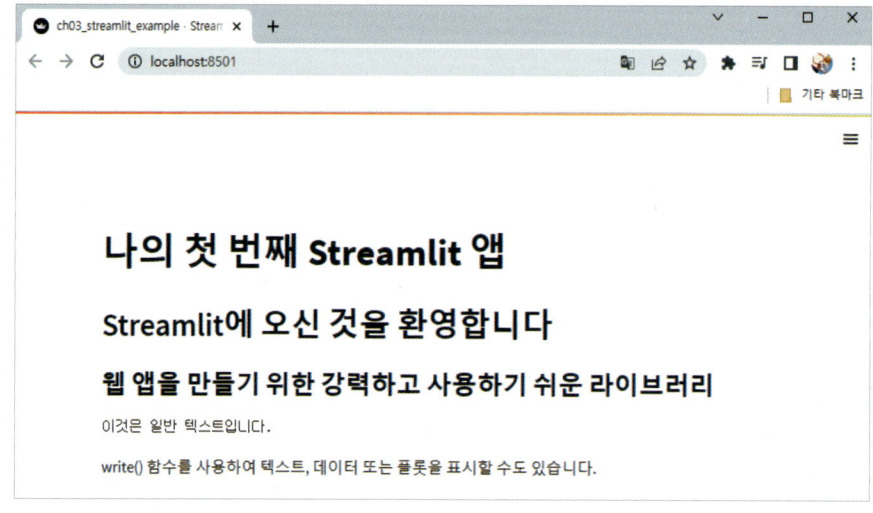

그림 3.7 스트림릿 앱 실행 화면

> **참고** 스트림릿 사용 팁
> - 앱을 실행하는 중에 코드를 수정하면 브라우저에서 새로고침을 통해 변경 내용을 바로 반영할 수 있습니다.
> - 앱 실행을 종료하려면 프롬프트 창 또는 VS Code 내의 터미널 창에서 Ctrl+C 키를 누릅니다.

지금까지 아주 기본적인 스트림릿 사용법을 알아봤습니다. 더 많은 기능과 인터랙티브한 환경을 구축하는 방법은 스트림릿의 공식 홈페이지 문서를 참고하기 바랍니다.

- 스트림릿 공식 문서: https://docs.streamlit.io/

3.4 텍스트 생성 모델을 활용한 글 요약 프로그램 만들기

이번 절에서는 OpenAI API의 텍스트 생성 모델과 스트림릿을 활용하여 글 요약 프로그램을 만들어 보겠습니다. 본격적인 요약 프로그램 제작 방법을 설명하기에 앞서 프로그램이 어떻게 작동하는지 알아보겠습니다. 다음 그림은 글 요약 프로그램의 시작 화면입니다.

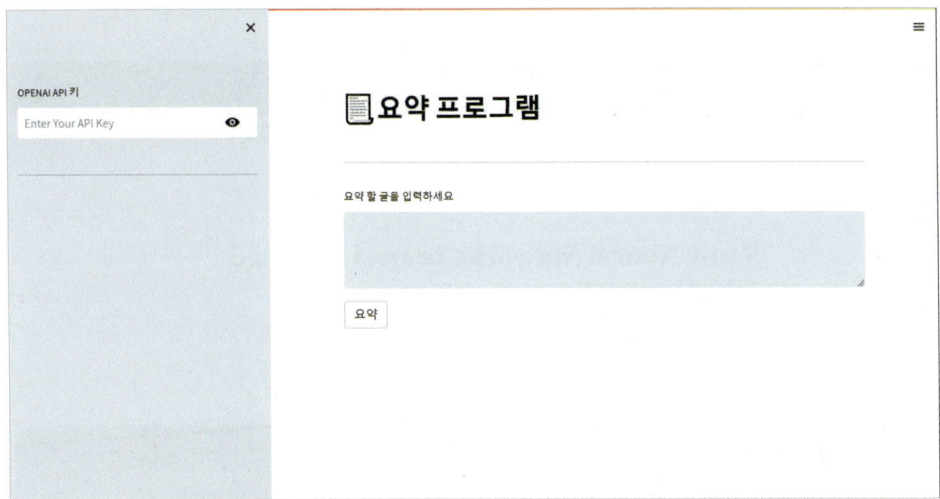

그림 3.8 글 요약 프로그램의 시작 화면

1.3절 'OpenAI API 키 발급하기'를 참고하여 OpenAI에서 API 키를 발급받고, 왼쪽 OPENAI API 키 입력란에 API 키를 입력합니다.

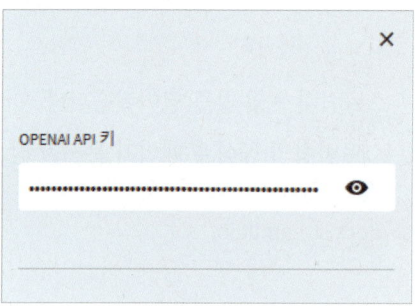

그림 3.9 OpenAI API 키 입력

요약하고자 하는 글을 복사합니다. 이 예시에서는 "Some Neural Networks Learn Language Like Humans"라는 제목의 뉴스 기사를 사용했습니다.

- 예시 링크: https://buly.kr/3NGp671

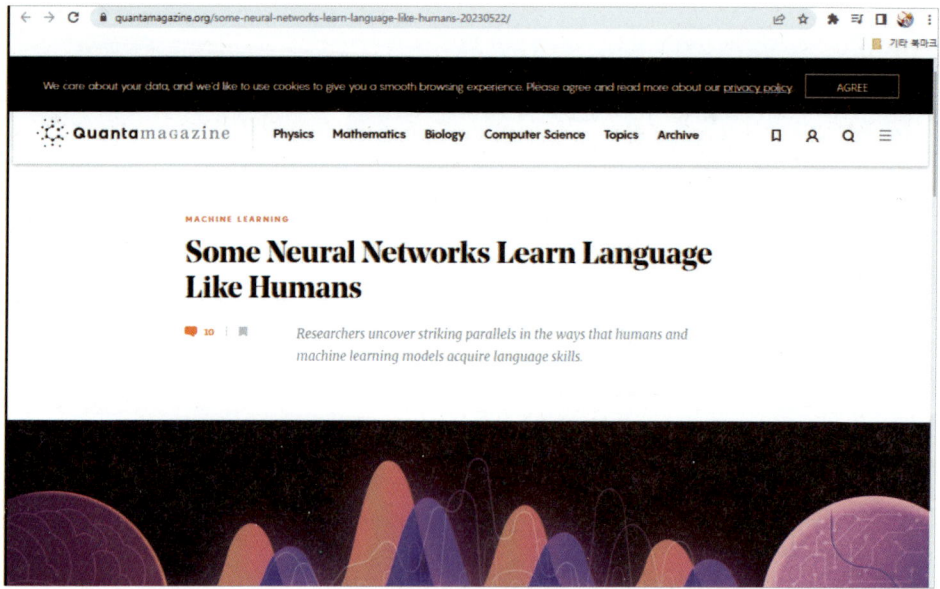

그림 3.10 요약할 사이트 접속

복사한 글을 가운데 텍스트 입력창에 붙여넣고 [요약] 버튼을 클릭합니다.

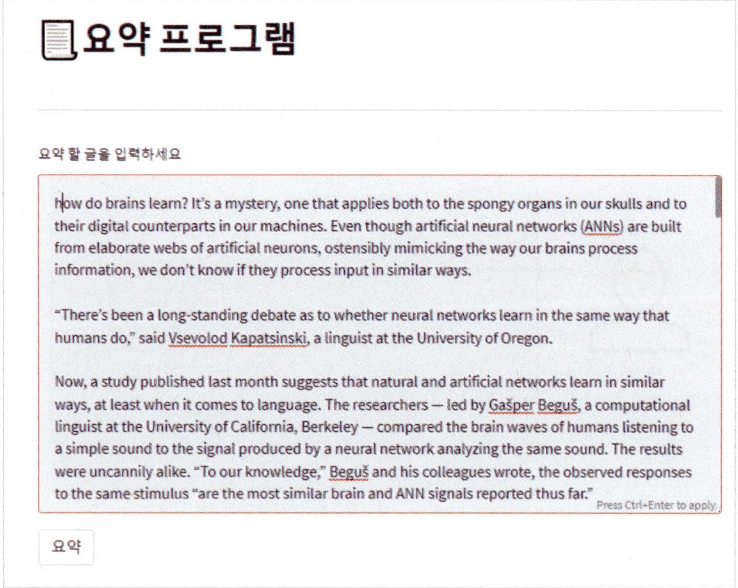

그림 3.11 글을 붙여넣고 [요약] 버튼 클릭하기

최종 요약 결과가 다음 그림과 같이 출력됩니다.

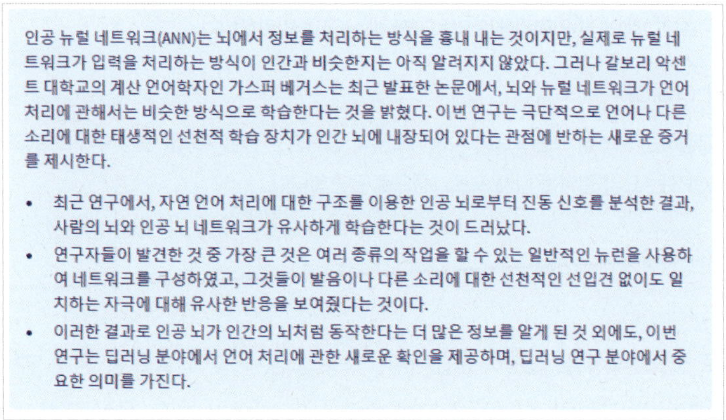

인공 뉴럴 네트워크(ANN)는 뇌에서 정보를 처리하는 방식을 흉내 내는 것이지만, 실제로 뉴럴 네트워크가 입력을 처리하는 방식이 인간과 비슷한지는 아직 알려지지 않았다. 그러나 갈보리 악센트 대학교의 계산 언어학자인 가스퍼 베거스는 최근 발표한 논문에서, 뇌와 뉴럴 네트워크가 언어 처리에 관해서는 비슷한 방식으로 학습한다는 것을 밝혔다. 이번 연구는 극단적으로 언어나 다른 소리에 대한 태생적인 선천적 학습 장치가 인간 뇌에 내장되어 있다는 관점에 반하는 새로운 증거를 제시한다.

- 최근 연구에서, 자연 언어 처리에 대한 구조를 이용한 인공 뇌로부터 진동 신호를 분석한 결과, 사람의 뇌와 인공 뇌 네트워크가 유사하게 학습한다는 것이 드러났다.
- 연구자들이 발견한 것 중 가장 큰 것은 여러 종류의 작업을 할 수 있는 일반적인 뉴런을 사용하여 네트워크를 구성하였고, 그것들이 발음이나 다른 소리에 대한 선천적인 선입견 없이도 일치하는 자극에 대해 유사한 반응을 보여줬다는 것이다.
- 이러한 결과로 인공 뇌가 인간의 뇌처럼 동작한다는 더 많은 정보를 알게 될 것 외에도, 이번 연구는 딥러닝 분야에서 언어 처리에 관한 새로운 확인을 제공하며, 딥러닝 연구 분야에서 중요한 의미를 가진다.

그림 3.12 최종 요약 결과 출력

프로그램 구조

본격적인 글 요약 프로그램 구현에 앞서 프로그램의 구조를 파악해 보겠습니다. 글 요약 프로그램의 작동 순서는 다음과 같습니다.

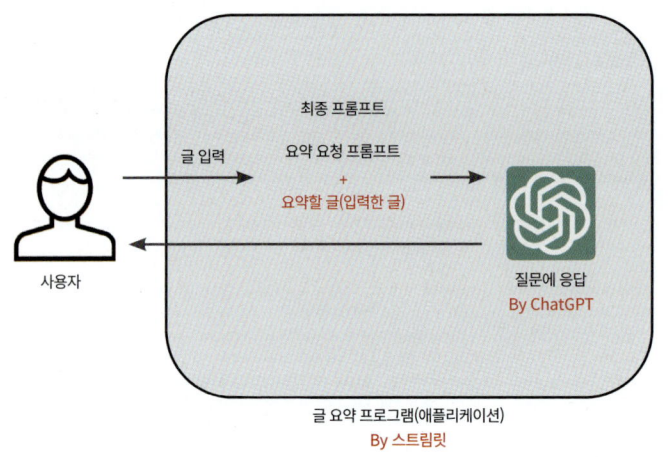

그림 3.13 글 요약 프로그램 구조

- **웹 기반 애플리케이션 구현**: 스트림릿
  글 요약 프로그램은 스트림릿을 활용하여 프런트엔드, 백엔드 코딩 없이 간단하게 구현합니다.

- **요약 글 입력**: 사용자
  사용자는 프로그램의 글 입력칸에 요약하고자 하는 글을 입력합니다.

- **요약 작성**: ChatGPT
  요약을 요청하는 시스템 프롬프트와 사용자로부터 입력받은 글을 API를 활용하여 ChatGPT에 전달합니다. ChatGPT는 요약 결과를 다시 프로그램으로 전송합니다.

코드 구조

본격적으로 코드 작성을 진행하겠습니다. 프로그램 구동에 필요한 외부 패키지는 스트림릿과 openai입니다. 이미 3장의 실습 과정에서 두 패키지 모두 설치를 마무리했기 때문에 추가 설치 없이 바로 코드 작성을 시작하겠습니다.

ch03 폴더 안에 작업을 진행할 ch03_summarize_text.py 파이썬 스크립트를 생성합니다.

코드의 구조는 크게 기본 정보 입력, 기능 구현 함수, 메인 함수의 3개로 나뉩니다. 기본 정보 입력은 프로그램에서 사용할 패키지를 불러오고, 기능 구현 함수는 메인 함수에서 상황에 따라 기능을 구현하기 위해 호출하는 함수를 정리합니다. 메인 함수는 프로그램을 동작하는 메인 함수로, 프로그램 UI부터 모든 동작을 총괄합니다. 지금부터 각 구조별로 상세히 설명하겠습니다.

예제 3.3 코드 구조 설명   ch03/ch03_summarize_text.py

```python
01  ##### 기본 정보 입력 ####
02  # 스트림릿 패키지 추가
03  import streamlit as st
04  # OpenAI 패키지 추가
05  import openai
06
07  ##### 기능 구현 함수 정리#####
08  def askGpt(prompt, apikey):
09      ... 생략 ...
10
11  ##### 메인 함수 #####
12  def main():
13      st.set_page_config(page_title="요약 프로그램")
14      # 사이드바
15      with st.sidebar:
16          ... 생략 ...
17      # 메인 공간
18      ... 생략 ...
19
20  if __name__=="__main__":
21      main()
```

기본 정보 불러오기

프로그램에서 사용할 패키지를 불러오는 부분입니다. 프로그램 기능 구현을 위해 스트림릿, OpenAI로 총 2개의 패키지를 불러옵니다.

예제 3.4 기본 정보 불러오기   ch03/ch03_summarize_text.py

```python
##### 기본 정보 입력 ####
# 스트림릿 패키지 추가
import streamlit as st
# OpenAI 패키지 추가
import openai
```

03 스트림릿 패키지를 st라는 약어로 불러옵니다.

05 openai 패키지를 불러옵니다.

기능 구현 함수

메인 함수에서 상황에 따라 기능을 구현하기 위해 호출하는 함수를 정리합니다. 메인 함수 내에 기능 구현 함수까지 모두 작성하면 코드 가독성이 떨어지고 유지 보수가 어렵습니다. 따라서 본 책에서는 기능 구현 함수는 별도로 분리해서 작성을 할 예정입니다.

예제 3.5 기능 구현 함수   ch03/ch03_summarize_text.py

```python
##### 기능 구현 함수 #####
def askGpt(prompt, apikey):
    client = openai.OpenAI(api_key = apikey)
    response = client.chat.completions.create(
        model="gpt-4o-mini",
        messages=[{"role": "user", "content": prompt}]
    )
    gptResponse = response.choices[0].message.content
    return gptResponse
```

02 askGpt라는 함수를 생성합니다. 함수는 사용자가 요약해 달라고 입력한 글을 prompt로, 사용자의 API 키를 apikey로 입력받습니다.

03~09 prompt에 대한 ChatGPT의 답변을 반환합니다. 이 예제에서 모델은 'gpt-4o-mini'로 설정했으나 필요에 따라 변경 가능합니다. 자세한 설명은 3.2절에서 실습한 OpenAI API의 텍스트 생성 모델 사용법을 참고합니다.

메인 함수

프로그램을 동작시키는 메인 함수입니다. 프로그램 UI를 생성하고 사용자의 행동 패턴에 따라 적절하게 기능 구현 함수를 호출하고 관리합니다.

예제 3.6 메인 함수 ch03/ch03_summarize_text.py

```python
01  ##### 메인 함수 #####
02  def main():
03      st.set_page_config(page_title="요약 프로그램")
04      # session state 초기화
05      if "OPENAI_API" not in st.session_state:
06          st.session_state["OPENAI_API"] = ""
07
08      # 사이드바
09      with st.sidebar:
10          # Open AI API 키 입력받기
11          openai_apikey = st.text_input(label='OPENAI API 키', placeholder='Enter Your API Key', value='',type='password')
12          # 세션 스테이트에 저장
13          if openai_apikey:
14              st.session_state["OPENAI_API"] = openai_apikey
15          st.markdown('---')
16      # 메인 공간
17      st.header("📋 요약 프로그램")
18      st.markdown('---')
19
20      text = st.text_area("요약 할 글을 입력하세요")
21      if st.button("요약"):
22          prompt = f'''
23          **Instructions** :
24          - You are an expert assistant that summarizes text into **Korean language**.
```

```
25          - Your task is to summarize the **text** sentences in **Korean language**.
26          - Your summaries should include the following :
27          - Omit duplicate content, but increase the summary weight of duplicate
content.
28          - Summarize by emphasizing concepts and arguments rather than case evidence.
29          - Summarize in 3 lines.
30          - Use the format of a bullet point.
31          -text : {text}
32          '''
33          st.info(askGpt(prompt, st.session_state["OPENAI_API"]))
34
35  if __name__=="__main__":
36      main()
```

03 다음 그림과 같이 페이지의 타이틀을 지정합니다.

그림 3.14 페이지 타이틀

05~06 스트림릿 프로그램은 사용자가 버튼을 누르거나 텍스트를 입력할 때마다 코드가 처음부터 끝까지 재실행되는데, 이 과정에서 내부의 모든 변수가 초기화됩니다. 예를 들어, 요약할 글을 입력한 후 요약 버튼을 클릭하면 프로그램이 처음부터 다시 실행됩니다. 이로 인해 변수들이 모두 초기화되고, 첫 번째 질문의 기록이 사라지는 문제가 발생합니다.

이러한 문제를 해결하는 방법이 session_state입니다. st.session_state는 스트림릿에서 사용하는 저장 공간으로, session_state를 이용하면 프로그램을 재실행하더라도 정보가 초기화되지 않고 계속 유지됩니다. session_state는 파이썬의 딕셔너리 형태로 여러 개의 정보를 저장할 수 있습니다.

글 요약 프로그램에서는 총 1개의 session_state를 활용합니다.

- st.session_state["OPENAI_API"]: 사용자로부터 입력받은 API 키를 저장하고, 추후에 OpenAI의 클라이언트를 생성할 때 사용됩니다.

09 st.sidebar를 사용하면 화면 왼쪽에 사이드바가 생성됩니다(그림 3.15의 ❶). 사이드바 안에 UI를 넣으려면 with st.sidebar 밑에 들여쓰기로 코드를 작성하면 됩니다.

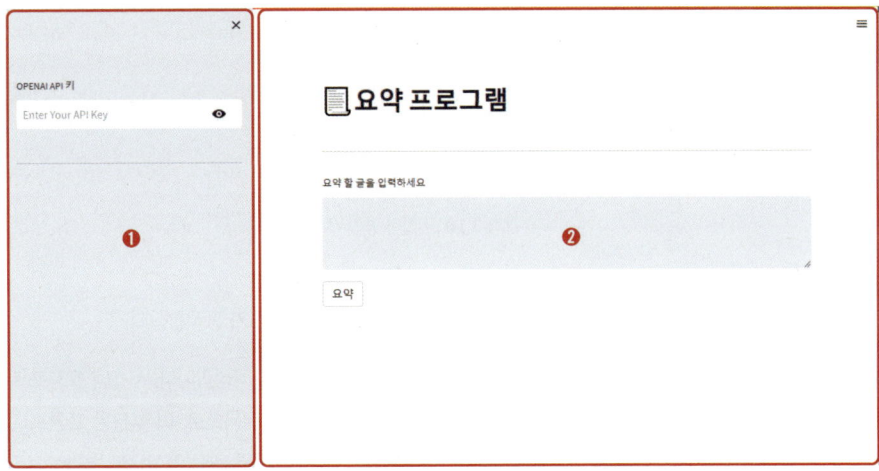

그림 3.15 UI 전체 구조

11 텍스트 입력창을 생성하고 입력받은 텍스트는 `openai_apikey` 변수에 저장합니다. 이를 활용하여 사용자의 OpenAI API 키를 입력받습니다.

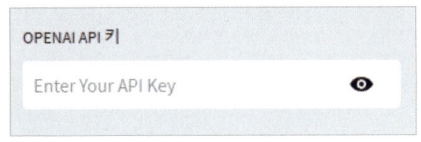

그림 3.16 텍스트 입력창

13~14 입력받은 API 키를 `session_state`에 저장합니다.

17~18 `header`를 활용하여 프로그램의 타이틀을 생성하고, `markdown`을 활용하여 구분선을 그립니다.

그림 3.17 프로그램 타이틀

20 `text_area`를 활용하여 긴 글을 입력받고 작업할 수 있는 공간을 생성합니다. 최종적으로 입력받은 글은 `text` 변수에 저장합니다.

그림 3.18 글 입력 공간 생성

21 요약 실행을 위한 버튼을 생성합니다. 버튼을 누르면 `if` 문 안의 코드가 동작합니다.

22~32 텍스트 생성 모델에게 요약을 요청하기 위한 시스템 프롬프트를 작성합니다. 시스템 프롬프트 내용을 요약하면, 글의 핵심을 요약하여 한국어로 답변해달라고 요청하는 내용으로, 이 부분은 프롬프트 엔지니어링의 영역입니다. 만약 글 요약에 더 뛰어난 프롬프트 양식이 있다면 해당 양식으로 변경하여 사용하는 것을 추천합니다.

33 `info`를 활용하여 최종 요약 결과를 생성합니다. `info`는 스트림릿에서 텍스트를 생성하는 다양한 메서드 중 하나로, 파란색 배경으로 깔끔하게 생성하는 것이 장점입니다.

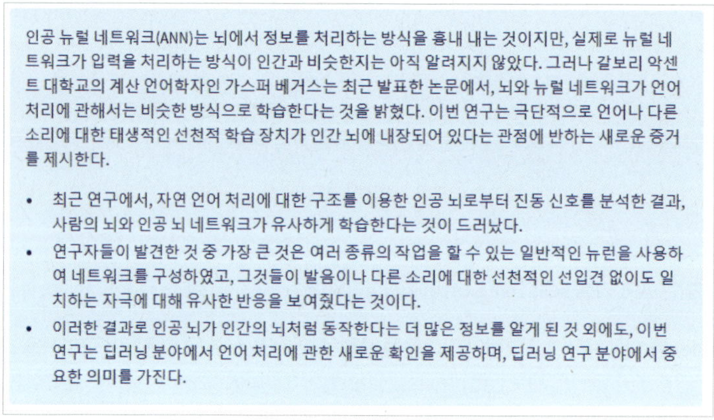
인공 뉴럴 네트워크(ANN)는 뇌에서 정보를 처리하는 방식을 흉내 내는 것이지만, 실제로 뉴럴 네트워크가 입력을 처리하는 방식이 인간과 비슷한지는 아직 알려지지 않았다. 그러나 갈보리 악센트 대학교의 계산 언어학자인 가스퍼 베거스는 최근 발표한 논문에서, 뇌와 뉴럴 네트워크가 언어 처리에 관해서는 비슷한 방식으로 학습한다는 것을 밝혔다. 이번 연구는 극단적으로 언어나 다른 소리에 대한 태생적인 선천적 학습 장치가 인간 뇌에 내장되어 있다는 관점에 반하는 새로운 증거를 제시한다.

- 최근 연구에서, 자연 언어 처리에 대한 구조를 이용한 인공 뇌로부터 진동 신호를 분석한 결과, 사람의 뇌와 인공 뇌 네트워크가 유사하게 학습한다는 것이 드러났다.
- 연구자들이 발견한 것 중 가장 큰 것은 여러 종류의 작업을 할 수 있는 일반적인 뉴런을 사용하여 네트워크를 구성하였고, 그것들이 발음이나 다른 소리에 대한 선천적인 선입견 없이도 일치하는 자극에 대해 유사한 반응을 보여줬다는 것이다.
- 이러한 결과로 인공 뇌가 인간의 뇌처럼 동작한다는 더 많은 정보를 알게 된 것 외에도, 이번 연구는 딥러닝 분야에서 언어 처리에 관한 새로운 확인을 제공하며, 딥러닝 연구 분야에서 중요한 의미를 가진다.

그림 3.19 info를 활용한 요약 결과 생성

이제 프로그램 작성이 완료되었으니 이제 프로그램을 실행해 보겠습니다. 프로그램은 기본적으로 스트림릿 안에서 작성되었기 때문에 스트림릿 앱을 실행하는 방법과 같습니다. 명령 프롬프트에서 다음 명령어를 입력합니다.

```
(ch03_env) C:\openai-prg\ch03> streamlit run ch03_summarize_text.py
```

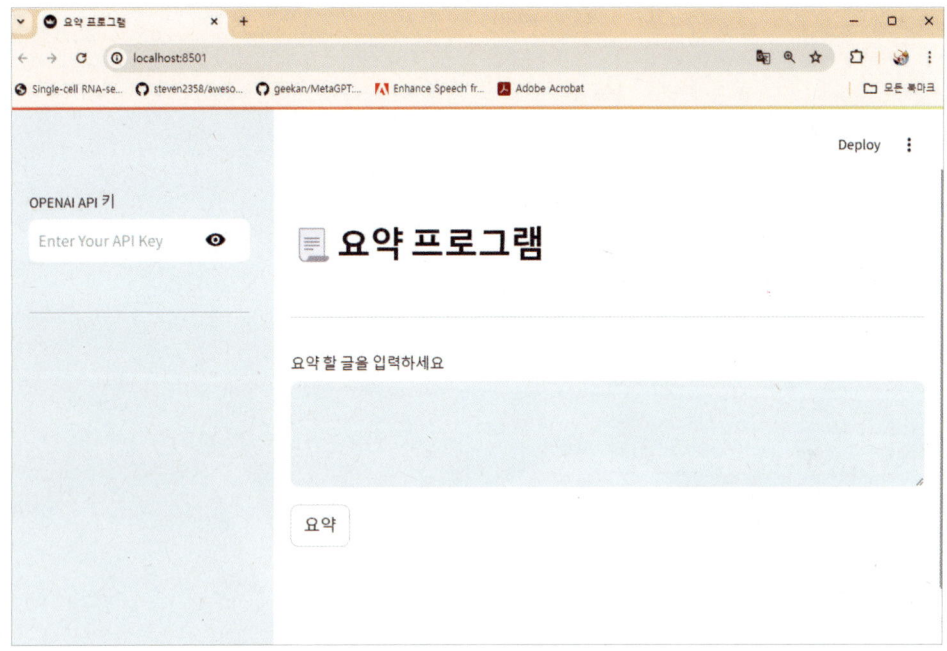

그림 3.20 글 요약 프로그램 실행

지금까지 OpenAI의 텍스트 생성 모델 API 사용법을 알아보고 API를 응용한 글 요약 프로그램을 만들어봤습니다. 텍스트 생성 모델이 잘 하는 기능을 사용하여 다양한 프로그램을 제작해 보는 것을 추천합니다.

Part 04

음성 비서 만들기
(TTS, STT)

음성 비서 프로그램 맛보기
프로그램 구조
실습 환경 구축하기
TTS 소개
Whisper 소개
음성 비서 서비스

애플의 시리(Siri), 아마존의 알렉사(Alexa)처럼 ChatGPT에게 음성으로 물어보고 답변을 받을 수 있다면 얼마나 편리할까요? 이번 장에서는 ChatGPT API와 Whisper API를 활용하여 나만의 음성 비서를 만들어 보겠습니다. 음성 비서는 사용자가 음성으로 질문하면 ChatGPT가 음성으로 답변을 제공하는 프로그램입니다. 타이핑하지 않고 음성으로 손쉽게 질문하고 답변 또한 음성으로 받을 수 있습니다.

4.1 음성 비서 프로그램 맛보기

다음은 이번 장에서 만들 음성 비서 프로그램의 시작 화면입니다. 음성 비서 프로그램의 사용 방법을 살펴보겠습니다.

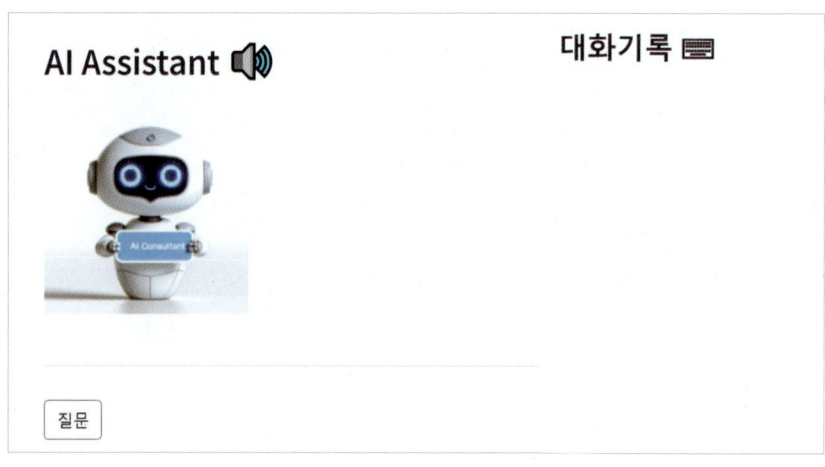

그림 4.1 완성된 음성 비서 프로그램의 시작 화면

화면 중간에 있는 [질문] 버튼을 클릭한 후, 음성 비서에게 질문을 말합니다. 단, 로컬 PC에 음성 입력이 가능한 마이크 장비가 있어야 합니다.

그림 4.2 음성 질문하기

[질문] 버튼을 클릭하면 [녹음중…] 버튼 텍스트가 바뀌는데, 이때 질문하면 됩니다. "안녕! 반가워"라고 질문해 보겠습니다. 우측 화면에 질문과 답변이 채팅창 형식으로 나오며, 그와 동시에 답변이 음성으로 출력됩니다.

그림 4.3 답변 출력

[질문] 버튼을 다시 클릭하고 추가 질문을 하면 이전 대화 내용에 이어 답변이 출력됩니다.

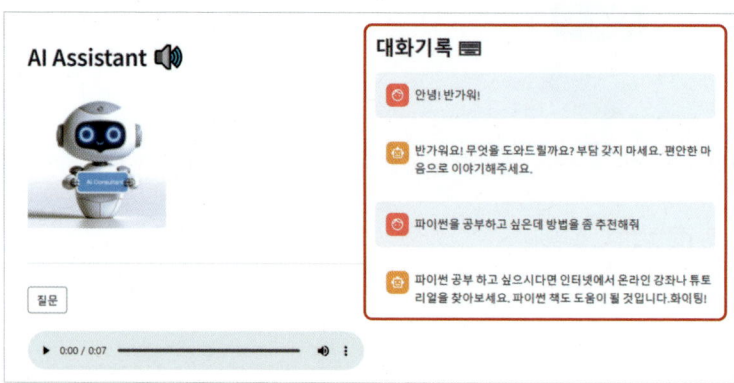

그림 4.4 추가 답변 출력

이때 ChatGPT는 이전 대화 내용 또한 기억하고 반영하여 답변하도록 설계돼 있으므로 여러분도 다양한 대화를 시도해 보기 바랍니다.

4.2 프로그램 구조

사용자의 음성으로부터 음성 답변을 하는 음성 비서 프로그램의 구조를 정리해봅시다.

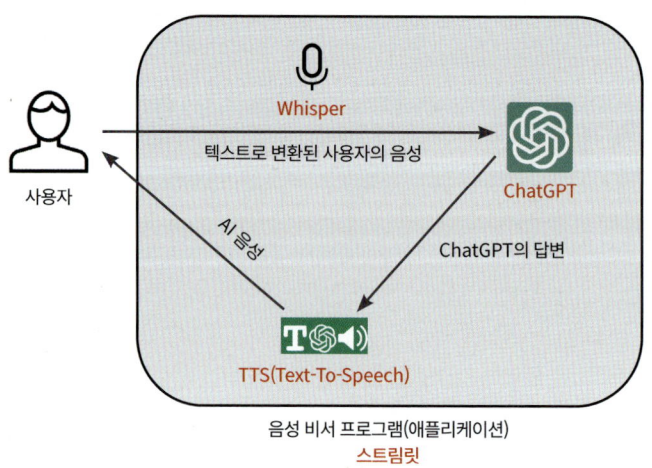

그림 4.5 프로그램 구조

프로그램 구조는 크게 사용자가 입력한 음성을 텍스트로 변환해주는 Whisper API, 이렇게 텍스트로 변환한 입력으로부터 텍스트 답변을 하는 ChatGPT API, 그리고 ChatGPT의 답변을 다시 AI 음성으로 변환하는 TTS API로 구성됩니다. 그리고 이러한 프로그램은 스트림릿을 통해서 웹 기반 애플리케이션으로 구현됩니다.

- **웹 기반 애플리케이션 구현**: 스트림릿

    음성 비서 프로그램은 3.3절 '프로그램 UI를 생성하는 스트림릿 사용법 익히기'에서 사용해본 스트림릿을 활용하여 제작합니다.

- **사용자**

    사용자는 [질문] 버튼을 누르고 음성 비서에게 하고 싶은 말을 실제 음성으로 전달합니다.

- **사용자의 음성을 텍스트로 변환**: Whisper

    스트림릿 애플리케이션에서 사용자에게 입력받은 음성 파일은 OpenAI의 Whisper AI를 통해 텍스트 형태로 변환됩니다. Whisper를 활용해 음성을 텍스트로 변경하는 방법은 4.5절 'Whisper 소개'에서 설명합니다.

- **AI 비서의 답변**: ChatGPT

    텍스트로 추출된 질문은 ChatGPT에 프롬프트로 입력되고 텍스트 형태로 답변을 받습니다. ChatGPT를 활용해 질문에 대한 답변을 받는 방법은 4.6절 '음성 비서 서비스'에서 설명합니다.

- **TTS**(Text-To-Speech)

    답변 텍스트는 OpenAI의 TTS API를 활용하여 음성 파일로 생성되고, 최종적으로 스트림릿 애플리케이션에서 음성 파일로 재생됩니다. OpenAI의 TTS를 활용해 텍스트를 음성 파일로 생성하는 방법은 4.4절 'TTS 소개'에서 설명합니다.

4.3 실습 환경 구축하기

본격적인 개발에 앞서 개발 환경을 준비하겠습니다. 프로젝트 폴더 생성부터 가상 환경 생성까지, 명령 프롬프트를 활용하여 진행합니다.

프로젝트 폴더 생성하기

openai-prg 폴더 안에 4장에서 실습할 코드를 모아 둘 폴더인 ch04를 생성하고, 해당 폴더로 이동합니다.

```
C:\openai-prg> mkdir ch04
C:\openai-prg> cd ch04
C:\openai-prg\ch04>
```

탐색기에서 C 드라이브를 살펴보면 openai-prg 폴더에 ch04 폴더가 생성된 모습을 확인할 수 있습니다.

가상 환경 생성하기

다음 명령어를 입력하여 ch04_env라는 이름의 가상 환경을 생성합니다.

```
C:\openai-prg\ch04> python -m venv ch04_env
```

가상 환경이 생성되면 다음 명령어로 가상 환경을 활성화[1]합니다.

```
C:\openai-prg\ch04> ch04_env\Scripts\activate.bat
```

가상 환경이 활성화되면 프롬프트의 맨 왼쪽에 가상 환경 이름이 추가됩니다.

```
(ch04_env) C:\openai-prg\ch04>
```

그 후 다음 명령어로 가상 환경에 3개의 패키지를 설치합니다. ChatGPT API, Whisper API, TTS API를 사용하기 위한 openai, 프로그램 실행을 위한 streamlit, 음성 처리를 위한 streamlit-audiorecorder입니다. 다음 명령어로 3개의 패키지를 ch04_env 가상 환경에 설치합니다

---

[1] macOS에서는 'source ch04_env/bin/activate' 명령어로 가상 환경을 활성화합니다.

```
(ch04_env) C:\openai-prg\ch04> pip install openai
(ch04_env) C:\openai-prg\ch04> pip install streamlit
(ch04_env) C:\openai-prg\ch04> pip install streamlit-audiorecorder
```

VS Code에서 프로젝트 폴더 선택하기

비주얼 스튜디오 코드(Visual Studio Code, 이하 VS Code)를 열고, 상단 메뉴에서 [File] → [Open Folder]를 클릭합니다. 앞서 생성한 ch04 폴더(C:\openai-prg\ch04)를 선택하고 [열기] 버튼을 누릅니다.

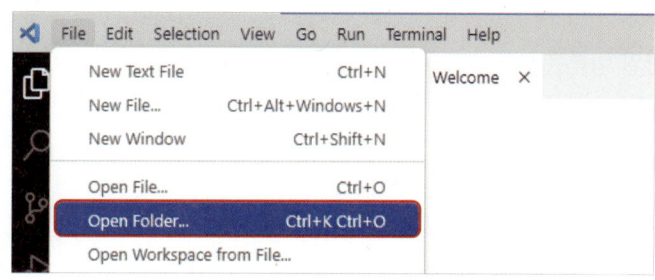

그림 4.6 VS Code의 폴더 선택 메뉴

4.4 TTS 소개

TTS는 Text to Speech의 약자로, 텍스트를 AI 음성으로 변환하는 AI 기술을 의미합니다. OpenAI의 TTS API는 한국어를 포함하여 60여 개국의 언어, 그리고 총 6개의 AI 목소리를 지원합니다.

TTS 과금 체계

TTS 모델은 총 2개로, 모델이 생성하는 음성의 자연스러운 정도에 따라 TTS와 TTS HD로 나뉩니다. 과금 금액이 좀 더 비싼 TTS HD가 더 자연스러운 음성을 생성하기는 하지만 다소 정적인 목소리가 필요한 상황에서는 두 모델이 큰 차이가 없는 경우도 있으므로 상황에 따라 선택하여 사용하면 됩니다. 다음의 과금표는 업데이트 시기에 따라 달라질 수 있으므로 사용 전 OpenAI 홈페이지에서 정확한 과금 기준을 확인하기 바랍니다.

- **OepnAI 과금 기준(Pricing)**: https://openai.com/pricing

표 4.1 TTS 모델의 과금 체계

모델	사용량당 과금 체계
TTS	100만 토큰당 $15.00
TTS HD	100만 토큰당 $30.00

위의 표에 따르면 TTS 모델은 100만 토큰에 15달러가 부과되고, TTS HD 모델은 100만 토큰에 30달러가 부과됩니다. 코드를 작성해 앱을 실행해 보겠습니다. VS Code의 왼쪽 EXPLORER에서 마우스 오른쪽 버튼을 클릭하고, [New File]을 클릭해 새로운 파일을 추가합니다. 파일 이름은 ch04_TTS_exp.py로 지정합니다.

TTS 사용해보기

예제 4.1 코드 구조 설명   ch04/ch04_TTS_exp.py

```python
from openai import OpenAI

# API 키 입력
client = OpenAI(api_key="여기에 API 키를 넣어주세요")

# 생성할 파일명
speech_file_path = "speech.mp3"

with client.audio.speech.with_streaming_response.create(
    model="tts-1",
    voice="alloy",
    input="오늘은 사람들이 좋아하는 것을 만들기에 좋은 날입니다!",
) as response:
    response.stream_to_file(speech_file_path)
```

01 openai 패키지를 불러옵니다.

04 API 키를 지정합니다.

09~14 TTS로 음성을 생성할 때는 client.audio.speech.with_streaming_response.create()를 사용합니다. 이때 model의 값으로 기본 모델(과금표에서 TTS에 해당)을 사용하려면 "tts-1", 고품질의 모델(과금표에서 TTS HD에 해당)을 사용하려면 "tts-1-hd"를 사용합니다. input의 값으로는 음성으로 변환할 텍스트를 입력합니다. voice의 값으로는 원하는 AI 성우의 이름을 기재합니다. 각 AI 성우는 서로 다른 목소리를 갖고 있으며, 사용 가능한 AI 성우로는 "alloy", "echo", "fable", "onyx", "nova", "shimmer"가 있습니다. 각 성우의 목소리를 미리 듣고자 한다면 다음 주소에서 들어볼 수 있습니다.

- **OpenAI Text to speech**: https://platform.openai.com/docs/guides/text-to-speech

여기서는 "alloy"를 선택하고, "오늘은 사람들이 좋아하는 것을 만들기에 좋은 날입니다!"라는 텍스트를 음성으로 변환합니다.

앱 실행하기

파이썬 코드를 실행할 때와 같이 명령 프롬프트나 VS Code에서 앱을 실행할 수 있습니다. 명령 프롬프트에서 다음 명령어를 입력합니다.

```
(ch04_env) C:\openai-prg\ch04> python ch04_TTS_exp.py
```

실행이 정상적으로 완료되면 코드가 실행된 경로에 **speech.mp3**라는 파일이 생기고 해당 파일을 재생하면 "오늘은 사람들이 좋아하는 것을 만들기에 좋은 날입니다!"라는 AI 음성이 재생됩니다. 이제 이렇게 생성한 파일을 사용하여 Whisper API를 실습해보겠습니다.

4.5 Whisper 소개

이번에는 사용자의 음성 질문을 텍스트로 추출하여 ChatGPT에게 질문하기 위해 음성을 분석하여 텍스트를 생성하는 Speech to Text(STT)를 실습해 보겠습니다. 실습을 위해 Whisper라는 STT 서비스를 사용할 예정입니다. Whisper란 ChatGPT로 유명한 OpenAI에서 공개한 인공지능 모델로, 음성을 텍스트로 변환하는 Speech to Text(STT) 기술입니다. 약 680,000시간 분량의 방대한 데이터를 학습시켜 영어, 한국어를 포함한 다양한 언어를 인식뿐만 아니라 번역하거나 언어를 식별하는 것도 가능합니다. Whisper 모델은 오픈소스로 공개되었으며 구체적인 모델의 구조는 공식 홈페이지를 통해 확인 가능합니다 (https://openai.com/research/whisper).

Whisper API는 ChatGPT와 같은 OpenAI API 키를 사용합니다. 현재 공개된 Whisper API는 'whisper-1' 모델이며 $0.0006/min만큼 요금이 부과됩니다. ch04 폴더 안에 실습을 진행할 ch04_whisper_exp.py 파이썬 스크립트를 생성합니다.

Whisper 사용해보기

예제 4.2 코드 구조 설명　　　　　　　　　　　　　　　　　　ch04/ch04_whisper_exp.py

```
01  from openai import OpenAI
02
03  # API 키 입력
04  client = OpenAI(api_key="여기에 API 키를 넣어주세요")
05
06  # 녹음 파일 열기
07  audio_file = open("speech.mp3", "rb")
08
09  # Whisper 모델에 음원 파일 넣기
10  transcript = client.audio.transcriptions.create(
11      model="whisper-1",
12      file=audio_file,
13      response_format="text"
14  )
15
16  # 결과 보기
17  print(transcript)
```

01 openai 패키지를 불러옵니다.

04 API 키를 지정합니다.

07 사용할 음원 파일을 파이썬 작업 환경에서 실행합니다. 예제 4.1에서 생성한 speech.mp3 파일을 사용합니다.

10~14 client.audio.transcriptions.create()에 모델을 "whisper-1"로 설정하고 앞서 7번째 줄에서 실행한 audio_file을 넣습니다. 특별한 포맷이 아니라 단순히 음성을 텍스트로 변환하고자 한다면 response_format의 값으로 "text"를 사용합니다.

17 추출된 텍스트를 출력합니다.

앱 실행하기

파이썬 코드를 실행할 때와 같이 명령 프롬프트나 VS Code에서 앱을 실행할 수 있습니다. 명령 프롬프트에서 다음 명령어를 입력합니다.

```
(ch04_env) C:\openai-prg\ch04> python ch04_whisper_exp.py
```

실행 결과
> 오늘은 사람들이 좋아하는 것을 만들기에 좋은 날입니다.

예제 4.1에서 만든 음성 파일에 담긴 내용이 텍스트로 출력됩니다. 지금까지 Whisper API의 기본 사용법을 알아봤으니 이제 본격적으로 코드 작성을 시작해보겠습니다.

4.6 음성 비서 서비스

이제 음성 비서 서비스를 만들어보겠습니다. ch04 폴더에 작업을 진행할 ch04_assistant.py 파이썬 스크립트를 생성합니다.

코드 구조

코드를 설명하기 위해 코드의 구조를 크게 기본 정보 입력, 기능 구현 함수, 메인 함수의 세 부분으로 나누겠습니다. 기본 정보 입력 부분에서는 프로그램에서 사용할 패키지를 불러오고, 기능 구현 함수 부분에서는 메인 함수에서 상황에 따라 기능을 구현하기 위해 호출하는 함수를 정리해놓습니다. 메인 함수는 프로그램을 동작하는 메인 함수로서 프로그램 UI부터 모든 동작을 총괄합니다. 지금부터 각 구조별로 상세히 설명하겠습니다.

예제 4.3 코드 구조 설명　　　　　　　　　　　　　　　　　　ch04/ch04_assistant.py

```
01  ##### 기본 정보 입력 ####
02  # 음성 녹음을 위한 오디오 레코더 패키지 추가
03
04  # 스트림릿 패키지 추가
05
06  # OpenAI 패키지 추가
07
08  # 파이썬 기본 패키지
09
10  ##### 기능 구현 함수 #####
11  # 음성을 텍스트로 변환하는 STT(Speech-to-Text) API
12  def STT(audio, client):
13      ... 생략 ...
14
15  # 텍스트를 음성으로 변환하는 TTS(Text-to-Speech) API
16  def TTS(response, client):
17      ... 생략 ...
18
19  # 음성 비서의 답변을 생성하는 ChatGPT API
20  def ask_gpt(prompt, client):
21      ... 생략 ...
22
23  ##### 메인 함수 #####
24  def main():
25      client = OpenAI(api_key="여기에 API 키를 넣어주세요")
26      ... 생략 ...
27
28  if __name__=="__main__":
29      main()
```

01~08 실습에 필요한 기본적인 패키지를 불러옵니다. 음성 녹음을 위한 패키지, 웹 인터페이스 구현을 위한 패키지, API 사용을 위한 OpenAI 패키지, 파이썬 기본 패키지 등이 있습니다.

10~21 기능 구현 함수에는 STT(), TTS(), ask_gpt()가 있습니다. 12번째 줄의 STT()는 음성을 텍스트로 변환하는 역할을 하며, 내부적으로 Whisper API를 사용합니다. 16번째 줄의 TTS()는 텍스트를 음성으로 변환하는 역할을 하며, 내부적으로 TTS API를 사용합니다. 20번째 줄의 ask_gpt()는 ChatGPT를 호출하는 데 ChatGPT API를 사용합니다.

23~29 메인 함수에는 OpenAI API 키 값을 선언하고 웹 인터페이스를 위한 코드들이 있습니다.

기본 정보 불러오기

예제 4.4 기본 정보 불러오기　　　　　　　　　　　　　　　　ch04/ch04_assistant.py

```
01  ##### 기본 정보 입력 ####
02  # 음성 녹음을 위한 오디오 레코더 패키지 추가
03  from audiorecorder import audiorecorder
04
05  # 스트림릿 패키지 추가
06  import streamlit as st
07
08  # OpenAI 패키지 추가
09  from openai import OpenAI
10
11  # 파이썬 기본 패키지
12  import os
13  import base64
14  import numpy as np
```

03 스트림릿에는 소리를 녹음하는 메서드가 따로 구현돼 있지 않습니다. 따라서 스트림릿 내부에서 녹음 및 녹음 결과 재생 UI까지 구현된 오픈소스를 불러옵니다.

06 streamlit 패키지를 st라는 약어로 불러옵니다.

09 OpenAI 패키지를 불러옵니다. 해당 패키지로 ChatGPT, Whisper, TTS를 모두 사용합니다.

12 파이썬 기본 내장 패키지로, PC 내 파일 경로에 접근할 수 있게 도와줍니다.

13 파이썬 기본 내장 패키지로, 음원 파일을 처리하기 위해 불러옵니다.

14 데이터 분석을 할 때 자주 사용되는 패키지로, 새로운 음원 파일이 들어왔을 때를 판단하기 위해 불러옵니다. 자세한 사용법은 메인 함수 설명에서 진행합니다.

기능 구현 함수

예제 4.5 기능 구현 함수　　　　　　　　　　　　　　　　　　ch04/ch04_assistant.py

```
01  ##### 기능 구현 함수 #####
02  # 음성을 텍스트로 변환하는 STT(Speech-to-Text) API
03  def STT(audio, client):
04      # Whisper API가 파일 형태로 음성을 입력받으므로 input.mp3 파일을 저장
```

```
05      filename='input.mp3'
06      wav_file = open(filename, "wb")
07      wav_file.write(audio.export().read())
08      wav_file.close()
09
10      # 음성 파일 열기
11      audio_file = open(filename, "rb")
12      # Whisper 모델을 활용하여 텍스트 얻기
13      try:
14          # openai의 Whisper API 를 활용하여 텍스트를 추출합니다.
15          transcript = client.audio.transcriptions.create(
16              model="whisper-1",
17              file=audio_file,
18              response_format="text"
19          )
20
21          # Whisper로 TTS가 끝났으니 이제 mp3 파일을 다시 삭제합니다.
22          audio_file.close()
23          os.remove(filename)
24      except:
25          transcript='API Key를 확인해주세요'
26      return transcript
27
28  # 텍스트를 음성으로 변환하는 TTS(Text-to-Speech) API
29  def TTS(response, client):
30      # TTS를 활용하여 만든 음성을 파일로 저장
31      with client.audio.speech.with_streaming_response.create(
32          model="tts-1",
33          voice="onyx",
34          input=response,
35      ) as response:
36          filename ="output.mp3"
37          response.stream_to_file(filename)
38
39      # 저장한 음성 파일을 자동 재생
40      with open(filename, "rb") as f:
41          data = f.read()
42          b64 = base64.b64encode(data).decode()
43
44          # 스트림릿에서 음성 자동 재생
```

```
45          md = f"""
46              <audio autoplay="True">
47                  <source src="data:audio/mp3;base64,{b64}" type="audio/mp3">
48              </audio>
49              """
50          st.markdown(md, unsafe_allow_html=True,)
51          # 폴더에 남지 않도록 파일을 삭제
52          os.remove(filename)
53
54  # 음성 비서의 답변을 생성하는 ChatGPT API
55  def ask_gpt(prompt, client):
56      response = client.chat.completions.create(
57          model='gpt-3.5-turbo',
58          messages=prompt
59      )
60      return response.choices[0].message.content
```

03 사용자의 목소리 음원에서 텍스트를 추출하는 함수를 STT라는 이름으로 생성합니다.

05 생성할 파일 이름을 input.mp3로 지정합니다.

06~07 input.mp3 파일을 쓰기 전용("wb")으로 열고 파일 안에 음원 파일을 저장합니다. 여기서 음원 파일을 생성하는 이유는 Whisper 모델이 파일 형태로만 음원을 받기 때문입니다.

08 저장이 완료된 음원 파일인 input.mp3를 닫습니다.

11 저장한 음원 파일을 읽기 전용("rb")으로 가져옵니다.

15~19 openai의 Whisper API를 활용하여 텍스트를 추출합니다. 자세한 메서드의 사용법은 4.5절 'Whisper 소개'의 실습을 참고합니다.

22 사용이 끝난 음원 파일인 input.mp3를 닫습니다.

23 임시로 생성한 음원 파일인 input.mp3를 삭제합니다.

26 추출한 텍스트를 리턴합니다.

29 ChatGPT의 결과를 인간의 목소리로 출력하는 기능의 함수를 TTS라는 이름으로 생성합니다.

36 생성할 음원 파일 이름을 output.mp3로 지정합니다.

31~37 TTS API를 활용하여 텍스트를 사람 목소리의 음원 파일로 생성하여 저장합니다. 자세한 사용법은 4.4절의 실습을 참고합니다.

40~50 TTS API를 통해 생성된 사람 목소리의 음원 파일을 재생하려면 `streamlit`의 `audio` 메서드를 사용해야 합니다. 하지만 `audio` 메서드는 재생 버튼을 클릭해야만 재생됩니다. 따라서 질문을 완료한 후 음원 파일이 생성되면 따로 답변을 듣는 버튼을 클릭하지 않고도 자동 재생될 수 있도록 복잡한 코드로 구현했습니다. HTML 문법을 사용하여 자동으로 음원을 재생하는 코드를 작성했고 스트림릿 안에서 HTML 문법 구현에 사용되는 `st.markdown()`을 활용하여 실행합니다.

52 임시로 생성한 음원 파일인 `output.mp3`를 삭제합니다.

55 ChatGPT에게 답변을 받는 `ask_gpt()` 함수를 생성합니다. 함수는 `prompt`를 입력으로 받습니다.

55~60 `prompt`에 대한 ChatGPT의 답변을 리턴합니다. 모델은 'gpt-3.5-turbo'로 설정했으나 필요에 따라 변경 가능합니다. 자세한 설명은 3.2절 '텍스트 생성 모델의 기본 API 사용법 익히기'를 참고합니다.

메인 함수

예제 4.6 음성 비서 서비스 ch04/ch04_assistant.py

```python
##### 메인 함수 #####
def main():
    # OpenAI API 키 지정하기
    client = OpenAI(api_key="여기에 API 키를 넣어주세요")

    # 화면 상단에 표시될 프로그램의 이름
    st.set_page_config(
        page_title="음성 비서 프로그램",
        layout="wide")

    # st.session_state["check_audio"]: 프로그램이 재실행될 때마다 이전 녹음 파일 정보가 버퍼에 남아있어 실행되는 것을 방지하기 위해 이전 녹음 파일 정보를 저장합니다.
    if "check_audio" not in st.session_state:
        st.session_state["check_audio"] = []

    # st.session_state["messages"]: GPT API에 입력으로 들어갈 프롬프트 양식. 이전 질문 및 답변을 누적하여 저장.
    if "messages" not in st.session_state:
        st.session_state["messages"] = [{"role": "system", "content": 'You are a thoughtful assistant. Respond to all input in 25 words and answer in korean'}]

```

```python
19      # 기능 구현 공간
20      col1, col2 = st.columns(2)
21
22      # 왼쪽 공간 작성
23      with col1:
24          # 제목
25          st.header('AI Assistant 🎙')
26          st.image('ai.png', width=200)
27          # 구분선
28          st.markdown('---')
29
30          # 음성 입력 확인용 플래그
31          flag_start = False
32
33          # 음성 녹음 아이콘 추가
34          audio = audiorecorder("질문", "녹음중...")
35          if len(audio) > 0 and not np.array_equal(audio, st.session_state["check_audio"]):
36              # 음성 재생
37              st.audio(audio.export().read())
38
39              # 음원 파일에서 텍스트를 추출
40              question = STT(audio, client)
41
42              # GPT 모델에 넣을 프롬프트를 위해 질문을 저장. 이때 기존 내용을 누적.
43              st.session_state["messages"] = st.session_state["messages"]+ [{"role": "user", "content": question}]
44              # audio 버퍼 확인을 위해 현 시점의 오디오 정보를 저장
45              st.session_state["check_audio"] = audio
46              flag_start=True
47
48      # 오른쪽 공간 작성
49      with col2:
50          st.subheader('대화기록 💬')
51          if flag_start:
52
53              # ChatGPT에게 답변 얻기
54              response = ask_gpt(st.session_state["messages"], client)
```

```
55
56                      # GPT 모델에 넣을 프롬프트를 위해 답변 내용을 저장
57                      st.session_state["messages"] = st.session_state["messages"]+ [{"role":
"assistant", "content": response}]
58
59                      # User와 Assistant의 대화를 화면에 출력. 단, 시스템 프롬프트는 제외
60                      for message in st.session_state["messages"]:
61                          if message["role"] != 'system':
62                              with st.chat_message(message["role"]):
63                                  st.markdown(message["content"])
64
65                      # TTS를 활용하여 음성 파일 생성 및 재생
66                      TTS(response, client)
67
68   if __name__=="__main__":
69       main()
```

04 ChatGPT API, Whisper API, TTS API 실습을 위해 OpenAI API 키 값을 설정합니다.

07~09 다음과 같이 페이지 타이틀을 생성합니다.

그림 4.7 프로그램 상단에 타이틀 표시

11~17 음성 비서 프로그램에서는 총 2개의 session_state를 사용합니다. 이를 위해 2개의 session_state를 초기화합니다.

- st.session_state["check_audio"]: 프로그램이 재실행될 때마다 이전 녹음 파일 정보가 버퍼에 남아있어 실행되는 것을 방지하기 위해 이전 녹음 파일 정보를 저장합니다.

- st.session_state["messages"]: GPT API에 입력으로 들어갈 프롬프트 양식을 저장합니다. 이전 질문 및 답변을 모두 차례로 누적하여 저장합니다. 현재 시스템 프롬프트로 'You are a thoughtful assistant. Respond to all input in 25 words and answer in korea' 문구를 넣어 25자 내외의 한국어로 답변하도록 지정해 놓았습니다. 챗봇의 기능 및 분위기에 맞게 해당 문구를 변경하여 용도에 맞는 시스템 프롬프트를 작성하도록 합니다.

20 st.columns(2)를 사용하면 다음 그림과 같이 2개의 분할된 공간을 생성합니다. 각각의 공간은 col1, col2로 지정합니다.

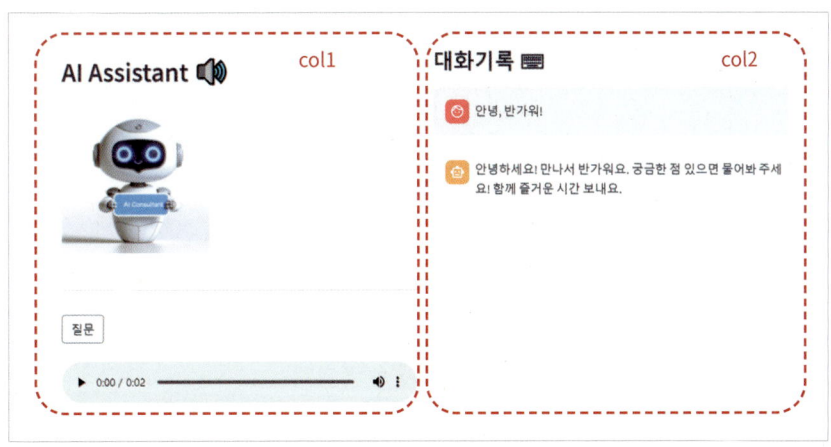

그림 4.8 두 개의 화면으로 분할

23 with col1: 다음 들여쓰기로 작성된 코드는 그림 4.8과 같이 왼쪽 공간에 추가됩니다.

26 ai.png라는 이미지 파일을 화면에 출력합니다. 화면에 출력하고 싶은 음성 비서의 이미지를 코드 실행 경로에 추가하면 됩니다. 만약 출력하고 싶은 이미지가 없다면 해당 코드를 삭제하세요.

34 '질문'이라고 라벨링된 버튼을 생성합니다. 이때 앞서 실습 시작 전 설치했던 `streamlit-audiorecorder` 패키지를 사용합니다. `audiorecorder("질문", "녹음중...")`에서 '질문'은 클릭하기 전에 표시되는 라벨, '녹음중'은 한 번 클릭했을 때 표시되는 라벨입니다. 사용자는 버튼을 한 번 클릭해서 '녹음중'이라고 버튼 텍스트가 변경된 후 질문을 녹음합니다. 질문이 완료되면 다시 한번 버튼을 눌러 녹음을 마무리합니다. 최종적으로 저장된 목소리 음원은 `audio` 변수에 저장합니다.

35 음원이 녹음됐을 때 `if` 문 안의 코드가 실행됩니다. 이때 첫 번째 조건인 `len(audio)>0` 조건은 음원이 `list` 형태로 저장되기 때문에 입력이 들어오면 `list`의 길이가 0보다 커질 수밖에 없습니다. 두 번째 조건인 `not np.array_equal(audio,st.session_state["check_audio"])` 조건은 이전 음원 리스트와 이번에 새로 녹음한 녹음 리스트가 같은지 비교하는 코드입니다. 이 부분을 넣은 이유는 한 번 음원을 녹음하고 다시 녹음이 아닌 API 키 변경 또는 초기화 버튼을 눌러도 프로그램은 `audio`가 입력되어 있는 것으로 인식하여 후속 코드를 진행하게 됩니다. 따라서 이전 입력 음원과 현재 입력 음원이 다를 때는 후속 코드가 동작하도록 조건을 추가합니다.

37 그림 4.9와 같이 녹음된 음원을 다시 한번 확인할 수 있도록 재생 버튼을 생성합니다.

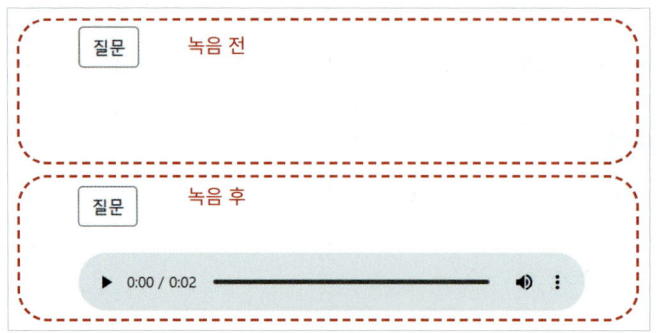

그림 4.9 녹음 전과 녹음 후

43 GPT 모델에 넣을 프롬프트를 위해 답변 내용을 저장합니다. 후속 질문에 대비해 ChatGPT의 답변 내용을 프롬프트 양식에 맞게 작성하여 st.session_state["messages"]에 추가합니다

45 다음 녹음 음원과의 비교를 위해 현재 녹음된 음원 리스트를 저장합니다.

46 음원 입력 여부를 판단하는 Flag를 True로 변경합니다.

49 with col2: 다음 들여쓰기로 작성된 코드는 그림 4.8의 오른쪽 공간에 추가됩니다.

50 '대화기록'이라는 서브 헤더를 생성합니다.

51 Flag가 True인 경우에만 채팅 생성 및 음원 재생을 실시합니다.

54 ask_gpt() 함수를 활용하여 ChatGPT에게 질문에 대한 답변을 받아 response 변수에 저장합니다. 자세한 설명은 기능 구현 함수 부분을 참고합니다.

57 GPT 모델에 넣을 프롬프트를 위해 답변 내용을 저장합니다. 후속 질문에 대비해 ChatGPT의 답변 내용을 프롬프트 양식에 맞게 작성하여 st.session_state["messages"]에 추가합니다.

60~63 다음 그림과 같이 채팅 형식으로 구현하는 부분입니다. st.session_state["messages"]에는 지금까지 사용자와 ChatGPT의 대화가 저장되어 있습니다. 사용자의 대화인 경우 message["role"]의 값이 "user"로 저장되어 있고, ChatGPT 답변의 경우 message["role"]의 값이 "assistant"로 저장되어 있습니다. 반복문을 이용하여 사용자와 ChatGPT의 대화를 순

그림 4.10 User의 질문과 Assistant의 답변을 화면에 출력

차적으로 출력합니다. 단, message["role"] != 'system'이라는 코드는 message["role"]의 값이 "user"나 "assistant"일 때는 출력하지만 "system"인 경우에는 출력하지 않아야 함을 의미합니다. 이는 시스템 프롬프트를 화면에 출력할 필요가 없기 때문입니다.

❻ TTS()를 호출하여 ChatGPT의 답변을 음성으로 변환하여 재생합니다.

앱 실행하기

파이썬 코드를 실행할 때와 같이 명령 프롬프트나 VS Code에서 앱을 실행할 수 있습니다. 명령 프롬프트에서 다음 명령어를 입력합니다.

```
(ch04_env) C:\openai-prg\ch04> streamlit run ch04_assistant.py
```

실행이 정상적으로 완료되면 그림 4.11과 같이 웹 페이지가 실행되면서 실습을 진행할 수 있습니다. 실행 순서는 4.1절 음성 비서 만들기을 참고하세요.

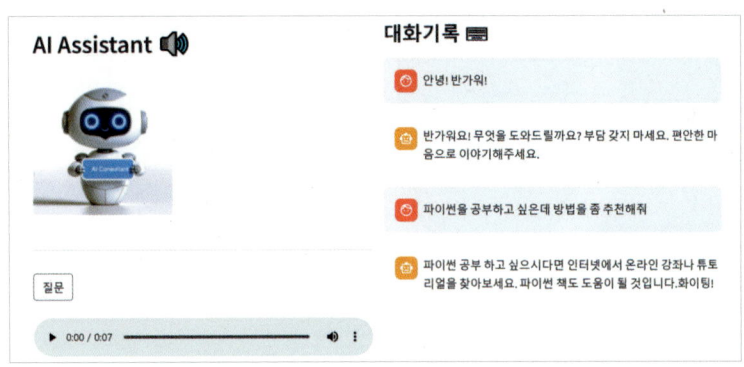

그림 4.11 음성 비서 프로그램 실행 화면

이렇게 해서 지금까지 Whisper API, TTS API, ChatGPT API를 이용하여 음성으로 질문하고, 음성으로 답변하는 나만의 음성 비서 프로그램을 만들어봤습니다. 여러분도 TTS API의 인공지능 성우를 변경하고, ChatGPT API의 프롬프트를 수정하여 여러분의 취향에 맞는 음성 비서를 만들어보시기 바랍니다.

Part 05

이미지 설명을 들려주는
AI 도슨트

AI 도슨트 서비스 맛보기
프로그램 구조
실습 환경 구축하기
GPT-4V 소개
AI 도슨트 서비스

도슨트(docent)는 박물관이나 미술관 등에서 관람객에게 전시물을 설명하는 안내인을 말합니다. 도슨트는 사진이나 명화를 보는 관람객이 작품을 좀 더 깊이 이해할 수 있게 돕는 직업이므로 이러한 일을 하려면 정확한 발음은 물론이고, 넓은 지식과 쉽고 효과적으로 정보를 설명할 수 있는 능력이 필요합니다. 유명한 명화나 아름다운 관광지의 사진을 올리면 그 즉시 해당 사진이나 이미지를 설명해줄 수 있는 인공지능 도슨트가 있다면 얼마나 좋을까요? 이번 장에서는 이미지를 인식하여 풍부한 지식을 바탕으로 이미지를 설명하는 GPT-4V API와 4.4절 'TTS 소개'에서 실습했던 텍스트를 음성으로 바꾸는 OpenAI의 TTS API를 이용하여 AI 도슨트 서비스를 만들어보겠습니다.

5.1 AI 도슨트 서비스 맛보기

AI 도슨트 서비스를 설명하기에 앞서 프로그램이 어떻게 작동하는지 알아보겠습니다. 다음 그림은 AI 도슨트 서비스 프로그램의 시작 화면입니다.

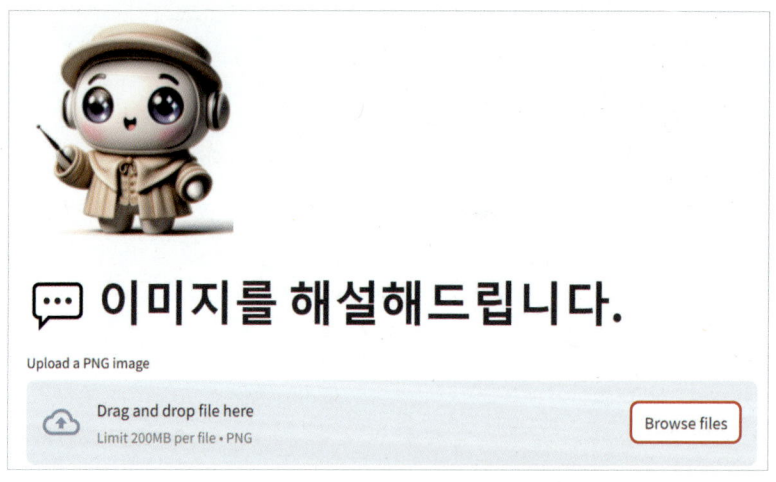

그림 5.1 AI 도슨트 서비스

우선 설명을 듣고 싶은 이미지를 업로드하기 위해 [Browse files] 버튼을 클릭합니다. 여기서는 유명한 화가 반 고흐의 작품인 '별이 빛나는 밤'이라는 그림을 업로드했습니다.

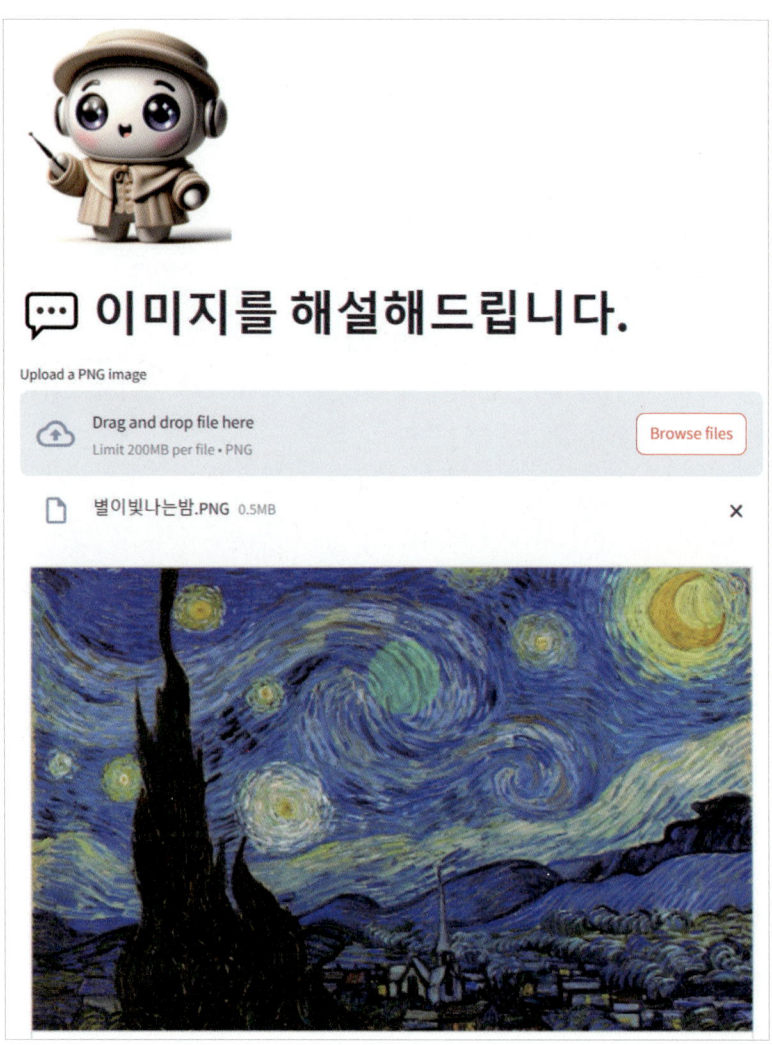

그림 5.2 업로드한 이미지

이미지를 업로드하면 그림 5.2와 같이 업로드한 이미지를 보여줍니다. 잠시 기다리면 다음과 같이 이미지에 대한 설명과 함께 해당 설명을 잔잔하게 읽어주는 AI의 음성이 나오게 됩니다.

Uploaded Image.

이 이미지는 빈센트 반 고흐의 유명한 그림 "별이 빛나는 밤"을 묘사하고 있습니다. 활동적이고 역동적인 붓터치로 야경을 그려내고 있는데요, 푸른색과 황색이 주를 이루는 이 작품은 강렬한 색채와 회오리치는 듯한 하늘, 표현주의적 특성이 두드러집니다.

그림의 중앙과 상단에는 밤하늘을 나타내고 있으며, 구름, 별, 그리고 초승달이 강렬한 회전감을 동반하여 그려져 있습니다. 특히 별과 달 주위에는 빛의 오라가 표현되어 있는데, 이는 반 고흐가 밤하늘의 움직임과 빛을 어떻게 느꼈는지를 반영하고 있다고 볼 수 있습니다.

왼쪽에는 길고 검은 실루엣으로 나타난 나무가 있어, 그림에 굽이치는 선들의 흐름과 대조를 이루며 높이 솟은 모습입니다. 나무의 형태가 마치 화려하고 뒤틀리는 하늘 위로 불끈 솟아있는 것처럼 보입니다.

그 아래로는 조용한 마을이 펼쳐져 있는데, 전통적인 프랑스 마을의 느낌을 주는 다양한 크기의 집들이 보입니다. 마을의 건물들은 상대적으로 평온하면서도 단순한 색상과 선으로 표현되어 있으며, 밤의 조용함과 대비되는 잔잔함을 줍니다. 또한 오른쪽 중앙에는 굴뚝에서 나오는 희미한 연기가 별이 빛나는 밤하늘에 대비되어 마을에 생동감을 더해줍니다.

이 그림은 반 고흐가 정신적 고통을 겪던 시기에 프랑스 남부의 생뤼미에르 정신병원에 머무르면서 그렸으며, 그의 감정과 정신 세계를 반영한 것으로 평가받고 있습니다.

그림 5.3 이미지에 대한 설명과 음성 재생

5.2 프로그램 구조

사용자가 업로드한 이미지로부터 음성으로 이미지를 설명해주는 AI 도슨트 프로그램의 구조를 정리해봅시다.

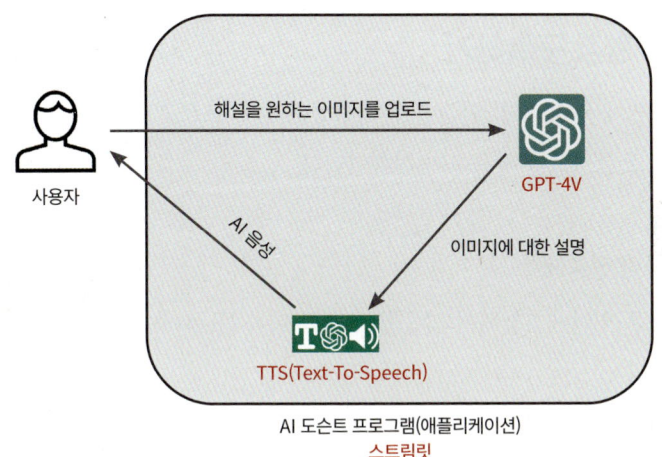

그림 5.4 AI 도슨트 프로그램의 구조

프로그램 구조는 크게 사용자가 업로드한 이미지를 설명해주는 GPT-4V API, 그리고 GPT4-V의 답변을 다시 AI 음성으로 변환하는 TTS API로 구성됩니다. 그리고 이러한 프로그램은 스트림릿을 통해서 웹 기반 애플리케이션으로 구현됩니다.

- **웹 기반 애플리케이션 구현**: 스트림릿

    AI 도슨트 프로그램은 3.3절 '프로그램 UI를 생성하는 스트림릿 사용법 익히기'에서' 사용해본 스트림릿을 활용하여 제작합니다.

- **이미지 업로드**: 사용자

    사용자는 해설을 원하는 이미지 파일을 업로드합니다.

- **이미지에 대한 해설 추출**: GPT-4V

    이번 실습에서는 이미지에 대한 설명을 얻기 위해서 방대한 데이터를 기반으로 학습되어 이미지에 대한 설명을 작성하는 모델인 GPT-4V를 사용합니다.

- **텍스트를 설명으로 변환**: TTS(Text-to-Speech)

    GPT-4V가 생성한 이미지에 대한 설명을 OpenAI의 TTS가 음성으로 변환하고, 해당 음성이 사용자에게 전달되어 최종적으로 AI 도슨트의 해설이 완성됩니다.

5.3 실습 환경 구축하기

본격적인 개발에 앞서 개발 환경을 준비하겠습니다. 프로젝트 폴더 생성부터 가상 환경 생성까지 명령 프롬프트를 활용하여 진행합니다.

프로젝트 폴더 생성하기

openai-prg 폴더 안에 5장에서 실습할 코드를 모아 둘 폴더인 ch05를 생성하고, 해당 폴더로 이동합니다.

```
C:\openai-prg> mkdir ch05
C:\openai-prg> cd ch05
C:\openai-prg\ch05>
```

탐색기에서 C 드라이브를 살펴보면 ch05 폴더가 생성된 모습을 확인할 수 있습니다.

가상 환경 생성하기

다음 명령어를 입력하여 ch05_env라는 이름의 가상 환경을 생성합니다.

```
C:\openai-prg\ch05> python -m venv ch05_env
```

가상 환경이 생성되면 다음 명령어로 가상 환경을 활성화[1]합니다.

```
C:\openai-prg\ch05> ch05_env\Scripts\activate.bat
```

---

1 macOS에서는 'source ch05_env/bin/activate' 명령어로 가상 환경을 활성화합니다.

가상 환경이 활성화되면 프롬프트 왼쪽에 가상 환경의 이름이 표시됩니다.

(ch05_env) C:\openai-prg\ch05>

다음 명령어로 가상 환경에 2개의 패키지를 설치합니다. GPT-4V API와 TTS API 사용을 위한 openai, 프로그램 실행을 위한 streamlit입니다.

(ch05_env) C:\openai-prg\ch05> pip install openai
(ch05_env) C:\openai-prg\ch05> pip install streamlit

VS Code에서 프로젝트 폴더 선택하기

비주얼 스튜디오 코드(Visual Studio Code, 이하 VS Code)를 열고, 상단 메뉴에서 [File] → [Open Folder]를 클릭합니다. 앞서 생성한 ch05 폴더(C:\openai-prg\ch05)를 선택하고, [열기] 버튼을 누릅니다.

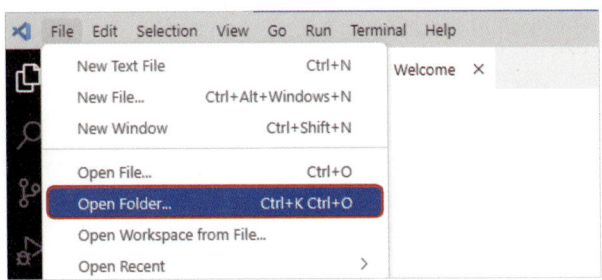

그림 5.5 VS Code의 프로젝트 폴더 선택 메뉴

5.4 GPT-4V 소개

GPT-4V(GPT-4 with vision)는 이미지를 입력으로 넣으면 텍스트를 답변으로 주는 API를 일컫는 말입니다. ChatGPT와 같은 거대 언어 모델(Large Language Model; LLM)에 이미지를 입력으로 넣을 수 있도록 연구, 개발하는 것은 인공지능 연구에서 핵심 분야

중 하나로, 그러한 연구를 가장 잘하는 곳 중 하나가 이번에 실습할 GPT-4V를 개발한 OpenAI입니다.

GPT-4V의 뛰어난 성능 덕분에 GPT-4V가 공개되고 나서 전 세계 사용자들로부터 여러 가지 시도가 이루어지고 있습니다. 스포츠 동영상을 다수의 이미지로 분할한 후, 각각의 이미지를 입력으로 사용하여 스포츠를 중계하는 인공지능, 요가 자세 사진을 입력으로 넣어 운동 자세에 대해 피드백을 주는 인공지능, 전면의 도로 또는 거리의 사진을 입력하여 앞의 상황을 중계하는 인공지능 등이 대표적으로 재미있는 예시입니다.

GPT-4V의 과금 체계

GPT-4V의 과금 체계는 기본적으로 텍스트를 처리하는 GPT-4 모델들과 동일합니다. 다음은 OpenAI에서 제공하는 GPT-4 모델들의 과금 체계입니다. 해당 과금 체계는 이 책을 집필할 당시인 2024년 7월을 기준으로 하므로 실습 시에는 다음 주소에서 직접 과금 체계를 확인하기 바랍니다.

- **OepnAI 과금 체계(Pricing)**: https://openai.com/pricing

표 5.1 GPT-4의 과금 체계

모델	입력	출력
gpt-4-0125-preview	100만 토큰당 $10.00	100만 토큰당 $30.00
gpt-4-1106-preview	100만 토큰당 $10.00	100만 토큰당 $30.00
gpt-4-1106-vision-preview	100만 토큰당 $10.00	100만 토큰당 $30.00
gpt-4-turbo	100만 토큰당 $10.00	100만 토큰당 $30.00
gpt-4o	100만 토큰당 $5.00	100만 토큰당 $15.00

표에서 이미지를 입력으로 하는 GPT-4V가 가능한 모델은 gpt-4-turbo, gpt-4o, gpt-4-1106-vision-preview 모델에 해당하며, 그 외의 모델은 이미지를 입력으로 넣었을 때 에러가 발생할 수 있으므로 주의하기 바랍니다. 이번 실습에서는 gpt-4-turbo를 사용합니다.

표에 따르면 gpt-4-turbo의 경우, 입력은 100만 토큰에서 10달러가 부과되고, 생성 시에는 100만 토큰에 30달러가 부과됩니다. 단위를 낮추어 계산해보면 입력은 1000개의 토큰에 0.01달러가 부과되고, 답변 생성 시에는 1000개의 토큰에 0.03달러가 부과됨을 의미합니다. 또한 뒤에서 실습을 통해 확인하겠지만 여기서 말하는 입력 토큰에는 이미지도 포함됩니다.

GPT-4V 사용해보기

이번 절에서는 OpenAI의 GPT4V API의 기본 사용법을 익혀 보겠습니다. 먼저 코드를 작성할 파일(주피터 노트북)을 생성합니다. VS Code의 왼쪽 EXPLORER에서 마우스 오른쪽 버튼을 클릭하고 [New file]을 클릭해 새로운 파일을 추가합니다. 파일 이름은 ch05_GPT4V.ipynb로 지정합니다. 주피터 노트북 파일을 생성한 후 커널을 지정하는 방법은 3.2절 '텍스트 생성 모델의 기본 API 사용법 익히기'를 참고합니다.

가장 먼저 import openai로 OpenAI 라이브러리를 불러옵니다.

```
from openai import OpenAI
```

이때 셀을 실행하면 ipykernel 패키지를 설치할 것인지를 물어보는 창이 뜹니다. ipykernel은 주피터 노트북을 실행하기 위해 설치해야 하는 패키지이므로 [Install] 버튼을 눌러 설치를 진행합니다. 이 부분 역시 3.2절 '텍스트 생성 모델의 기본 API 사용법 익히기'를 참고하여 진행합니다.

다음으로 client = openai.OpenAI() 안의 api_key에 사용자의 키 값을 입력합니다. 키 값은 큰따옴표 안에 들어가야 합니다.

```
client = OpenAI(api_key="여기에 API 키를 넣어주세요")
```

다음은 GPT-4V API의 일반적인 사용법입니다.

```
response = client.chat.completions.create(
    model="gpt-4-turbo",
```

```
    messages=[
        {
            "role": "user",
            "content": [
                {"type": "text", "text": "<gpt-4-turbo에게 입력할 프롬프트>"},
                {
                    "type": "image_url",
                    "image_url": {
                        "url": "<gpt-4-turbo에게 설명을 요청할 이미지의 주소>",
                    },
                },
            ],
        }
    ],
    max_tokens=<gpt-4-turbo의 답변의 길이>,
)
```

　messages 내부 원소인 content에는 파이썬의 딕셔너리(dictionary) 구조로 총 2개의 값을 지정합니다. 첫 번째 딕셔너리는 사용자의 프롬프트를 전달하는 딕셔너리로서 {"type": "text", "text": "<gpt-4-turbo에게 입력할 Prompt>"}로 구성되며, 해당 딕셔너리는 "type"의 값이 "text"인 경우 "text"의 값으로 gpt-4-turbo에 입력할 프롬프트를 입력합니다. 다시 말해, 대상 이미지에 대한 설명을 요청할 때 어떤 답변을 원하는지를 작성합니다.

　두 번째 딕셔너리는 {"type": "image_url", "image_url": {"url": "<gpt-4-turbo에게 입력할 Prompt>"}}로 구성되며, "type"의 값이 "image_url"인 경우 "image_url" 내부의 "url" 값으로 gpt-4-turbo에게 설명을 요청할 이미지의 주소를 작성합니다. 이때 "url"의 값으로 이미지의 인터넷상 주소 또는 현재 컴퓨터에 다운로드한 이미지의 경로를 지정할 수 있습니다.

　마지막으로 max_tokens는 gpt-4-turbo가 작성할 답변의 길이를 제한하는 매개변수입니다. 해당 값이 300이라면 gpt-4-turbo는 답변의 길이가 300에 도달하는 순간 답변이 중지되므로 답변이 끝맺음을 하지 못하고 중간에 잘리게 됩니다.

실제 실습을 통해 이해해 봅시다. 저자의 경우 인터넷에서 찾은 자연 환경 사진을 gpt-4-turbo에 입력으로 넣어보고자 합니다. 실습에서 사용할 그림은 그림 5.6과 같습니다.

그림 5.6 자연 환경 사진

해당 이미지의 인터넷 주소를 앞서 설명한 코드의 형식에서 <gpt-4-turbo에게 설명을 요청할 이미지의 주소>에 입력하고, <gpt-4-turbo에게 입력할 프롬프트>에는 "이 이미지에 대해서 알려줘"라는 비교적 간단한 프롬프트를 입력합니다. 그리고 gpt-4-turbo가 반환하는 결과를 response에 저장한 후 출력합니다.

```
response = client.chat.completions.create(
    model="gpt-4-turbo",
    messages=[
        {
            "role": "user",
            "content": [
                {"type" : "text", "text": "이 이미지에 대해서 설명해줘"},
```

```
          {
            "type": "image_url",
            "image_url": {
              "url":"https://upload.wikimedia.org/wikipedia/commons/thumb/d/dd/Gfp-
wisconsin-madison-the-nature-boardwalk.jpg/2560px-Gfp-wisconsin-madison-the-
nature-boardwalk.jpg",
            },
          },
        ],
      }
    ],
    max_tokens=300,
)
print(response)
```

실행 결과

```
ChatCompletion(id='chatcmpl-91k3eScFcMzPYqRuLjhBQvi9glRVe', choices=[Choice(finish
_reason='stop', index=0, logprobs=None, message=ChatCompletionMessage(content='이 
이미지는 나무 데크 길이 초록색 풀밭을 가로지르고 있고, 멀리 경치 좋은 들판이 펼쳐진 
자연 경관을 보여줍니다. 푸른 하늘에는 구름이 떠 있으며, 자연의 아름다움과 평화로운 
분위기를 느낄 수 있는 장면입니다. 이런 경로는 보행자나 자전거 이용자에게 자연을 
즐기며 걷기나 산책을 할 수 있는 환경을 제공합니다. 이미지의 선명하고 색감이 풍부해 
HDR(High Dynamic Range) 사진 기법을 사용한 것으로 보입니다.', role='assistant', 
function_call=None, tool_calls=None))], created=1710202402, model='gpt-
4-turbo-2024-04-09', object='chat.completion', system_fingerprint=None, 
usage=CompletionUsage(completion_tokens=205, prompt_tokens=1124, 
total_tokens=1329))
```
— 토큰의 사용량

　실행 결과에서 CompletionUsage 내부의 값으로 주어지는 completion_tokens와 prompt_tokens는 토큰의 사용량으로, 현재의 실행 결과로 어느 정도 과금이 발생하는지 가늠할 수 있습니다. prompt_tokens는 입력에 사용된 토큰을 의미하고, completion_tokens는 답변에 사용된 토큰을 의미합니다. 이때 prompt_tokens는 사용자의 텍스트 프롬프트 외에 입력 이미지도 프롬프트 토큰으로 함께 포함되어 계산된 값입니다. 위 실행 결과에서 텍스트만 출력하기 위한 코드는 다음과 같습니다.

```
print(response.choices[0].message.content)
```

실행 결과

이 이미지는 나무 데크 길이 초록색 풀밭을 가로지르고 있고, 멀리 경치 좋은 들판이 펼쳐진 자연경관을 보여줍니다. 푸른 하늘에는 구름이 떠 있으며, 자연의 아름다움과 평화로운 분위기를 느낄 수 있는 장면입니다. 이런 경로는 보행자나 자전거 이용자에게 자연을 즐기며 걷거나 산책을 할 수 있는 환경을 제공합니다. 이미지의 선명하고 색감이 풍부해 HDR(High Dynamic Range) 사진 기법을 사용한 것으로 보입니다.

5.5 AI 도슨트 서비스

이제 앞에서 배운 내용을 토대로 AI 도슨트 서비스를 만들어보겠습니다. ch05 폴더 안에 작업을 진행할 ch05_docent.py 파이썬 스크립트를 생성합니다.

코드 구조

코드를 설명하기 위해서 코드의 구조를 크게 기본 정보 입력, 기능 구현 함수, 메인 함수의 세 부분으로 나누겠습니다. 기본 정보 입력 부분에서는 프로그램에서 사용할 패키지를 불러오고, 기능 구현 함수 부분에서는 메인 함수에서 상황에 따라 기능을 구현하기 위해 호출하는 함수를 정리해 놓습니다. 메인 함수는 프로그램을 동작하는 메인 함수로 프로그램 UI부터 모든 동작을 총괄합니다. 지금부터 각 구조별로 상세히 설명하겠습니다.

예제 5.1 코드 구조 설명 ch05/ch05_docent.py

```
01  ##### 기본 정보 입력 ####
02  # 스트림릿 패키지 추가
03
04  # OpenAI 패키지 추가
05
06  # 이미지를 처리하기 위한 파이썬 기본 패키지
07
08  # GPT-4V와 TTS를 위해서 client 객체를 선언
09
```

```
10  ##### 기능 구현 함수 정리#####
11  # GPT-4V
12  def describe(text):
13      ... 생략 ...
14
15  # TTS
16  def TTS(response):
17      ... 생략 ...
18
19  ##### 메인 함수 #####
20  def main():
21      st.image('ai.png', width=200)
22      ... 생략 ...
23
24  if __name__=="__main__":
25      main()
```

기본 정보 불러오기

예제 5.2 기본 정보 불러오기　　　　　　　　　　　　　　　　ch05/ch05_docent.py

```
01  ##### 기본 정보 입력 ####
02  # 스트림릿 패키지 추가
03  import streamlit as st
04
05  # OpenAI 패키지 추가
06  from openai import OpenAI
07
08  # 이미지를 처리하기 위한 파이썬 기본 패키지
09  import os
10  import io
11  import base64
12  from PIL import Image
13
14  # GPT-4V와 TTS를 위해서 client 객체를 선언
15  api_key = "OpenAI API 키"
16  client = OpenAI(
```

```
17        api_key=api_key
18    )
```

03 streamlit 패키지를 st라는 약어로 불러옵니다.

06 openai 패키지를 불러옵니다.

09~12 이미지를 처리하기 위한 파이썬 기본 패키지를 불러옵니다.

15~18 OpenAI API 중 GPT-4V API, TTS API 사용을 위해 사용자가 발급받은 OpenAI API 키를 입력하여 client 객체를 만듭니다. client 객체를 선언한 후에 다양한 OpenAI API를 사용할 수 있습니다.

기능 구현 함수

예제 5.3 기능 구현 함수   ch05/ch05_docent.py

```
01  ##### 기능 구현 함수 정리#####
02  # GPT-4V
03  def describe(text):
04      response = client.chat.completions.create(
05          model="gpt-4-turbo",
06          messages=[
07              {
08                  "role": "user",
09                  "content": [
10                      {"type": "text", "text": "이 이미지에 대해서 아주 자세히 묘사해줘"},
11                      {
12                          "type": "image_url",
13                          "image_url": {
14                              "url": url,
15                          },
16                      },
17                  ],
18              }
19          ],
20          max_tokens=1024,
21      )
```

```
22      return response.choices[0].message.content
23
24  # TTS
25  def TTS(response):
26      # TTS를 활용하여 만든 음성을 파일로 저장
27      with client.audio.speech.with_streaming_response.create(
28          model="tts-1",
29          voice="onyx",
30          input=response
31      ) as response:
32          filename="output.mp3"
33          response.stream_to_file(filename)
34
35      # 저장한 음성 파일을 자동 재생
36      with open(filename, "rb") as f:
37          data = f.read()
38          b64 = base64.b64encode(data).decode()
39          # HTML 문법을 사용하여 자동으로 음원을 재생하는 코드를 작성
40          # 스트림릿에서 HTML을 사용할 수 있는 st.markdown()을 활용
41          md = f"""
42              <audio autoplay="True">
43              <source src="data:audio/mp3;base64,{b64}" type="audio/mp3">
44              </audio>
45              """
46          st.markdown(md, unsafe_allow_html=True)
47
48      # 폴더에 남지 않도록 파일을 삭제
49      os.remove(filename)
```

03~22 이미지 주소를 입력받아서 GPT4V API를 이용하여 이미지에 대한 설명을 반환하는 함수입니다. 프롬프트는 "이 이미지에 대해서 아주 자세히 묘사해줘"라는 고정된 프롬프트를 사용하며, 이때 최대 답변의 길이(max_tokens)는 1024로 좀 더 넉넉하게 지정해 답변이 중간에 잘리지 않도록 합니다.

25~49 텍스트를 입력받아서 TTS API를 이용하여 음성 파일을 저장하는 함수입니다. AI 성우는 "onyx"를 선택했으며, 이 코드가 실행되는 경로에 output.mp3 파일이 저장됩니다.

36~46 음성 파일을 저장하면 해당 음성 파일을 자동 재생합니다. 음성 파일을 자동 재생하기 위해서는 프로그래밍 언어 파이썬이 아닌 웹 페이지에서 사용하는 HTML 코드를 사용합니다.

메인 함수

예제 5.4 AI 도슨트 서비스 　　　　　　　　　　　　　　　ch05/ch05_docent.py

```
01  ##### 메인 함수#####
02  def main():
03      st.image('ai.png', width=200)
04      st.title("이미지를 해설해드립니다.")
05  
06      # 이미지를 업로드
07      img_file_buffer = st.file_uploader('Upload a PNG image', type='png')
08  
09      if img_file_buffer is not None:
10          image = Image.open(img_file_buffer)
11  
12          # 업로드한 이미지를 화면에 출력
13          st.image(image, caption='Uploaded Image.', use_column_width=True)
14  
15          # 이미지 => 바이트 버퍼로 변환
16          buffered = io.BytesIO()
17          image.save(buffered, format='PNG')
18  
19          # 바이트 버퍼 => Base64 인코딩 바이트 문자열로 변환
20          img_base64 = base64.b64encode(buffered.getvalue())
21  
22          # Base64 인코딩 바이트 문자열 => UTF-8 문자열로 디코딩
23          img_base64_str = img_base64.decode('utf-8')
24  
25          # GPT-4V에서 입력받을 수 있는 형태로 변환
26          # 예시 참고: https://platform.openai.com/docs/guides/vision/uploading-base-64-encoded-images
27          image = f"data:image/jpeg;base64,{img_base64_str}"
28  
29          # GPT4V가 이미지에 대한 설명을 반환하고 이를 st.info()로 출력
30          text = describe(image)
31          st.info(text)
32  
33          # 이미지에 대한 설명을 음성으로 변환
```

```
34          TTS(text)
35
36 if __name__=="__main__":
37      main()
```

03 웹 페이지에 ai.png라는 이미지 파일을 표시합니다. 해당 이미지는 프로그램을 꾸미기 위한 용도로 사용한 것이므로 원하면 다른 이미지를 사용하거나, 해당 코드는 제거해도 실습 시 무방합니다. 저자가 사용한 이미지 ai.png는 이 책의 코드 저장소의 ch05 폴더에 업로드했습니다.

07 GPT-4V가 해설할 이미지를 업로드할 수 있는 버튼을 만듭니다.

09~13 이미지가 업로드되면 업로드한 이미지를 화면에 출력합니다.

16~27 업로드한 이미지를 GPT4V에 전달하기 위해서 파일 형태로 변환합니다.

30 GPT-4V API를 이용하여 이미지에 대한 설명을 반환하는 describe() 함수를 호출합니다.

31 describe() 함수가 반환한 GPT4V의 이미지에 대한 설명을 화면에 출력합니다.

34 이미지에 대한 설명을 TTS API를 이용하여 음성으로 변환하고 재생하는 함수인 TTS 함수에 전달하여 음성을 재생시킵니다.

앱 실행하기

파이썬 코드를 실행할 때와 같이 명령 프롬프트나 VS Code에서 앱을 실행할 수 있습니다. 명령 프롬프트에서 다음 명령어를 입력합니다.

```
(ch05_env) C:\openai-prg\ch05> streamlit run ch05_docent.py
```

앱 실행이 정상적으로 완료되면 그림 5.7과 같은 웹 페이지가 실행되면서 실습을 진행할 수 있습니다. 실행 순서는 5.1절 AI 도슨트 서비스 맛보기를 참고하세요.

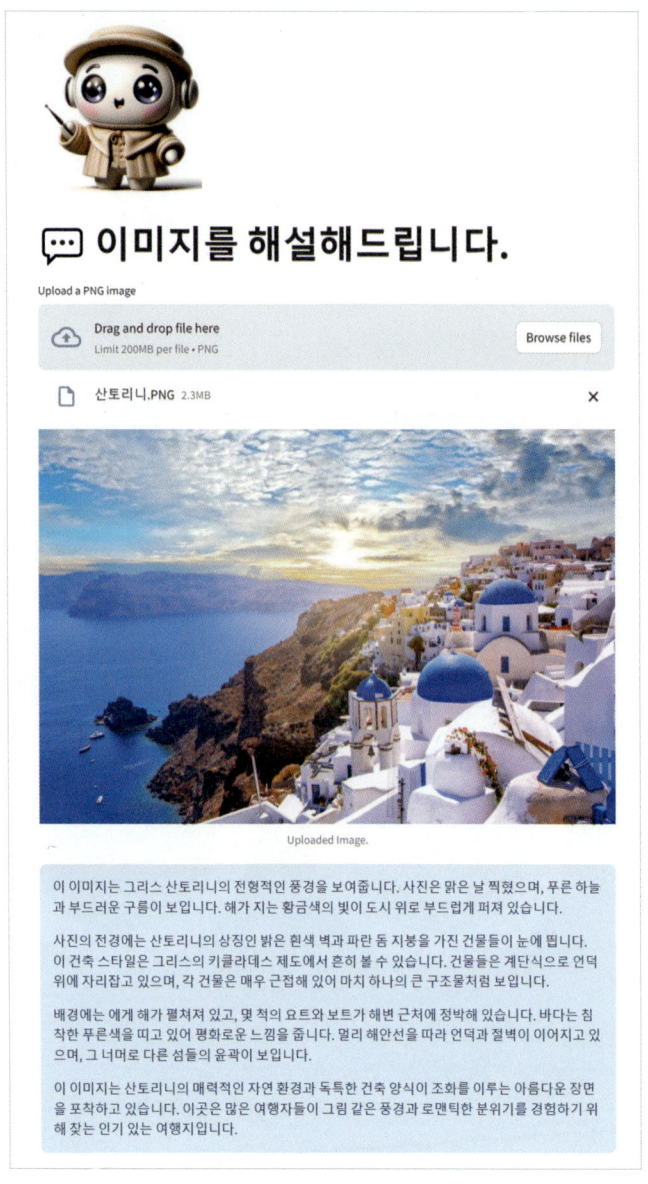

그림 5.7 AI 도슨트 실행 화면

    이렇게 해서 이번 장에서는 GPT-4V API와 TTS API를 활용하여 이미지를 업로드하면 해당 이미지에 대해 텍스트와 음성으로 설명해주는 AI 도슨트 프로그램을 만들어봤습니다. 여러분도 GPT-4V API로 AI에게 눈을, TTS API로 입을 달아서 여러분만의 AI 서비스를 만들어보기 바랍니다.

Part 06

랭체인과
RAG 이해하기

실습 환경 구축하기

RAG(Retrieval-Augmented Generation)

ChatOpenAI와 Memory

길이로 분할하는 RecursiveCharacterTextSplitter

의미로 분할하는 SemanticChunker

다양한 PDF Loader

벡터 데이터베이스

랭체인(LangChain)은 챗GPT와 같은 대규모 언어 모델(Large Language Models, LLM)을 쉽게 활용할 수 있도록 돕는 프레임워크입니다. 랭체인을 활용하면 복잡한 코드 없이도 언어 기반의 애플리케이션을 빠르게 구축할 수 있습니다. 이 같은 장점 덕분에 LLM의 발전에 발맞춰 가장 많이 사용되며 관심받고 있는 프레임워크입니다.

- 랭체인 공식 홈페이지: https://www.langchain.com/

랭체인을 활용하여 LLM 프로젝트를 진행할 때의 장점은 다음과 같습니다.

- **다양한 데이터 소스와의 통합**: 랭체인은 PDF, 웹 페이지, CSV 파일, 관계형 데이터베이스 등 다양한 데이터 소스에서 정보를 쉽게 검색하고 사용할 수 있게 해줍니다. 이는 개발자가 여러 소스의 데이터를 효율적으로 활용하여 더 풍부하고 정확한 애플리케이션을 만들 수 있게 도와줍니다.
- **다양한 언어 모델 활용**: 랭체인은 OpenAI, 라마2(Llama 2) 같은 주요 언어 모델을 포함하여 다양한 언어 모델을 지원합니다. 이로 인해 최신 언어 모델을 쉽게 활용하여 자연어 처리 및 생성 작업을 향상시킬 수 있으며, 이는 애플리케이션의 이해도와 반응성을 크게 개선합니다.
- **개발 효율성 증가**: 랭체인은 데이터 연결, 메모리 관리, 콜백 시스템 등 개발자가 필요로 하는 여러 기능을 제공함으로써 개발 과정을 간소화합니다. 이는 개발 시간을 단축시키고 복잡한 기능을 쉽게 구현할 수 있게 해줘서 개발자가 좀 더 창의적인 작업에 집중할 수 있게 도와줍니다.

이러한 장점을 살려 앞으로 실습할 7, 8, 9장의 실습에서는 OpenAI API뿐만 아니라 랭체인을 활용하여 프로그램의 기능을 쉽게 구현할 예정입니다. 프로그램 제작에 앞서 이번 장에서는 랭체인의 기본 개념과 간단한 예제를 통해 랭체인 사용법과 랭체인을 통해 챗봇을 만들 때 가장 많이 사용되는 기술인 RAG(Retrieval-Augmented Generation)에 대해 설명하겠습니다.

6.1 실습 환경 구축하기

본격적인 개발에 앞서 개발 환경을 준비하겠습니다. 프로젝트 폴더 생성부터 가상 환경 생성까지 명령 프롬프트를 활용하여 진행합니다.

프로젝트 폴더 생성하기

openai-prg 폴더 안에 6장에서 실습할 코드를 모아 둘 폴더인 ch06을 생성하고, 해당 폴더로 이동합니다.

```
C:\openai-prg> mkdir ch06
C:\openai-prg> cd ch06
C:\openai-prg\ch06>
```

탐색기에서 C 드라이브를 살펴보면 openai-prg 폴더에 ch06 폴더가 생성된 모습을 확인할 수 있습니다.

가상 환경 생성하기

다음 명령어를 입력하여 ch06_env라는 이름의 가상 환경을 생성합니다.

```
C:\openai-prg\ch06> python -m venv ch06_env
```

가상 환경이 생성되면 다음 명령어로 가상 환경을 활성화[1]합니다.

```
C:\openai-prg\ch06> ch06_env\Scripts\activate.bat
```

가상 환경이 활성화되면 프롬프트 왼쪽에 가상 환경 이름이 표시됩니다.

```
(ch06_env) C:\openai-prg\ch06>
```

그러고 나서 pip install 명령어로 가상 환경에 다음과 같은 12개의 패키지를 설치 합니다.

```
(ch06_env) C:\openai-prg\ch06> pip install pandas
(ch06_env) C:\openai-prg\ch06> pip install openai
```

---

[1] macOS에서는 'source ch06_env/bin/activate' 명령어로 가상 환경을 활성화합니다.

```
(ch06_env) C:\openai-prg\ch06> pip install langchain
(ch06_env) C:\openai-prg\ch06> pip install langchain_experimental
(ch06_env) C:\openai-prg\ch06> pip install langchain_openai
(ch06_env) C:\openai-prg\ch06> pip install langchain-community
(ch06_env) C:\openai-prg\ch06> pip install pypdf
(ch06_env) C:\openai-prg\ch06> pip install pymupdf
(ch06_env) C:\openai-prg\ch06> pip install pdfplumber
(ch06_env) C:\openai-prg\ch06> pip install chromadb
(ch06_env) C:\openai-prg\ch06> pip install faiss-cpu
(ch06_env) C:\openai-prg\ch06> pip install tiktoken
```

- pandas: 임베딩 실습을 위해서 테이블 형태의 데이터를 다루는 패키지

- openai: ChatGPT API와 OpenAI Embedding API 사용을 위한 패키지

- langchain: AI 애플리케이션 개발을 위한 다양한 도구 지원

- langchain_experimental: 랭체인 기능 중 실험적으로 지원하는 도구들 제공

- langchain_openai: 랭체인 내에서 OpenAI Embedding API 호출 지원

- langchain-community: 6.6절 '다양한 PDF Loader'에서 다양한 PDF Loader를 실습하기 위한 패키지

- pypdf: PDF 파일 처리를 위한 패키지

- pymupdf: PDF 파일을 다루기 위한 다기능 패키지

- pdfplumber: PDF에서 텍스트, 표, 비텍스트 요소 추출을 위한 패키지

- chromadb: 6.7절 '벡터 데이터베이스' 실습에서 사용할 벡터 데이터베이스 패키지

- faiss-cpu: 6.7절 '벡터 데이터베이스' 실습에서 사용할 벡터 데이터베이스 패키지

- tiktoken: OpenAI Embedding API를 사용하는 데 필요한 패키지

VS Code에서 프로젝트 폴더 선택하기

VS Code를 열고, 상단 메뉴에서 [File] → [Open Folder]를 클릭합니다. 앞서 생성한 ch06 폴더(C:\openai-prg\ch06)를 선택하고, [열기] 버튼을 누릅니다.

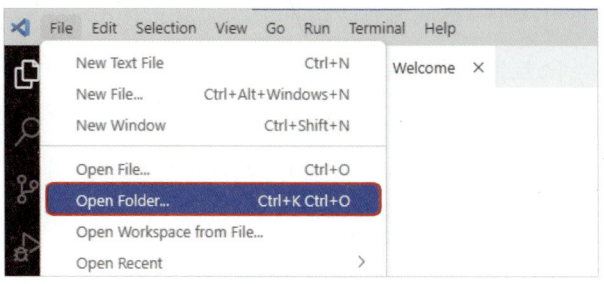

그림 6.1 VS Code의 폴더 선택 메뉴

6.2 RAG(Retrieval-Augmented Generation)

랭체인은 여러 인공지능 애플리케이션 개발에 사용되지만 그중 가장 많이 사용되는 사용처를 언급하자면 바로 RAG(Retrieval-Augmented Generation)일 것입니다. 직역하면 '검색 증강 생성'이라고 불리는 이 기술은 사용자가 질문을 입력하면 입력한 질문으로 연관된 문서를 검색하고, 검색 결과를 바탕으로 답변하는 기술입니다. 이번 장에서는 RAG를 구현하기 위한 필수적인 개념과 랭체인의 다양한 도구를 이해하고, 7장에서 RAG를 이용한 챗봇을 개발할 예정입니다. 우선 RAG을 이해하기 위한 필수 개념을 설명합니다.

텍스트 임베딩

인공지능 모델은 내부적으로 벡터(vector) 연산으로 동작합니다. 여기서 벡터란 여러 개의 숫자가 특정 순서대로 나열된 것을 의미합니다. 예를 들어, 임의의 숫자 4개가 나열된 벡터 [1, 0.2, 0.5, 7]이 있다면 이는 4개의 원소를 가지는 벡터입니다. 이번 절에서 사용할 텍스트 인공지능 모델은 텍스트를 입력하면 주어진 텍스트를 벡터로 반환합니다. 그리고 이 벡터를 이용하면 챗봇에 사용할 고성능의 검색 시스템을 빠르고 쉽게 구현할 수 있습니다.

사람은 텍스트를 읽을 때 텍스트를 바로 읽어서 이해한다면 텍스트를 처리하는 인공지능 모델은 텍스트를 직접 입력으로 사용하는 것이 아니라 텍스트를 벡터로 수치화한 뒤에 처리합니다. 다시 말해, 문서, 문장, 단어 등의 텍스트를 인공지능 모델이 처리할 때는 [1, 0.2, 0.5]와 같이 실수가 나열된 값인 벡터로 변환하여 입력으로 사용합니다.

이때 텍스트를 벡터화하는 과정 자체를 임베딩(embedding)이라고 부르고, 변환하고자 하는 단위에 따라 텍스트를 벡터화하는 과정의 용어가 조금씩 다릅니다. 예를 들어 단어를 임베딩한다면 워드 임베딩(word embedding)이라 부르고, 어떤 문장이나 문서를 하나의 벡터로 변환한다면 문장 임베딩 또는 문서 임베딩이라고 부릅니다.

'사과' → **단어 임베딩** → 벡터 : [0.12, 0.34, 0.75, -0.12]
'안녕하세요.' → **문장 임베딩** → 벡터 : [0.57, 0.25, 0.85, 3.24]
'서울 청년 정책이...중략...' → **문서 임베딩** → 벡터 : [0.54, 0.84, 0.28, 0.59]

벡터로 변환하는 과정

그림 6.2 임베딩

텍스트를 벡터로 바꾸는 임베딩이 가능한 인공지능 모델에는 여러 가지가 있지만 이번 실습에서는 OpenAI에서 제공하는 Embedding API를 사용할 것입니다. 그리고 임베딩을 하고 나면 더 이상 텍스트가 아니라 숫자, 구체적으로는 벡터가 되므로 벡터 간 유사도를 구할 수 있습니다.

코사인 유사도

벡터의 유사도를 구할 수 있는 가장 대표적인 방법으로 코사인 유사도(cosine similarity)가 있습니다. 코사인 유사도는 두 벡터 간의 코사인 각도라는 개념을 이용해 두 벡터가 얼마나 유사한지를 나타내는 유사도 값을 얻을 수 있는데, 값의 범위는 −1~1 사이로 유사도가 높을수록 1에 가까운 값을 가집니다. 두 벡터 A, B에 대해 코사인 유사도를 얻는 수식은 다음과 같습니다.

$$similarity = cos(\Theta) = \frac{A \cdot B}{||A|| \, ||B||} = \frac{\sum_{i=1}^{n} A_i \times B_i}{\sqrt{\sum_{i=1}^{n}(A_i)^2} \times \sqrt{\sum_{i=1}^{n}(B_i)^2}}$$

파이썬에서 코사인 유사도를 구하기 위해 반드시 수식을 숙지할 필요는 없습니다. 수식을 사용하기 위한 코드는 정해져 있으므로 해당 코드를 활용하면 되기 때문입니다. 임의의 벡터1, 벡터2, 벡터3에 대해서 코사인 유사도를 구하는 실습 코드를 작성해봅시다.

먼저 코드를 작성할 파일(주피터 노트북)을 생성합니다. VS Code의 왼쪽 EXPLORER 에서 마우스 오른쪽 버튼을 클릭하고, [New File]을 클릭해 새로운 파일을 추가합니다. 파일 이름은 ch06_VECTOR_SIMILARITY.ipynb로 지정합니다.

```python
import numpy as np
from numpy import dot
from numpy.linalg import norm

def cos_sim(A, B):
    return dot(A, B)/(norm(A)*norm(B))

vec1 = np.array([0,1,1,1])
vec2 = np.array([1,0,1,1])
vec3 = np.array([2,0,2,2])

print('벡터1과 벡터2의 유사도 :',cos_sim(vec1, vec2))
print('벡터1과 벡터3의 유사도 :',cos_sim(vec1, vec3))
print('벡터2와 벡터3의 유사도 :',cos_sim(vec2, vec3))
```

실행 결과

```
벡터1과 벡터2의 유사도 : 0.6666666666666667
벡터1과 벡터3의 유사도 : 0.6666666666666667
벡터2과 벡터3의 유사도 : 1.0000000000000002
```

파이썬 라이브러리인 Numpy를 이용해 코사인 유사도를 계산하는 `cos_sim` 함수를 구현하고, 세 개의 임의의 벡터에 대해서 상호 유사도를 계산하여 출력합니다. 코사인 유사도는 벡터의 각 위치의 원소가 동일하게 증가하는 경우에는 코사인 유사도 값이 1이라는 특징이 있어 벡터2와 벡터3의 유사도는 최댓값인 1.0이 나왔습니다.

지금까지 텍스트를 벡터로 만드는 임베딩이라는 기술이 있고, 코사인 유사도를 사용하면 두 벡터의 유사도를 구할 수 있다는 내용을 살펴봤습니다. 그렇다면 챗봇을 만드는 데 벡터와 벡터의 유사도 개념이 왜 필요할까요? 이는 앞으로 설명할 사용자의 질의로부터 가장 밀접하게 연관된 문서를 찾는 검색 시스템을 구현하기 위해서입니다.

OpenAI의 Embedding API

이번 절에서는 챗봇에 사용할 검색 시스템의 구조를 이해하기 위해 OpenAI의 Embedding API와 코사인 유사도 개념을 이용하여 아주 간단한 검색 시스템을 구현해 보겠습니다. 코드를 작성할 파일(주피터 노트북)을 생성합니다. VS Code의 왼쪽 EXPLORER에서 마우스 오른쪽 버튼을 클릭하고 [New File]을 클릭해 새로운 파일을 추가합니다. 파일 이름은 ch06_OPENAI_EMBEDDING.ipynb로 지정합니다. 필요한 라이브러리들을 임포트하고 실습 환경에 OpenAI 키 값을 설정합니다.

```python
import os
import numpy as np
from numpy import dot
from numpy.linalg import norm
import pandas as pd
from langchain.embeddings import OpenAIEmbeddings
os.environ['OPENAI_API_KEY'] = "여기에 API 키를 넣어주세요"
```

랭체인의 `OpenAIEmbeddings()`는 OpenAI의 Embedding API를 호출하는 역할을 합니다. 이를 이용하면 주어진 텍스트로부터 OpenAI의 모델을 이용하여 벡터를 만들어 줍니다. 랭체인이 내부적으로 사용하고 있는 해당 API에 대한 자세한 설명은 OpenAI 공식 문서에서 확인할 수 있습니다.

- OpenAI 공식 문서: https://platform.openai.com/docs/guides/embeddings/use-cases

OpenAI에서 제공하는 임베딩 모델은 여러 가지가 있지만 이 책에서는 그중 text-embedding-ada-002 모델을 사용하여 '저는 배가 고파요'라는 문장을 임베딩하여 벡터로 변환하고, 변환한 벡터값을 출력해 보겠습니다. `OpenAIEmbeddings()`로 임베딩 모델 객체인 embeddings를 선언하고 그 후에는 embed_query(사용자의 입력)을 통해 사용자의 입력을 임베딩 벡터로 변환합니다.

```python
embeddings = OpenAIEmbeddings(model="text-embedding-ada-002")
query_result = embeddings.embed_query('저는 배가 고파요')
print(query_result)
```

실행 결과

```
[-0.016397610306739807, -0.021951215341687202, ...중략..., 0.013429985381662846]
```

실행 결과로 다양한 실숫값이 나열된 벡터를 얻었습니다. text-embedding-ada-002 모델은 기본적으로 텍스트를 임베딩하면 총 1,536개의 숫자값이 나열된 벡터로 변환합니다. '저는 배가 고파요'라는 문장도 1,536개의 숫자가 나열된 벡터값으로 변환됐습니다. 위 출력 결과에서는 지면의 한계로 벡터값을 중략해서 표현했습니다. 해당 벡터값들이 어떤 의미인지는 사람이 해석하기는 어렵습니다. 여기서 확인할 수 있는 것은 텍스트가 벡터로 변환됐다는 것과 벡터로 변환하고 나서 벡터 간 코사인 유사도를 구해 유사도가 높은지 테스트할 수 있다는 것입니다.

이제 유사도 테스트를 위해서 6개의 데이터로 구성된 임의의 데이터프레임을 생성해 보겠습니다. 데이터프레임이란 파이썬의 Pandas 라이브러리로 사용할 수 있는 테이블 형태의 데이터를 의미합니다. 비유하자면 프로그래밍 코드로 제어하는 파이썬의 엑셀(Microsoft Excel)이라고 볼 수 있습니다(실제로 행과 열을 가진 데이터프레임은 엑셀과 호환성을 갖고 있어 엑셀 파일을 데이터프레임으로 불러오거나 데이터프레임을 엑셀 파일로 저장하기도 합니다). 다음 코드는 6개의 문장 데이터를 text 열에 할당하여 6행 1열로 구성된 데이터프레임인 df를 만듭니다.

```
data = ['저는 배가 고파요',
        '저기 배가 지나가네요',
        '굶어서 허기가 지네요',
        '허기 워기라는 게임이 있는데 즐거워',
        '스팀에서 재밌는 거 해야지',
        '스팀에어프라이어로 연어구이 해먹을거야']

df = pd.DataFrame(data, columns=['text'])
df
```

	text
0	저는 배가 고파요
1	저기 배가 지나가네요
2	굶어서 허기가 지네요
3	허기 워기라는 게임이 있는데 즐거워
4	스팀에서 재밌는 거 해야지
5	스팀에어프라이어로 연어구이 해먹을거야

각 text 열에 존재하는 텍스트 데이터들을 get_embedding() 함수로 임베딩하여 벡터로 변환하고, 이를 새로운 embedding 열을 만들어 저장합니다.

```
def get_embedding(text):
    return embeddings.embed_query(text)

df['embedding'] = df.apply(lambda row: get_embedding(
        row.text,
    ), axis=1)
df
```

	text	embedding
0	저는 배가 고파요	[-0.01643802598118782, -0.02191298082470894, 0...
1	저기 배가 지나가네요	[-0.002701738616451621, -0.028862077742815018,...
2	굶어서 허기가 지네요	[-0.005840584635734558, -0.007400696165859699,...
3	허기 워기라는 게임이 있는데 즐거워	[-0.01133734080940485, -0.011632755398750305, ...
4	스팀에서 재밌는 거 해야지	[-0.01534667145460844, -0.013917520642280579, ...
5	스팀에어프라이어로 연어구이 해먹을거야	[-0.001999455038458109, -0.029698295518755913,...

데이터프레임 df에서 embedding 열의 값은 각 text 열에 있는 텍스트 데이터를 get_embedding() 함수로 얻은 벡터값입니다. 이제 임의의 입력이 들어오면 위 데이터프레임 df에 존재하는 텍스트 데이터 중에서 가장 의미가 유사한 문장들을 반환하는 검색 시스템을 구현할 것입니다.

cos_sim() 함수는 앞서 살펴본 코사인 유사도를 계산하는 함수 cos_sim을 다시 한번 구현한 것입니다. return_answer_candidate() 함수는 임의의 검색어가 들어오면 해당 검색어를 get_embedding() 함수로 임베딩하여 벡터로 변환하고, query_embedding 변수에 저장합니다. 그다음 현재 데이터프레임 df에 존재하는 모든 embedding 열의 벡터들과 코사인 유사도를 계산하여 코사인 유사도가 가장 높은 상위 3개의 데이터를 찾아 반환합니다.

```python
def cos_sim(A, B):
  return dot(A, B)/(norm(A)*norm(B))

def return_answer_candidate(df, query):
    query_embedding = get_embedding(
        query
    )
    df["similarity"] = df.embedding.apply(lambda x: cos_sim(np.array(x),
                                                            np.array(query_embedding)))
    top_three_doc = df.sort_values("similarity",
                                    ascending=False).head(3)
    return top_three_doc
```

return_answer_candidate() 함수를 사용하여 '아무것도 안 먹었더니 꼬르륵 소리가 나네'라는 문장과 임베딩 벡터값이 가장 유사한 상위 3개의 데이터를 출력해 보겠습니다.

```python
sim_result = return_answer_candidate(df, '아무것도 안 먹었더니 꼬르륵 소리가 나네')
sim_result
```

	text	embedding	similarity
0	굶어서 허기가 지네요	[-0.005840584635734558, -0.007400696165859699,...	0.838547
1	스팀에어프라이어로 연어구이 해먹을거야	[-0.001999455038458109, -0.029698295518755913,...	0.820971
2	저는 배가 고파요	[-0.016438025981118782, -0.02191298082470894, 0...	0.814400

실행 결과를 보면 단어가 거의 겹치지 않는데도 배고픔이나 식사와 관련된 문장들이 있는 데이터가 출력된 것을 확인할 수 있습니다. 이처럼 텍스트 간의 의미적인 유사도를 계산하고자 한다면 Embedding API를 이용해 텍스트를 벡터로 변환하고, 코사인 유사도를 계산하는 것만으로도 꽤 좋은 성능의 검색 시스템을 구현할 수 있습니다.

이번 실습에서는 임베딩과 유사도라는 개념을 이해하기 위해 테이블 형태의 데이터를 다루는 파이썬 패키지인 pandas를 이용하여 실습했지만, 현업에서는 pandas 대신에 벡터 데이터베이스라는 도구를 사용하는 경우가 많습니다. 벡터 데이터베이스에는 Faiss, Chroma 등 다양한 도구가 있는데, 이에 대한 설명과 실습은 6.7절 '벡터 데이터베이스'에서 다룹니다. 이제 이러한 임베딩 검색기가 실제로 RAG 챗봇을 구현하는 데 어떻게 쓰이는지 알아봅시다.

RAG를 이용한 챗봇의 구조

RAG 챗봇은 기본적으로 참고할 문서들을 모두 임베딩하여 벡터로 변환한 후에 가지고 있습니다. 예를 들어 서울시 정책에 대해서 답변하는 RAG 챗봇을 구현한다고 가정해봅시다. 다양한 서울시 정책 문서를 각각 임베딩 벡터로 변환한 다음, 각 문서의 임베딩 벡터를 미리 가지고 있습니다. 여기까지가 챗봇이 실행되기 전에 미리 작업해야 하는 과정입니다.

이후 챗봇을 가동하여 사용자의 질의가 입력으로 들어오면 사용자의 질의를 임베딩하여 벡터로 변환하고, 사용자의 질의 벡터와 이미 임베딩된 서울 정책의 임베딩 벡터들에 대해 각각 유사도를 계산합니다. 예를 들어 그림 6.3과 같이 '신혼부부를 위한 서울 정책이 궁금해'라는 문장이 들어오면 해당 문장을 벡터로 변환하고, 기존의 서울 정책 문서 벡터들과 각각 유사도를 계산하는 과정을 거칩니다. 여기서 벡터의 유사도가 높다는 것은 사용자의 질문인 '신혼부부를 위한 서울 정책'과 관련된 문서일 가능성이 높다는 것을 의미합니다. 수많은 서울 정책 문서에 대해서 유사도 점수를 모두 계산했다면 이 중에서 유사도 점수가 가장 높은 상위 3개의 문서를 선택합니다.

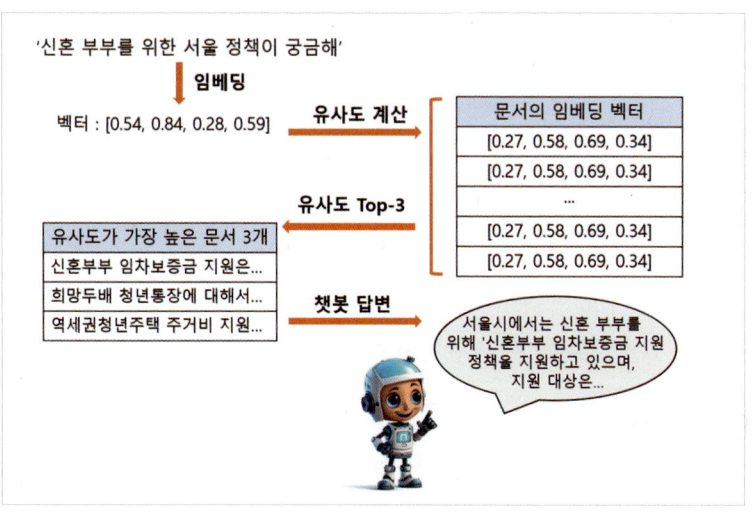

그림 6.3 챗봇의 구조

그 후 적절한 답변을 작성할 수 있도록 3개의 문서를 사용자의 질의 채팅과 함께 ChatGPT API의 프롬프트로 전달합니다. 이제 답변을 잘 정리하는 것은 ChatGPT의 몫입니다. ChatGPT는 3개의 문서를 검토하여 질의에 가장 적절한 답변을 사용자에게 반환하게 됩니다.

그럼 이어서 RAG 챗봇을 구현하기 위한 랭체인의 도구들을 실습하고, 이후 7장에서 실제로 RAG 챗봇을 구현해봅시다.

6.3 ChatOpenAI와 Memory

이번 절에서는 랭체인을 이용해서 ChatGPT를 호출하는 방법에 대해 다룹니다. 먼저 코드를 작성할 파일(주피터 노트북)을 생성합니다. VS Code의 왼쪽 EXPLORER에서 마우스 오른쪽 버튼을 클릭하고, [New File]을 클릭해 새로운 파일을 추가합니다. 파일 이름은 ch06_CHAT_HISTORY.ipynb로 지정합니다. 가장 먼저 실습을 위해 필요한 랭체인 도구들을 임포트합니다.

```python
import os
from langchain_openai import ChatOpenAI
from langchain_core.prompts import PromptTemplate
from langchain_core.runnables.history import RunnableWithMessageHistory
from langchain_community.chat_message_histories import ChatMessageHistory
from langchain_core.tracers.stdout import ConsoleCallbackHandler
```

다음으로 `os.environ['OPENAI_API_KEY']`에 발급받은 OpenAI API 키 값을 입력합니다. 해당 코드는 현재 실습 환경에 OpenAI API 키 값을 세팅한다는 의미입니다.

랭체인 패키지를 통해서도 ChatGPT API를 사용할 수 있는데, `openai` 패키지를 통해 ChatGPT API를 사용하는 방법과 랭체인 패키지를 통해 ChatGPT API를 사용하는 방법은 다릅니다. 랭체인 패키지를 사용해 ChatGPT를 사용하기 위해서는 `ChatOpenAI()`를 이용하여 `llm` 객체를 생성해야 합니다. 이때 `openai` 패키지로 ChatGPT API를 사용할 때와 마찬가지로 `ChatOpenAI()` 내부에 다양한 설정값들을 세팅할 수 있습니다.

예를 들어, `temperature`는 ChatGPT에게 무작위성 또는 창의성을 주는 파라미터로서 0~2 사이의 값을 가지며, 0에 가까울수록 LLM은 사실적인 답변을 내놓고, 2에 가까울수록 의외의 답변을 내놓습니다. `max_tokens`는 ChatGPT의 답변의 길이를 조절하는 값이며, `model_name`은 다양한 ChatGPT 모델 중 사용하고자 하는 모델의 이름을 설정하는 곳입니다. 이 파라미터들은 랭체인이 아니라 `openai` 패키지를 통해 ChatGPT를 사용할 때도 사용할 수 있는 동일한 파라미터들입니다.

이렇게 선언된 `llm` 객체는 `invoke()`를 통해 사용자의 질문을 전달하고 답변을 얻을 수 있습니다. 다음 코드에서는 "세종대왕이 누구인지 설명해주세요"라는 질문을 던지고 답변을 출력합니다. `invoke()`를 통해 얻은 답변을 `result`에 저장하고, 답변을 출력하기 위해서는 `.content`를 `result` 뒤에 붙여서 출력합니다.

```python
os.environ['OPENAI_API_KEY'] = "여기에 API 키를 넣어주세요"

# 객체 생성
llm = ChatOpenAI(
```

```
    temperature=0.1,  # 창의성 (0.0 ~ 2.0)
    max_tokens=2048,  # 최대 토큰수
    model_name="gpt-3.5-turbo",  # 모델명
)

# 질의내용
question = "세종대왕이 누구인지 설명해주세요"

# 질의
result = llm.invoke(question)
print(result.content)
```

실행 결과

> 세종대왕은 조선시대 4대 왕 중 한 명으로, 조선시대의 제4대 군주로 알려져 있습니다.
> 세종대왕은 1418년에 태어나 1450년부터 1455년까지 조선의 왕위에 오르게 되었습니다. 그는
> 조선시대를 대표하는 왕 중 한 명으로, 한글을 창제하고 과학기술, 문화, 교육 등 다양한
> 분야에서 혁신적인 업적을 이루었습니다. 세종대왕은 한글 창제를 통해 국민들의 교육을 촉진하고,
> 과학기술 발전을 위해 다양한 연구를 진행했습니다. 또한 세종대왕은 훈민정음, 세종실록 등
> 다양한 문화유산을 남기며 조선시대의 발전에 크게 기여한 왕으로 기억되고 있습니다.

ChatGPT에게 좀 더 복잡한 프롬프트를 전달하기 위해서 랭체인에서는 프롬프트 템플릿이라는 것을 사용합니다. 프롬프트 템플릿이란 말 그대로 ChatGPT에게 입력을 전달하는 프롬프트의 템플릿을 만들어두는 것을 의미합니다. 프롬프트 템플릿에서는 일종의 변수(variables)를 만들어두고, 정해진 템플릿 내에서 변수만 변경하여 ChatGPT에게 입력을 전달하는 것이 가능합니다. 예를 들어, {who}라는 변수를 두고, "{who}가 누구인지 설명해주세요"라는 템플릿을 만든다고 해봅시다. 이제 해당 템플릿에서 {who}라는 변수만 계속 변경하여 ChatGPT에게 입력을 전달할 수 있습니다.

다음은 프롬프트 템플릿을 만드는 과정입니다. 먼저 {}로 감싼 변수를 두고, 템플릿을 만들어 template이라는 문자열에 저장한 뒤, PromptTemplate()에 template의 인자값으로 전달합니다. 그리고 사용할 변수명은 input_variables의 값으로 전달합니다.

```
# 질문 템플릿 형식 정의
template = "{who}가 누구인지 설명해주세요"
```

```
# 템플릿 완성
prompt = PromptTemplate(
    template=template, input_variables=['who']
)
print(prompt)
```

실행 결과

```
input_variables=['who'] template='{who}가 누구인지 설명해주세요'
```

이렇게 만들어진 프롬프트 템플릿에 .format()을 명시적으로 추가하면 프롬프트 완성본을 미리 볼 수 있습니다.

```
print(prompt.format(who="오바마"))
```

실행 결과

```
오바마가 누구인지 설명해주세요
```

이렇게 만들어진 프롬프트 템플릿은 ChatOpenAI()를 통해 생성한 llm 객체와 연결할 수 있습니다. 직접 ChatGPT를 호출하는 llm 객체와 프롬프트 템플릿을 연결하는 매개체를 랭체인에서는 개념적으로 체인(Chain)이라고 부릅니다. 체인을 생성하는 방법은 간단한데, 프롬프트 템플릿과 llm 객체 사이에 prompt | llm과 같이 |(파이프)를 추가하는 것입니다. 이는 프롬프트를 모델에 전달한다는 의미를 담고 있습니다. 이렇게 생성된 llm_chain 객체는 앞서 llm 객체와 마찬가지로 invoke()를 통해 ChatGPT에게 입력을 전달할 수 있습니다. 이번에는 프롬프트 템플릿을 사용하고 있으므로 프롬프트 템플릿의 변수 값도 전달해 줍니다. 여기서는 who의 값으로 "이순신 장군"을 전달했습니다. 프롬프트 템플릿이 "{who}가 누구인지 설명해주세요"라는 템플릿을 갖고 있으므로 결과적으로 ChatGPT에는 "이순신 장군가 누구인지 설명해주세요"라는 입력이 전달됩니다.

```
# 연결된 체인 생성
llm_chain = prompt | llm
result = llm_chain.invoke({"who":"이순신 장군"})
print(result.content)
```

실행 결과

이순신 장군은 조선시대의 무신이자 미신으로 유명한 역사적 인물입니다. 그는 16세기 말부터 17세기 초에 활약한 조선의 장군으로, 일본의 침략을 막기 위해 전쟁을 이끌었습니다. 특히, 임진왜란에서 일본의 강력한 공격을 막고 해군 전투에서 승리를 거둬 조선의 독립을 지켜냈습니다. 이순신 장군은 그의 뛰어난 전략과 냉정한 판단력으로 많은 사람들에게 존경받고 있으며, 한국 역사상 가장 위대한 장군 중 한 명으로 꼽힙니다.

llm_chain으로 invoke()를 실행할 때 실제 전달되는 프롬프트 또한 출력 결과로 확인하고 싶다면 invoke()를 호출할 때 config={'callbacks': [ConsoleCall backHandler()]}를 사용하면 됩니다.

```
result = llm_chain.invoke({"who":"이순신 장군"},
                         config={"callbacks": [ConsoleCallbackHandler()]})
```

실행 결과

```
chain/start] [chain:RunnableSequence] Entering Chain run with input:
{
  "who": "이순신 장군"
}
[chain/start] [chain:RunnableSequence > prompt:PromptTemplate] Entering Prompt run with input:
{
  "who": "이순신 장군"
}
[chain/end] [chain:RunnableSequence > prompt:PromptTemplate] [3ms] Exiting Prompt run with output:
[outputs]
[llm/start] [chain:RunnableSequence > llm:ChatOpenAI] Entering LLM run with input:
{
  "prompts": [
    "Human: 이순신 장군가 누구인지 설명해주세요"
  ]
}
[llm/end] [chain:RunnableSequence > llm:ChatOpenAI] [4.08s] Exiting LLM run with output:
…생략…
```

```
[chain/end] [chain:RunnableSequence] [4.09s] Exiting Chain run with output:
[outputs]
```

답변을 얻기까지의 다양한 과정을 출력하는데 목적이 있는 코드이기 때문에 다양한 정보가 출력되는데, 그중 "prompts"에 해당하는 부분이 실제 ChatGPT에 전달된 프롬프트이며, 여기서는 "Human: 이순신 장군가 누구인지 설명해주세요"라는 프롬프트가 전달되었습니다.

이번에는 과거 대화 내역을 반영하여 ChatGPT와 대화할 수 있는 RunnableWithMessageHistory()에 대해 알아봅시다. 우선 history와 input이라는 두 개의 변수를 가지는 새로운 프롬프트 템플릿을 선언합니다. 이때 history는 과거의 대화 내역을 지속적으로 누적할 변수입니다. input은 사용자의 최근 입력이 들어갈 변수입니다. 다시 말해 사용자가 ChatGPT와 대화를 하면 할수록 사용자의 입력과 ChatGPT의 답변을 포함한 모든 기록은 아래 템플릿에서 {history}에 누적되며, 현재의 입력하는 질문은 {input}에 들어가서 완성된 프롬프트가 ChatGPT에게 전달됩니다. ChatGPT는 이러한 프롬프트를 통해서 현재의 질문과 이전의 모든 대화 내역을 바탕으로 답변할 수 있습니다.

```
# 프롬프트 템플릿 생성
template = """아래는 사람과 AI의 친근한 대화입니다. AI의 이름은 위키북스봇입니다. 대화 문맥을 바탕으로 친절한 답변을 진행하세요.

Current Conversation:
{history}
```

```
llm = ChatOpenAI(model_name="gpt-3.5-turbo")
chain = prompt | llm
```

여기서 챗봇을 구현할 때 중요한 개념 중 하나인 '세션'에 대해서 설명해보겠습니다. 세션은 하나의 연속된 대화를 의미합니다. 예를 들어, 한 사용자가 챗봇과 대화를 시작해서 끝낼 때까지가 하나의 세션입니다. 세션을 사용하면 여러 사용자가 동시에 챗봇과 대화할 때 각 대화를 독립적으로 관리할 수 있습니다.

세션은 온라인 채팅에서 각각의 독립적인 대화를 구분하는 개념입니다. 예를 들어,

1. 사용자 A가 챗봇과 대화를 시작합니다. 이것이 세션 1입니다.
2. 동시에 사용자 B도 같은 챗봇과 대화를 시작합니다. 이는 세션 2가 됩니다.
3. 챗봇은 각 세션의 대화 내용을 따로 기억하고 관리합니다.

이렇게 함으로써

- 여러 사용자가 동시에 챗봇을 사용할 수 있습니다.
- 챗봇은 각 사용자와의 대화 맥락을 헷갈리지 않고 유지할 수 있습니다.
- 한 사용자의 대화가 다른 사용자의 대화에 영향을 주지 않습니다.

코드에서 store 딕셔너리와 session_id가 이 기능을 구현하는 데 사용됩니다. store 딕셔너리는 여러 세션의 대화들을 관리합니다. 각 세션을 독립적으로 저장하기 위해서 딕셔너리의 키는 session_id이고, 딕셔너리의 값은 해당 세션의 대화 기록입니다. 이를 통해 여러 사용자와 동시에 독립적인 대화를 관리할 수 있습니다. 여기서는 "test"라는 session_id를 생성하여 해당 세션 내에서 대화를 진행해보겠습니다.

```
store = {}
session_id = "test"
```

if session_id not in store: 조건문은 현재 session_id가 store 딕셔너리에 키로 존재하지 않는 경우를 확인합니다. 다시 말해 store 딕셔너리에 "test"라

는 session_id가 아직 존재하지 않는 경우를 확인하며, 만약 아직 존재하지 않는다면 ChatMessageHistory()는 새로운 대화 기록 객체를 생성합니다. session_history = store[session_id]는 현재 세션의 대화 기록을 session_history 변수에 할당합니다. 새 세션이었다면 방금 생성된 빈 ChatMessageHistory() 객체가 할당됩니다. 기존 세션이었다면 이전에 저장된 대화 기록 객체가 할당됩니다. 현재 코드가 실행되는 시점에서는 "test"라는 session_id는 신규 세션이므로 빈 ChatMessageHistory() 객체가 할당될 것입니다.

```
if session_id not in store:
    store[session_id] = ChatMessageHistory()
session_history = store[session_id]
```

실제 호출할 때는 RunnableWithMessageHistory()를 사용합니다. 입력으로 앞서 생성한 chain, session_history, 그리고 프롬프트 템플릿에서 사용자의 입력에 사용할 변수인 "input"과 이전 대화를 저장할 변수인 "history"를 지정하여 모두 연결해주는 역할을 합니다.

```
with_message_history = RunnableWithMessageHistory(
    chain,
    lambda session_id: session_history,
    input_messages_key="input",
    history_messages_key="history"
)
```

이렇게 생성된 RunnableWithMessageHistory() 객체는 앞서 실습한 체인과 마찬가지로 invoke()를 사용하여 호출합니다. 단, 해당 입력이 어떤 세션에서 사용되는지를 명시적으로 알려주기 위해서 config={"configurable": {"session_id": "현재 질문이 어떤 세션에서 이루어지는지를 알려주는 세션 id"}를 함께 전달해야 합니다. 챗봇에게 어디에서 만들어졌는지 질문을 해보겠습니다.

```
result = with_message_history.invoke(
    {"input": "당신은 어디에서 만들었습니까?"},
```

```
        config={"configurable": {"session_id": "test"}},
)
print(result.content)
```

실행 결과

저는 위키북스에서 만들어진 친절한 위키봇입니다. 어떤 도움이 필요하신가요?

앞서 생성한 프롬프트 템플릿이 적용되어져 있으므로 위키북스에서 만들어졌다는 답변을 합니다. 이어서 푸른 바다를 주제로 시를 지어달라는 요청을 해봅시다.

```
result = with_message_history.invoke(
    {"input": "푸른 바다를 주제로 감성적이고 짧은 시를 하나 지어주세요"},
    config={"configurable": {"session_id": "test"}},
)
print(result.content)
```

실행 결과

푸른 바다 너머로 떠나는 발걸음
파도 소리가 내 귓가에 퍼지는 순간
고요한 감성이 내 맘을 감싸 안아줘

이번에는 석양을 주제로도 해달라는 요청을 해봅시다. 이번 요청에서는 정확하게 무엇을 해달라고는 명시하지 않았습니다. 만약 이전 대화를 잘 기억하고 있다면 짧은 시를 지어달라는 요청임을 알고 석양을 주제로 짧은 시를 지어줄 것입니다.

```
result = with_message_history.invoke(
    {"input": "석양을 주제로도 해줘"},
    config={"configurable": {"session_id": "test"}},
)
print(result.content)
```

실행 결과

붉게 물든 석양이 하늘을 덮치고   \n마음을 가득 채우는 아름다움   \n저 하늘 아래 아무것도 필요치 않아

정상적으로 시를 작성합니다. 앞서 확인했던 프롬프트 템플릿에서 {history}의 위치. 즉, Current Conversation: 다음에 앞서 대화했던 내용이 누적되어 전달되었고, 과거 대화 내역을 바탕으로 석양을 주제로 삼행시를 지어 답변해주는 것을 확인할 수 있습니다. 이번에는 각 session_id별로 대화 기록을 저장하는 store를 출력해봅시다.

print(store)

실행 결과

```
{'test':
InMemoryChatMessageHistory(messages=[
HumanMessage(content='당신은 어디에서 만들었습니까?'),
AIMessage(content='저는 위키북스에서 만들어진 친절한 위키봇입니다. 어떤 도움이
필요하신가요?', response_metadata={'token_usage': {'completion_tokens': 44,
'prompt_tokens': 57, 'total_tokens': 101}, 'model_name': 'gpt-3.5-turbo-0125',
'system_fingerprint': None, 'finish_reason': 'stop', 'logprobs': None}, id='run-
00b45b05-a537-448d-847b-b242ad26ffed-0', usage_metadata={'input_tokens': 57,
'output_tokens': 44, 'total_tokens': 101}),

HumanMessage(content='푸른 바다를 주제로 감성적이고 짧은 시를 하나 지어주세요'),
AIMessage(content='푸른 바다 너머로 떠나는 발걸음    \n파도 소리가 내 귓가에 퍼지는
순간    \n고요한 감성이 내 맘을 감싸 안아줘', response_metadata={'token_usage':
{'completion_tokens': 63, 'prompt_tokens': 252, 'total_tokens': 315},
'model_name': 'gpt-3.5-turbo-0125', 'system_fingerprint': None, 'finish_reason':
'stop', 'logprobs': None}, id='run-5e701e99-54f6-4e5c-87d8-8f99a7b54040-0',
usage_metadata={'input_tokens': 252, 'output_tokens': 63, 'total_tokens': 315}),

HumanMessage(content='석양을 주제로도 해줘'),
AIMessage(content='붉게 물든 석양이 하늘을 덮히고    \\n마음을 가득 채우는 아름다움
\\n저 하늘 아래 아무것도 필요치 않아', response_metadata={'token_usage':
{'completion_tokens': 62, 'prompt_tokens': 464, 'total_tokens': 526},
'model_name': 'gpt-3.5-turbo-0125', 'system_fingerprint': None, 'finish_reason':
'stop', 'logprobs': None}, id='run-e64b3450-0bee-4dd2-b728-a8be1c1888cd-0',
usage_metadata={'input_tokens': 464, 'output_tokens': 62, 'total_tokens': 526})])}
```

"test"라는 key 값에 앞서 대화했던 모든 기록들이 저장되어 있습니다. 사용자의 입력은 HumanMessage(content='내용')에 저장되어 있고, 그에 대한 답변은 AIMessage(content='내용')에 저장되어 있습니다.

6.4 길이로 분할하는 RecursiveCharacterTextSplitter

ChatGPT 같은 언어 모델들은 기본적으로 입력 길이가 제한되어 있어 정해진 입력 길이를 넘는 문서는 한 번에 입력으로 넣을 수 없습니다. 또는 정해진 입력 길이를 넘지는 않더라도 너무 긴 입력에 대해서는 언어 모델이 검토해야 할 문서의 양이 너무 길어서 답변의 정확도가 떨어지는 경우가 있습니다. 실제로 이 다음에 진행할 실습인 7장이나 9장에서는 이와 같은 이유로 초기의 긴 입력 문서를 작게 분할하여 처리할 것입니다. 여기서는 랭체인에서 제공하는 텍스트를 자르는 도구를 알아봅니다.

가장 먼저 소개할 도구는 랭체인에서 가장 많이 사용되는 텍스트 분할기인 RecursiveCharacterTextSplitter입니다. 이 도구는 긴 길이의 텍스트를 받아 더 짧은 단위의 텍스트 청크(chunk)로 특정 규칙에 따라 반복, 분할하는 도구입니다. 이렇게 텍스트를 나누는 작업을 수행할 때는 일반적으로 사용자가 각 청크의 최대 길이를 정해줍니다. 예를 들어, 길이가 10,000인 텍스트가 있다고 해봅시다. 사용자가 각 청크의 최대 길이를 500으로 정하면 길이 10,000의 텍스트는 길이 500을 넘지 않는 다수의 청크로 분할돼야 합니다. 그리고 각 청크가 사용자가 정한 최대 길이를 넘지 않도록 쪼개기 위해 내부적으로 분할 기준이 되는 문자들을 사용하는데, 기준이 되는 문자는 ["\n\n", "\n", " ", ""]으로 4개입니다.

이 텍스트 분할기의 동작 방식을 설명해보겠습니다. 먼저 입력받은 긴 길이의 텍스트를 첫 번째 문자인 \n\n(두 번의 줄바꿈)을 기준으로 나누려고 시도합니다. 만약 이렇게 나눈 결과로 얻은 청크들이 여전히 원하는 청크 길이보다 크다면 다음 문자인 \n(한 번의 줄바꿈)을 기준으로 다시 나누기를 시도합니다. 이렇게 나눈 결과도 여전히 지정된 청크 크기를 초과한다면 원하는 크기의 청크를 얻을 때까지 이제 다음 문자인 " "를 사용하고, 이러한 작업을 반복하며 분할을 진행합니다. 결국 RecursiveCharacterTextSplitter는 텍스트를 점진적으로 더 작은 단위로 쪼개어 최종적으로 사용자가 원하는 크기에 근사한 청크들을 얻을 때까지 나누기를 반복합니다.

이번에는 실습을 통해 RecursiveCharacterTextSplitter를 사용해 봅시다. VS Code의 왼쪽 EXPLORER에서 마우스 오른쪽 버튼을 클릭하고, [New File]을 클릭해 새로운 파일을 추가합니다. 파일 이름은 ch06_RECURSIVE_TEXT_SPLITTER.ipynb로 지정합니다. 가장 먼저 실습을 위해 필요한 랭체인 도구들을 임포트합니다.

```python
import urllib.request
from langchain.text_splitter import RecursiveCharacterTextSplitter
```

실습을 위해 굉장히 긴 길이를 가진 텍스트를 다운로드하고 길이를 출력합니다.

```python
urllib.request.urlretrieve("https://raw.githubusercontent.com/lovit/soynlp/master/tutorials/2016-10-20.txt", filename="2016-10-20.txt")

with open("2016-10-20.txt", encoding="utf-8") as f:
    file = f.read()
print('텍스트의 길이:', len(file))
```

실행 결과

```
텍스트의 길이: 18085369
```

텍스트의 길이가 18,085,369로, 일반적으로 ChatGPT 같은 언어 모델에 한 번에 넣을 수 없는 굉장히 긴 길이의 텍스트입니다. 이제 이 텍스트를 ChatGPT 같은 언어 모델이 처리할 수 있는 적당한 길이로 분할해봅시다. RecursiveCharacterTextSplitter()를 이용하여 텍스트를 분할하는 text_splitter 객체를 만듭니다. 이때 chunk_size의 값을 500으로 지정하면 앞으로 text_splitter로 텍스트를 분할할 때 각 분할된 청크는 길이가 500을 결코 넘지 않습니다. chunk_overlap은 텍스트를 분할할 때 각 청크가 내용을 얼만큼 겹치게 할 것인지를 정하는 값으로 0을 지정하면 각 청크의 내용이 겹치지 않습니다.

```python
text_splitter = RecursiveCharacterTextSplitter(chunk_size=500, chunk_overlap=0)
```

이렇게 선언된 text_splitter로 파이썬 문자열을 분할할 때는 create_documents()를 사용합니다.

```python
texts = text_splitter.create_documents([file])
print('분할된 청크의 수:', len(texts))
```

실행 결과

분할된 청크의 수: 47068

47,068개의 청크로 분할되었습니다. 1번 청크를 출력하여 그 결과를 확인해봅시다.

texts[1]

실행 결과

Document(page_content='오패산터널 총격전 용의자 검거 서울 연합뉴스 경찰 관계자들이 19일 오후 서울 강북구 오패산 터널 인근에서 사제 총기를 발사해 경찰을 살해한 용의자 성모씨를 검거하고 있다 성씨는 검거 당시 서바이벌 게임에서 쓰는 방탄조끼에 헬멧까지 착용한 상태였다 독자제공 영상 캡처 연합뉴스 서울 연합뉴스 김은경 기자 사제 총기로 경찰을 살해한 범인 성모 46 씨는 주도면밀했다 경찰에 따르면 성씨는 19일 오후 강북경찰서 인근 부동산 업소 밖에서 부동산업자 이모 67 씨가 나오기를 기다렸다 이씨와는 평소에도 말다툼을 자주 한 것으로 알려졌다 이씨가 나와 걷기 시작하자 성씨는 따라가면서 미리 준비해온 사제 총기를 이씨에게 발사했다 총알이 빗나가면서 이씨는 도망갔다 그 빗나간 총알은 지나가던 행인 71 씨의 배를 스쳤다 성씨는 강북서 인근 치킨집까지 이씨 뒤를 쫓으며 실랑이하다 쓰러뜨린 후 총기와 함께 가져온 망치로 이씨 머리를 때렸다 이 과정에서 오후 6시 20분께 강북구 번동 길 위에서')

출력 결과를 보면 Document(page_content="텍스트")의 형태를 가집니다. 이 형태는 랭체인을 이용하여 텍스트를 다수의 청크로 분할했을 때 갖게 되는 형태로, 앞으로 랭체인 실습을 하면서 자주 보게 될 형태이므로 기억해둡시다. 이때 원문에 접근하려면 각 청크에 .page_content를 붙여서 출력하면 됩니다.

texts[1].page_content

실행 결과

오패산터널 총격전 용의자 검거 서울 연합뉴스 경찰 관계자들이 19일 오후 서울 강북구 오패산 터널 인근에서 사제 총기를 발사해 경찰을 살해한 용의자 성모씨를 검거하고 있다 성씨는 검거 당시 서바이벌 게임에서 쓰는 방탄조끼에 헬멧까지 착용한 상태였다 독자제공 영상 캡처 연합뉴스 서울 연합뉴스 김은경 기자 사제 총기로 경찰을 살해한 범인 성모 46 씨는 주도면밀했다 경찰에 따르면 성씨는 19일 오후 강북경찰서 인근 부동산 업소 밖에서 부동산업자 이모 67 씨가 나오기를 기다렸다 이씨와는 평소에도 말다툼을 자주 한 것으로 알려졌다 이씨가 나와 걷기 시작하자 성씨는 따라가면서 미리 준비해온 사제 총기를 이씨에게 발사했다 총알이 빗나가면서 이씨는 도망갔다 그 빗나간 총알은 지나가던 행인 71 씨의 배를 스쳤다 성씨는 강북서 인근 치킨집까지 이씨 뒤를 쫓으며 실랑이하다 쓰러뜨린 후 총기와 함께 가져온 망치로 이씨 머리를 때렸다 이 과정에서 오후 6시 20분께 강북구 번동 길 위에서

이번에는 2번 청크를 출력해봅시다.

`texts[2].page_content`

실행 결과

사람들이 싸우고 있다 총소리가 났다 는 등의 신고가 여러건 들어왔다 5분 후에 성씨의 전자발찌가 훼손됐다는 신고가 보호관찰소 시스템을 통해 들어왔다 성범죄자로 전자발찌를 차고 있던 성씨는 부엌칼로 직접 자신의 발찌를 끊었다 용의자 소지 사제총기 2정 서울 연합뉴스 임헌정 기자 서울 시내에서 폭행 용의자가 현장 조사를 벌이던 경찰관에게 사제총기를 발사해 경찰관이 숨졌다 19일 오후 6시28분 강북구 번동에서 둔기로 맞았다 는 폭행 피해 신고가 접수돼 현장에서 조사하던 강북경찰서 번동파출소 소속 김모 54 경위가 폭행 용의자 성모 45 씨가 쏜 사제총기에 맞고 쓰러진 뒤 병원에 옮겨졌으나 숨졌다 사진은 용의자가 소지한 사제총기 신고를 받고 번동파출소에서 김창호 54 경위 등 경찰들이 오후 6시 29분께 현장으로 출동했다 성씨는 그사이 부동산 앞에 놓아뒀던 가방을 챙겨 오패산 쪽으로 도망간 후였다 김 경위는 오패산 터널 입구 오른쪽의 급경사에서 성씨에게 접근하다가 오후 6시

chunk_overlap의 값이 0이었으므로 1번 청크와 2번 청크는 내용이 겹치지 않고, 1번 청크 다음 내용이 2번 청크로 이어집니다. 1번 청크와 2번 청크 모두 길이를 출력해보 겠습니다.

```
print('1번 청크의 길이:', len(texts[1].page_content))
print('2번 청크의 길이:', len(texts[2].page_content))
```

실행 결과

```
1번 청크의 길이: 498
2번 청크의 길이: 496
```

chunk_size의 값이 500이었으므로 두 개의 청크 모두 길이가 500을 넘지 않습니다. 이 번에는 chunk_overlap을 이해하기 위해서 chunk_overlap의 값을 50으로 변경하여 text_splitter를 다시 선언하고 create_documents()를 사용하여 다수의 청크로 분할해보겠습니다.

```python
text_splitter = RecursiveCharacterTextSplitter(chunk_size=500, chunk_overlap=50)
texts = text_splitter.create_documents([file])
print('분할된 청크의 수:', len(texts))
```

실행 결과

분할된 청크의 수: 48670

48,670개의 청크로 분할되었습니다. 1번 청크와 2번 청크를 출력하여 그 결과를 확인해 봅시다.

```
texts[1].page_content
```

실행 결과

오패산터널 총격전 용의자 검거 서울 연합뉴스 경찰 관계자들이 19일 오후 서울 강북구 오패산 터널 인근에서 사제 총기를 발사해 경찰을 살해한 용의자 성모씨를 검거하고 있다 성씨는 검거 당시 서바이벌 게임에서 쓰는 방탄조끼에 헬멧까지 착용한 상태였다 독자제공 영상 캡처 연합뉴스 서울 연합뉴스 김은경 기자 사제 총기로 경찰을 살해한 범인 성모 46 씨는 주도면밀했다 경찰에 따르면 성씨는 19일 오후 강북경찰서 인근 부동산 업소 밖에서 부동산업자 이모 67 씨가 나오기를 기다렸다 이씨와는 평소에도 말다툼을 자주 한 것으로 알려졌다 이씨가 나와 걷기 시작하자 성씨는 따라가면서 미리 준비해온 사제 총기를 이씨에게 발사했다 총알이 빗나가면서 이씨는 도망갔다 그 빗나간 총알은 지나가던 행인 71 씨의 배를 스쳤다 성씨는 강북서 인근 치킨집까지 이씨 뒤를 쫓으며 실랑이하다 쓰러뜨린 후 총기와 함께 가져온 망치로 이씨 머리를 때렸다   이 과정에서 오후 6시 20분께 강북구 번동 길 위에서

```
texts[2].page_content
```

실행 결과

망치로 이씨 머리를 때렸다   이 과정에서 오후 6시 20분께 강북구 번동 길 위에서 사람들이 싸우고 있다 총소리가 났다 는 등의 신고가 여러건 들어왔다 5분 후에 성씨의 전자발찌가 훼손됐다는 신고가 보호관찰소 시스템을 통해 들어왔다 성범죄자로 전자발찌를 차고 있던 성씨는 부엌칼로 직접 자신의 발찌를 끊었다   용의자 소지 사제총기 2정 서울 연합뉴스 임헌정 기자 서울 시내에서 폭행 용의자가 현장 조사를 벌이던 경찰관에게 사제총기를 발사해 경찰관이 숨졌다 19일 오후 6시28분 강북구 번동에서 둔기로 맞았다 는 폭행 피해 신고가 접수돼 현장에서 조사하던 강북경찰서 번동파출소 소속 김모 54 경위가 폭행 용의자 성모 45 씨가 쏜 사제총기에 맞고 쓰러진 뒤 병원에 옮겨졌으나 숨졌다 사진은 용의자가 소지한 사제총기 신고를 받고 번동파출소에서 김창호 54 경위 등 경찰들이 오후 6시 29분께 현장으로 출동했다 성씨는 그사이 부동산 앞에 놓아뒀던 가방을 챙겨 오패산 쪽으로 도망간 후였다

chunk_overlap의 값을 50으로 설정하면 기본적으로 각 청크는 앞, 뒤 청크 간 길이가 약 50 정도의 내용이 겹치도록 구성됩니다. 실제로 청크 1번의 마지막과 청크 2번의 시작은 '망치로 이씨 머리를 때렸다 이 과정에서 오후 6시 20분께 강북구 번동 길 위에서'라는 문장이 겹치도록 구성되어 있습니다.

지금까지 RecursiveCharacterTextSplitter()를 통해 분할된 청크들을 보면 어떠한 문맥을 파악하여 문맥 단위로 분할하는 것이 아니라 기본적으로 길이에 맞추어 분할하므로 내용이 중간에 전개되다가 갑자기 끊긴다는 느낌을 받습니다. 이러한 분할 방식은 빠른 분할 결과를 얻을 수는 있지만 내용의 완결성이 없는 청크들로 인해 뒤에서 배우게 될 RAG(Retrieval-Augmented Generation) 챗봇을 개발할 때 완결성 없는 청크들이 입력으로 전달되어 챗봇의 성능 저하 이슈를 발생시킵니다.

이러한 문제를 개선하기 위해서 많은 회사에서 텍스트를 짧은 청크로 분할할 때 의미를 파악하여 문맥 단위로 분할하려는 노력을 하고 있으며 랭체인에서도 이러한 기능을 제공하고 있습니다.

이제 RecursiveCharacterTextSplitter()와는 달리 텍스트의 의미를 반영하여 분할하는 SemanticChunker()에 대해 알아봅시다.

6.5 의미로 분할하는 SemanticChunker

SemanticChunker는 RecursiveCharacterTextSplitter와 마찬가지로 긴 길이의 텍스트를 받아 더 짧은 단위 텍스트 청크로 분할하는 도구입니다. 다만, 앞서 설명했던 OpenAI의 Embedding API를 사용하여 각 문장을 임베딩 벡터로 변환하고 유사도를 구해서 유사한 문장끼리 그룹화하는 방식으로 동작합니다. 이렇게 분리된 청크들은 RecursiveCharacterTextSplitter와는 달리 어느 정도 문맥의 의미가 고려되어 청크들이 분할된다는 특징이 있습니다.

VS Code의 왼쪽 EXPLORER에서 마우스 오른쪽 버튼을 클릭하고, [New File]을 클릭해 새로운 파일을 추가합니다. 파일 이름은 ch06_SEMANTIC_TEXT_SPLITTER.ipynb로 지정합니다. 가장 먼저 실습을 위해 필요한 랭체인 도구들을 임포트합니다. 내부적으로 OpenAI Embedding API를 사용하고 있으므로 OpenAIEmbeddings와 SemanticChunker를 임포트하고, 사용자의 OpenAI API 키 값을 현재 실습 환경에 세팅합니다.

```
import os
import urllib.request
from langchain_openai.embeddings import OpenAIEmbeddings
from langchain_experimental.text_splitter import SemanticChunker

os.environ['OPENAI_API_KEY'] = "여기에 API 키를 넣어주세요"
```

OpenAI의 Embedding API는 기본적으로 유료이므로 너무 긴 텍스트로 실습하지 않기를 권장합니다. 여기서는 이 책에서 제공하는 간단한 텍스트를 활용합니다. 이 책의 코드 저장소로부터 test.txt 파일을 다운로드하고 이를 읽어서 길이를 확인합니다.

```
urllib.request.urlretrieve("https://raw.githubusercontent.com/chatgpt-kr/openai-api-tutorial/main/ch06/test.txt", filename="test.txt")

with open("test.txt", encoding="utf-8") as f:
    file = f.read()
print('텍스트의 길이:', len(file))
```

실행 결과

```
텍스트의 길이: 7460
```

7,460의 길이를 가진 텍스트입니다. 이제 SemanticChunker를 이용하여 텍스트를 분할해봅시다. 객체를 만드는 것과 분할하는 방법은 RecursiveCharacterTextSplitter()와 거의 동일합니다. SemanticChunker()를 이용하여 텍스트를 분할하는 text_splitter 객체를 만듭니다. 이때 OpenAIEmbeddings()를 전달하여 OpenAI의 Embedding API를 사용한다는 것을 명시합니다.

```
text_splitter = SemanticChunker(OpenAIEmbeddings())
texts = text_splitter.create_documents([file])
print('분할된 청크의 수:', len(texts))
```

실행 결과

분할된 청크의 수: 10

　총 10개의 청크로 분할되었습니다. 임의로 4번, 5번, 6번 청크를 출력하여 실제로 문맥이 바뀌는 구간을 포착하여 분할되는지 확인해보겠습니다.

texts[4]

실행 결과

Document(page_content='그의 끈기와 열정은 주위 사람들에게 큰 귀감이 되었다. 교수들은 그를 "우리 학과의 보물"이라고 불렀고, 후배들은 그에게 조언을 구하기 위해 줄을 섰다. 졸업할 때 그는 학과 수석의 영예를 안았다. 직업과 해외 진출 시도\n서울대를 졸업한 박민호는 큰 꿈을 안고 여러 IT 기업에 지원했다. 그는 자신의 능력을 인정받아 대기업에 입사할 수 있을 거라 믿었다.')

　우선, 출력 결과를 보면 Document(page_content="텍스트")의 형태를 가집니다. 앞서 언급했듯이 랭체인에서 문서를 청크로 분할했을 때 자주 보게 되는 형태이므로 기억해둡시다. 4번 청크의 경우, 박민호라는 인물이 좋은 평판으로 졸업하여 IT 기업에 지원했다는 설명이 있습니다. 그리고 이어지는 5번 청크는 다음과 같이 4번 청크의 결말에서의 기대감과는 달리, 취업이 어려웠다는 내용을 담고 있습니다. 이는 5번 청크가 4번 청크의 내용에서 반전이 되는 내용이므로 적절하게 의미가 달라질 때 잘라냈다고 볼 수도 있을 것입니다.

texts[5]

실행 결과

Document(page_content='그러나 현실은 냉혹했다. 연이은 탈락 통지에 그는 좌절감을 느꼈다. "내가 부족한 걸까?" 자신을 의심하기 시작했다. 결국 그는 작은 스타트업에서 일하기 시작했다. 급여는 많지 않았지만, 다양한 경험을 쌓을 수 있었다. 그는 이 시기를 자신의 실력을 갈고닦는 기회로 삼았다. 밤을 새워가며 새로운 기술을 익혔고, 회사 프로젝트에 혁신적인 아이디어를 제안했다. 2년이 지나자 그의 노력이 빛을 발하기 시작했다. 그가 개발한 알고리즘이 업계의 주목을 받게 된 것이다. 여러 기업에서 그에게 이직 제안을 해왔고, 그는 더 큰 회사로 옮길 수 있었다. 그러나 여전히 그의 꿈은 더 컸다. 그는 세계적인 IT 기업들이 모여 있는 미국 실리콘밸리로의 진출을 꿈꿨다. 수많은 지원서를 보냈지만, 대부분 거절당했다.')

그 후 6번 청크의 경우 5번 청크에서의 실패를 이겨내서 작은 회사에서부터 성장해가며 큰 회사로부터 스카우트 받기까지의 성장 과정을 그려내고 있습니다. 역시 5번 청크에서의 내용에 또 다시 반전이 이루어지는 부분에서 적절하게 의미가 달라질 때 잘라냈습니다.

`texts[6]`

실행 결과

> Document(page_content='언어 장벽과 경력 부족이 주된 이유였다. 그러나 박민호는 포기하지 않았다. 퇴근 후에는 영어 학원에 다녔고, 주말에는 국제 컨퍼런스에 참가해 네트워크를 넓혔다. 이러한 노력 끝에 2010년, 그는 마침내 미국 실리콘밸리의 한 중소 IT 기업에 취직하게 되었다. 실리콘밸리에서의 첫 직장은 그에게 새로운 도전과 기회를 제공했다. 그는 자신의 꿈을 이루기 위한 첫 발걸음을 내딛었다는 생각에 가슴이 뛰었다. 해외에서의 도전과 성공\n미국에서의 생활은 결코 쉬운 일이 아니었다. 문화적 차이와 언어 장벽, 그리고 새로운 환경에 적응해야 했다. 처음 몇 달 동안 박민호는 매일 밤 한국으로 돌아가고 싶다는 생각을 했다. 회의 중 동료들의 농담을 이해하지 못해 웃지 못할 때도 많았고, 업무 지시를 제대로 이해하지 못해 실수를 저지르기도 했다. 그러나 박민호는 포기하지 않았다. 그는 퇴근 후에도 영어 공부를 계속했고, 주말에는 현지 문화를 체험하기 위해 다양한 활동에 참여했다. 동료들과의 대화에서 놓친 부분이 있으면 나중에 따로 물어보며 이해하려 노력했다. 이러한 그의 성실함과 열정은 동료들에게 좋은 인상을 주었다. 점차 시간이 지나면서 박민호는 미국 생활에 적응해갔다. 그의 영어 실력도 크게 향상되었고, 회사에서의 업무 능력도 인정받기 시작했다. 특히 그는 인공지능 연구 분야에서 두각을 나타냈다. 그가 개발한 알고리즘은 회사의 주요 프로젝트에 적용되어 큰 성과를 거두었다. 이러한 성과를 바탕으로 박민호는 실리콘밸리의 여러 대기업에서 스카우트 제의를 받았다. 그는 끊임없이 자신의 한계를 시험하며 새로운 기술을 배우고 연구했다.')

SemanticChunker가 문서를 분할하는 방법은 크게 세 가지가 있습니다.

- 백분위수(Percentile) 방식(기본값)
- 표준편차(Standard Deviation) 방식
- 사분위수(Interquartile) 방식

우선, 이 세 가지 방식은 모두 코사인 거리라는 개념을 사용합니다. 코사인 거리는 두 문장 간의 의미적 차이를 나타내는 척도입니다. 코사인 거리는 116쪽 '코사인 유사도'에서 설명한 두 임베딩 벡터의 유사도인 코사인 유사도로부터 계산할 수 있습니다. 두 벡터의 코사인 유사도를 계산하고 1에서 빼면 코사인 거리입니다.

- 코사인 거리 = 1 − 코사인 유사도

세 가지 방식 중 하나를 적용하기 위해 먼저 각 문장은 임베딩 벡터로 변환되며, 인접한 문장 쌍 사이의 코사인 거리를 계산합니다. 이때 코사인 거리의 값의 범위는 0에서 2 사이이며, 0에 가까울수록 유사하고 2에 가까울수록 다릅니다.

백분위수 방식

백분위수(Percentile) 방식은 SemanticChunker가 기본으로 사용하는 방식입니다. 따라서 앞의 실습에서는 백분위수 방식을 사용하여 총 10개의 청크로 나누었던 것입니다. 백분위수 방식을 사용할 때 SemanticChunker()를 이용한 text_splitter 선언 시 기준이 되는 백분위 값에 해당하는 breakpoint_threshold_amount의 값을 임의로 설정할 수 있습니다. breakpoint_threshold_amount의 기본값은 95입니다. 따라서 다음 코드는 위의 실습에서 사용한 코드와 동일한 결과를 얻습니다.

```
text_splitter = SemanticChunker(
    OpenAIEmbeddings(),
    breakpoint_threshold_type="percentile",
    breakpoint_threshold_amount=95,
)
texts = text_splitter.create_documents([file])
print('분할된 청크의 수:', len(texts))
```

실행 결과

분할된 청크의 수: 10

앞에서 실습했던 것과 같이 청크의 수가 10개가 나온 것을 확인할 수 있습니다. 백분위수 방식을 간단히 정리하면 다음과 같습니다.

기본값	breakpoint_threshold_amount = 95
원리	1. 모든 연속된 문장 쌍 사이의 코사인 거리를 계산합니다. 2. 이 코사인 거리들을 크기 순으로 정렬합니다. 3. 예를 들어 breakpoint_threshold_amount의 값을 95로 설정한 경우, 95번째 백분위수에 해당하는 코사인 거리를 찾습니다. 즉, 이렇게 찾은 값은 전체 거리 중 95%가 이 값보다 작습니다. 4. 이 값을 기준으로 삼아 이보다 큰 코사인 거리를 가진 지점에서 텍스트를 나눕니다.

예시	1. 100개의 문장이 있다면 99개의 코사인 거리 값이 생깁니다. 2. 이 99개의 값을 정렬하고 95번째로 큰 값을 찾습니다. 3. 이 값보다 큰 코사인 거리를 가진 곳에서만 텍스트를 나눕니다.
장점	극단적으로 큰 의미적 차이가 있는 곳에서만 텍스트를 나누므로 주요 주제가 바뀌는 곳을 잘 찾을 수 있습니다.

표준편차 방식

이번에는 표준편차(Standard Deviation) 방식을 사용해봅시다. 표준 편차 방식을 사용하는 경우에는 `breakpoint_threshold_type`의 값으로 `standard_deviation`을 사용하면 됩니다. 이때 `breakpoint_threshold_amount`의 기본값은 3입니다.

```
text_splitter = SemanticChunker(
    OpenAIEmbeddings(),
    breakpoint_threshold_type="standard_deviation",
    breakpoint_threshold_amount=3,
)
texts = text_splitter.create_documents([file])
print('분할된 청크의 수:', len(texts))
```

실행 결과

분할된 청크의 수: 3

백분위수 방식을 사용했을 때와 달리 청크의 수가 3개로 줄었습니다. 표준편차 방식을 간단히 정리하면 다음과 같습니다.

기본값	breakpoint_threshold_amount = 3
원리	1. 모든 연속된 문장 쌍 사이의 코사인 거리를 계산합니다. 2. 이 코사인 거리들의 평균과 표준편차를 계산합니다. 3. 예를 들어 `breakpoint_threshold_amount`의 값을 3으로 설정한 경우 (평균 + 3 * 표준편차)를 기준값으로 삼습니다. 4. 이 기준값보다 큰 코사인 거리를 가진 지점에서 텍스트를 나눕니다.

예시	1. 코사인 거리의 평균이 0.5이고 표준편차가 0.1이라면, 2. 기준값은 0.5 + (3 * 0.1) = 0.8이 됩니다. 3. 0.8보다 큰 코사인 거리를 가진 곳에서 텍스트를 나눕니다.
장점	텍스트 전체의 의미적 흐름을 고려하여 평균적인 문장 간 차이보다 훨씬 큰 변화가 있는 지점을 찾아냅니다. 이는 새로운 주제의 시작, 논점의 전환, 또는 이야기의 큰 전환점 등을 효과적으로 감지할 수 있게 해줍니다.

사분위수 방식

사분위수(Interquartile) 방식을 사용해봅시다. 사분위수 방식을 사용하는 경우에는 breakpoint_threshold_type의 값으로 interquartile을 사용하면 됩니다. 이때 breakpoint_threshold_amount의 기본값은 1.5입니다.

```python
text_splitter = SemanticChunker(
    OpenAIEmbeddings(),
    breakpoint_threshold_type="interquartile",
    breakpoint_threshold_amount=1.5
)
texts = text_splitter.create_documents([file])
print('분할된 청크의 수:', len(texts))
```

실행 결과

```
분할된 청크의 수: 7
```

백분위수 방식을 사용했을 때와 달리 청크의 수가 7개로 줄었습니다. 사분위수 방식을 간단히 정리하면 다음과 같습니다.

기본값	breakpoint_threshold_amount = 1.5
원리	1. 모든 연속된 문장 쌍 사이의 거리를 계산합니다. 2. 이 거리들의 1사분위수(Q1, 25%지점)와 3사분위수(Q3, 75%지점)를 찾습니다. 3. 사분위수 범위(IQR) = Q3 − Q1를 계산합니다. 4. 거리들의 평균에 (breakpoint_threshold_amount * IQR)을 더한 값을 기준값으로 삼습니다. 5. 이 기준값보다 큰 거리를 가진 지점에서 텍스트를 나눕니다.

예시	1. Q1이 0.3, Q3가 0.7, 평균이 0.5, breakpoint_threshold_amount가 1.5라면 2. IQR = 0.7 − 0.3 = 0.4입니다. 3. 기준값은 0.5 + (1.5 * 0.4) = 1.1이 됩니다. 4. 1.1보다 큰 거리를 가진 곳에서 텍스트를 나눕니다.
장점	텍스트의 전반적인 구조를 고려하면서도 지나치게 민감하지 않게 분할점을 찾습니다. 특히 긴 문서에서 주요 섹션의 경계를 식별하는 데 효과적입니다. 또한 이상치(극단적으로 다른 부분)에 덜 민감하여 텍스트의 전반적인 흐름을 해치지 않으면서도 중요한 주제 전환을 포착할 수 있습니다.

지금까지 SemanticChunker를 이용하여 입력 문서를 문맥을 반영하여 청크로 나눠보는 실습을 진행했습니다. 실제로 문서를 어떻게 자르느냐는 RAG 챗봇에 성능의 영향을 미치는 중요한 요소 중 하나입니다. RecursiveCharacterTextSplitter의 결과가 만족스럽지 않다면 대안으로서 고려해보기 바랍니다.

6.6 다양한 PDF Loader

랭체인에서는 PDF 파일을 읽고 처리할 수 있는 다양한 PDF Loader를 제공합니다. 다음 주소에서 랭체인에서 제공하는 모든 PDF Loader들을 확인할 수 있습니다. 이번 절에서는 그중 가장 많이 쓰는 몇 가지 PDF Loader만 소개합니다. 그중 여기서 배운 PyPDFLodaer를 활용하여 7장에서 RAG 챗봇을 제작하게 됩니다.

- 주소: https://python.langchain.com/v0.1/docs/modules/data_connection/document_loaders/pdf/

PyPDFLoader

PyPDFLoader는 가장 많이 쓰이는 PDF Loader로서 일반적으로 페이지 단위로 로드합니다. 예를 들어, 총 27페이지로 구성된 PDF라면 27개의 청크로 로드합니다. 다만 이것이 항상 보장되지는 않는데, 이는 특정 페이지에 텍스트가 없이 그림만 있거나 텍스트가 없는 백지 페이지의 경우 해당 페이지는 건너뛰므로 로드된 청크가 기존 PDF 페이지의 수보다 적은 경우도 있습니다. 여기서는 통일부에서 발간한 '2023_북한인권보고서.pdf'로 실습을 진행해보겠습니다.

VS Code의 왼쪽 EXPLORER에서 마우스 오른쪽 버튼을 클릭하고, [New File]을 클릭해 새로운 파일을 추가합니다. 파일 이름은 ch06_PDF_LOADER.ipynb로 지정합니다. 외부에서 파일을 다운로드할 수 있는 urllib.request와 실습에 사용할 랭체인의 다양한 PDF Loader들을 임포트합니다.

```
import urllib.request
from langchain.document_loaders import PyPDFLoader
from langchain_community.document_loaders import PyMuPDFLoader
from langchain.document_loaders import PDFPlumberLoader
```

실습에 사용할 2023_북한인권보고서.pdf 파일을 이 책의 코드 저장소에서 다운로드합니다.

```
urllib.request.urlretrieve("https://github.com/chatgpt-kr/openai-api-tutorial/raw/
main/ch06/2023_%EB%B6%81%ED%95%9C%EC%9D%B8%EA%B6%8C%EB%B3%B4%EA%B3%A0%EC%84%9C.
pdf", filename="2023_북한인권보고서.pdf")
```

이번 절에서는 여러 PDF Loader의 처리 속도를 비교해보고자 합니다. 주피터 노트북 실행 시 %%time을 사용하면 코드 처리 속도를 측정할 수 있습니다. 이제 랭체인의 PyPDFLoader()를 통해 PDF 파일을 로드합니다. PyPDFLoader(파일명)을 실행하여 loader라는 객체를 선언하고, 해당 객체를 통해 load_and_split()을 실행하면 PDF를 여러 개의 문서 청크로 분할한 문자열 리스트가 반환됩니다.

```
%%time
loader = PyPDFLoader('2023_북한인권보고서.pdf')
pages = loader.load_and_split()
print('청크의 수:', len(pages))
```

실행 결과

```
청크의 수: 445
CPU times: user 15.2 s, sys: 55.9 ms, total: 15.3 s
Wall time: 15.5 s
```

청크의 수는 445가 나왔습니다. 실제 이 PDF의 페이지 수는 448페이지이지만, 텍스트가 없고 그림만 있는 페이지나 백지 등의 페이지는 제외하고, 각 페이지가 청크로 할당되어 445개의 청크로 분할되었습니다. 아래에는 CPU times와 Wall time이 나와있고, 또 CPU times는 user 시간과 sys 시간으로 나뉩니다. 이를 각각 사용자 시간과 시스템 시간이라고 합니다. 이를 정리하면 다음과 같습니다.

- **사용자 시간(User Time)**: 15.2초 동안 컴퓨터는 여러분이 작성한 프로그램 코드를 처리하는 데 집중했습니다. 이 시간은 실제로 여러분의 코드가 계산하거나 작업하는 데 사용된 시간입니다.
- **시스템 시간(System Time)**: ms는 밀리초라는 의미입니다. 55.9밀리초는 컴퓨터가 파일을 열거나 네트워크와 같은 다른 작업을 하는 데 사용한 시간입니다. 밀리초는 1초의 천분의 일입니다.
- **벽시계 시간(Wall Time)**: 15.5초는 프로그램을 시작하고 끝날 때까지 실제로 걸린 시간입니다. 이 시간은 여러분이 실제로 기다린 전체 시간을 말해 줍니다. 이렇게 보면, 컴퓨터는 대부분의 시간을 프로그램 코드를 실행하는 데 사용했고, 전체적으로는 15.5초가 걸렸다고 이해할 수 있습니다.

정확하게 잘 분리되었는지 확인하기 위해 임의로 3번 청크를 출력해보겠습니다.

```
pages[3]
```

실행 결과

```
Document(metadata={'source': '2023_북한인권보고서.pdf', 'page': 5},
page_content='2023 북한인권보고서04올해로 유엔의 북한인권조사위원회 출범 10년,
북한인권결의 채\n택 20년이 됩니다. 그동안 우리는 물론 국제사회가 북한인권을 증진\n하기
위해 노력해 왔지만, 휴전선 이북의 북녘 땅은 여전히 최악의 \n인권 사각지대로 남아 있습니다.
우리와 피를 나눈 북한 동포들이 \n최소한의 인간적인 삶을 누릴 수 있도록 책임감을 갖고
보다 실효적\n인 노력을 펼쳐가야만 합니다. \n2016년 제정된 북한인권법에 기반하여 설립된
북한인권기록센\n터는 2017년부터 북한이탈주민을 대상으로 북한의 전반적인 인권\n실태를
심층적으로 조사하였습니다. 또한 파악된 북한의 인권침해 \n사례들을 '세계인권선언'과
'국제인권조약'의 기준에 따라 분류하였\n습니다. 이번에 발간되는 「북한인권보고서」는
북한의 인권 상황을 \n시민적·정치적 권리, 경제적·사회적·문화적 권리 등 다양한 측면에\n서
입체적으로 조명하였습니다. 아울러, 여성·아동·장애인 등 취약\n계층, 정치범수용소 및
국군포로·납북자·이산가족 등 특수 인권문발간사')
```

보다시피 `page_content`에 분할된 텍스트의 본문이 저장되어 있고, `source`에는 해당 본문의 원본 파일의 이름이 저장되어 있습니다. 기본적으로 랭체인에서 `PyPDFLoader()`로 객체를 선언하고 `load_and_split()`을 사용하는 경우에는 다음과 같은 형식을 따릅니다.

- Document(page_content='내용', metadata={'source': 파일명, 'page': 기존 PDF 파일에서의 페이지 번호})

만약 본문에만 접근하고 싶다면 6.4절 '길이로 분할하는 RecursiveCharacter TextSplitter'에서 소개한 실습과 같이 각 청크에 .page_content를 붙여서 호출하면 됩니다. 이제 다른 PDF Loader들을 살펴봅시다.

PyMuPDFLoader

PyMuPDFLoader는 속도가 다른 PDF 로더보다 빠르며, 메타데이터가 PyPDFLoader보다 훨씬 다양하다는 특징을 갖고 있습니다. 속도가 빠르므로 PDF 파일이 많거나 긴 경우에 사용하는 것을 권장합니다. 또한 청크 결과가 다른 PDF Loader와 다른 경우도 있으니 결과를 비교하여 선택하는 것도 필요할 수 있습니다.

이제 랭체인의 PyMuPDFLoader()를 통해 PDF 파일을 로드합니다. PyMuPDFLoader (파일명)을 실행하여 loader라는 객체를 선언하고, 해당 객체를 통해 load_and_ split()을 실행하면 PDF를 여러 개의 문서 청크로 분할한 문자열 리스트가 반환됩니다.

```
%%time
loader = PyMuPDFLoader('2023_북한인권보고서.pdf')
pages = loader.load_and_split()
print('청크의 수:', len(pages))
```

실행 결과

```
청크의 수: 445
CPU times: user 2.24 s, sys: 43 ms, total: 2.28 s
Wall time: 2.36 s
```

실행 결과를 보면 청크의 수는 PyPDFLoader와 동일하게 445개이며, 실행 시간은 벽시계 시간 기준으로 2.36초로, PyPDFLoader와 비교하여 더욱 짧은 시간이 걸렸음을 알 수 있습니다. 즉, 동일한 문서에 대해 PyMuPDFLoader가 PyPDFLoader보다 더 빠른 처리 시간을 보여줍니다. 정확하게 잘 분리되었는지 확인하기 위해 임의로 3번 청크를 출력해보겠습니다.

pages[3]

실행 결과

```
Document(metadata={'source': '2023_북한인권보고서.pdf',
'file_path': '2023_북한인권보고서.pdf', 'page': 5, 'total_pages': 448,
'format': 'PDF 1.6', 'title': '', 'author': '', 'subject': '', 'keywords': '',
'creator': 'Adobe InDesign CS6 (Windows)', 'producer': 'Adobe PDF Library 10.0.1',
'creationDate': "D:20230731135027+09'00'", 'modDate': "D:20230731135754+09'00'",
'trapped': ''},
page_content='2023 북한인권보고서\n04\n올해로 유엔 북한인권조사위원회 출범 10년,
북한인권결의 채\n택 20년이 됩니다. 그동안 우리는 물론 국제사회가 북한인권을 증진\n하기
위해 노력해 왔지만, 휴전선 이북의 북녘 땅은 여전히 최악의 \n인권 사각지대로 남아 있습니다.
우리와 피를 나눈 북한 동포들이 \n최소한의 인간적인 삶을 누릴 수 있도록 책임감을 갖고
보다 실효적\n인 노력을 펼쳐가야만 합니다. \n2016년 제정된 북한인권법에 기반하여 설립된
북한인권기록센\n터는 2017년부터 북한이탈주민을 대상으로 북한의 전반적인 인권\n실태를
심층적으로 조사하였습니다. 또한 파악된 북한의 인권침해 \n사례들을 「세계인권선언」과
「국제인권조약」의 기준에 따라 분류하였\n습니다. 이번에 발간되는 「북한인권보고서」는
북한의 인권 상황을 \n시민적·정치적 권리, 경제적·사회적·문화적 권리 등 다양한 측면에\n서
입체적으로 조명하였습니다. 아울러, 여성·아동·장애인 등 취약\n계층, 정치범수용소 및
국군포로·납북자·이산가족 등 특수 인권문\n발간사')
```

PyPDFLoader로 수행했을 때와 page_content의 값이 줄바꿈 등에서 다소 차이를 보입니다. 또한 metadata에 훨씬 다양한 정보가 들어 있다는 점이 큰 차이점입니다.

PDFPlumberLoader

PDFPlumberLoader는 PyMuPDFLoader와 마찬가지로 metadata가 PyPDFLoader보다 훨씬 다양하다는 특징이 있습니다. 단, 읽기 속도가 상대적으로 느립니다.

이제 랭체인의 PDFPlumberLoader()를 통해 PDF 파일을 로드합니다. PDFPlumberLoader(파일명)을 실행하여 loader라는 객체를 선언하고, 해당 객체를 통해 load_and_split()을 실행하면 PDF를 여러 개의 문서 청크로 분할한 문자열 리스트가 반환됩니다.

```
%%time
loader = PDFPlumberLoader('2023_북한인권보고서.pdf')
```

```
pages = loader.load_and_split()
print('청크의 수:', len(pages))
```

실행 결과

```
청크의 수: 445
CPU times: user 29.8 s, sys: 437 ms, total: 30.3 s
Wall time: 30.5 s
```

실행 결과를 보면 청크의 수는 PyPDFLoader와 동일하게 445개이며, 실행 시간은 벽시계 시간 기준으로 30.5초로 가장 긴 시간이 걸렸음을 알 수 있습니다. 정확하게 잘 분리되었는지 확인하기 위해 임의로 3번 청크를 출력해보겠습니다.

```
pages[3]
```

실행 결과

```
Document(metadata={'source': '2023_북한인권보고서.pdf',
'file_path': '2023_북한인권보고서.pdf', 'page': 5, 'total_pages': 448,
'CreationDate': "D:20230731135027+09'00'", 'Creator': 'Adobe InDesign CS6
(Windows)', 'ModDate': "D:20230731135754+09'00'", 'Producer': 'Adobe PDF Library
10.0.1',
'Trapped': 'False'},
page_content='발간사\n올해로 유엔의 북한인권조사위원회 출범 10년, 북한인권결의 채\n택
20년이 됩니다. 그동안 우리는 물론 국제사회가 북한인권을 증진\n하기 위해 노력해 왔지만,
휴전선 이북의 북녘 땅은 여전히 최악의\n인권 사각지대로 남아 있습니다. 우리와 피를 나눈
북한 동포들이\n최소한의 인간적인 삶을 누릴 수 있도록 책임감을 갖고 보다 실효적\n인 노력을
펼쳐가야만 합니다.\n2016년 제정된 북한인권법에 기반하여 설립된 북한인권기록센\n터는
2017년부터 북한이탈주민을 대상으로 북한의 전반적인 인권\n실태를 심층적으로 조사하였습니다.
또한 파악된 북한의 인권침해\n사례들을 '세계인권선언'과 '국제인권조약'의 기준에 따라
분류하였\n습니다. 이번에 발간되는 「 북한인권보고서 」는 북한의 인권 상황을\n시민적·정치적
권리, 경제적·사회적·문화적 권리 등 다양한 측면에\n서 입체적으로 조명하였습니다. 아울러,
여성·아동·장애인 등 취약\n계층, 정치범수용소 및 국군포로·납북자·이산가족 등 특수 인권문\n04
2023 북한인권보고서')
```

PyPDFLoader로 수행했을 때와 page_content의 값이 줄바꿈 등에서 다소 차이를 보입니다. 또한 metadata에 훨씬 다양한 정보가 들어 있다는 점이 차이점입니다.

6.7 벡터 데이터베이스

앞서 118쪽 'OpenAI의 Embedding API'에서는 각 텍스트를 임베딩할 때 파이썬의 Pandas를 이용하여 각 문서와 임베딩을 적재하고, 그 후 Numpy를 이용하여 코사인 유사도 식을 직접 구현하여 유사도를 구했습니다. 하지만 실제 현업에서는 Pandas가 아닌 각 문서의 임베딩을 적재하기 위한 용도로 특별히 만들어진 도구인 벡터 데이터베이스를 사용하는 경우가 많습니다. 이러한 벡터 데이터베이스로는 Milvus, Faiss, Chroma 등 다양한 데이터베이스가 있습니다. 이 책에서는 가장 손쉽게 사용할 수 있는 벡터 데이터베이스의 예시로 크로마(Chroma)와 파이스(Faiss)를 소개합니다.

크로마

VS Code의 왼쪽 EXPLORER에서 마우스 오른쪽 버튼을 클릭하고, [New File]을 클릭해 새로운 파일을 추가합니다. 파일 이름은 `ch06_VECTOR_DATABASE.ipynb`로 지정합니다. OpenAI API 키 값을 세팅하기 위한 `os`, 파일을 다운로드하기 위한 `urllib.request`를 임포트하고, 실습을 위해 필요한 랭체인 도구들을 임포트합니다.

앞서 학습했던 PDF를 로드하는 `PyPDFLoader`, 문서들을 다수의 청크로 분할하는 `RecursiveCharacterTextSplitter`, 청크들을 임베딩 벡터로 변환 시 OpenAI의 Embedding API를 사용하기 위해 `OpenAIEmbeddings`, 임베딩 벡터들을 적재하기 위한 벡터 데이터베이스인 `Chroma`와 `Faiss`를 임포트하고, 사용자의 OpenAI API 키 값을 현재 실습 환경에 세팅합니다.

```python
import os
import urllib.request
from langchain.document_loaders import PyPDFLoader
from langchain.text_splitter import RecursiveCharacterTextSplitter
from langchain.embeddings import OpenAIEmbeddings
from langchain.vectorstores import Chroma
from langchain.vectorstores import FAISS

os.environ['OPENAI_API_KEY'] = "여기에 API 키를 넣어주세요"
```

실습에 사용할 2023_북한인권보고서.pdf 파일을 이 책의 코드 저장소로부터 다운로드합니다.

```
urllib.request.urlretrieve("https://github.com/chatgpt-kr/openai-api-tutorial/raw/main/ch06/2023_%EB%B6%81%ED%95%9C%EC%9D%B8%EA%B6%8C%EB%B3%B4%EA%B3%A0%EC%84%9C.pdf", filename="2023_북한인권보고서.pdf")
```

이제 랭체인의 PyPDFLoader()를 통해 PDF 파일을 로드합니다. PyPDFLoader (파일명)을 실행하여 loader라는 객체를 선언하고, 해당 객체를 통해 load_and_split()을 실행하면 PDF를 여러 개의 문서 청크로 분할한 문자열 리스트가 반환됩니다.

```
loader = PyPDFLoader('2023_북한인권보고서.pdf')
pages = loader.load_and_split()
print('청크의 수:', len(pages))
```

실행 결과

청크의 수: 445

이 청크들을 ChatGPT와 같은 언어 모델들이 처리할 수 있는 적당한 길이로 추가로 분할해봅시다. RecursiveCharacterTextSplitter()를 이용하여 텍스트를 분할하는 text_splitter 객체를 만듭니다. 이때 chunk_size의 값을 1000으로 지정하면 앞으로 text_splitter로 텍스트를 분할할 때 각 분할된 청크는 길이가 1000을 넘지 않습니다. chunk_overlap은 텍스트를 분할할 때 각 청크가 내용을 얼만큼 겹치게 할 것인지를 정하는 값으로 0을 사용하면 각 청크의 내용이 겹치지 않습니다.

```
text_splitter = RecursiveCharacterTextSplitter(chunk_size=1000, chunk_overlap=0)
```

앞서 6.4절 길이로 분할하는 RecursiveCharacterTextSplitter에서 실습할 때는 파이썬 문자열을 분할하기 위해서 create_documents()를 사용했습니다. 하지만 현재는 PyPDFLoader가 로드한 각각의 청크는 파이썬 문자열이 아닌 Document(page_content='내용', metadata={'source': 파일명, 'page': 기존 PDF 파일에서의 페이지 번호})와 같은 형식을 가진 원소입니다. 문자열이 아닌 위와 같은 형식을 가진 청크들을 text_splitter로 분할하는 경우에는 split_documents()를 사용합니다.

```
splitted_docs = text_splitter.split_documents(pages)
print('분할된 청크의 수:', len(splitted_docs))
```

실행 결과

```
분할된 청크의 수: 502
```

청크의 수가 445개에서 502개로 더 늘어났습니다. 실제로 각 청크의 길이를 재보면 1,000이 넘지 않는 것을 확인할 수 있습니다. 502개의 청크들에 대해 가장 긴 청크의 길이, 가장 짧은 청크의 길이, 청크들의 평균 길이를 구해봅시다.

```
chunks = [splitted_doc.page_content for splitted_doc in splitted_docs]
print('청크의 최대 길이 :',max(len(chunk) for chunk in chunks))
print('청크의 최소 길이 :',min(len(chunk) for chunk in chunks))
print('청크의 평균 길이 :',sum(map(len, chunks))/len(chunks))
```

실행 결과

```
청크의 최대 길이 : 1000
청크의 최소 길이 : 6
청크의 평균 길이 : 745.3844621513945
```

이제 502개의 청크를 모두 OpenAI의 Embedding API로 임베딩하여 크로마 데이터베이스에 적재해봅시다. 각 청크를 임베딩과 동시에 크로마 데이터베이스에 적재할 때는 Chroma.from_documents(청크들의 리스트, OpenAIEmbeddings())를 사용합니다. 뒤에서 실습할 파이스 벡터 데이터베이스도 코드 형식이 거의 동일하므로 기억해둡시다. Chroma.from_documents()를 통해 벡터 데이터베이스 객체를 만들고 나서 적재된 문서의 수를 출력하는 것은 _collection.count()를 통해 가능합니다.

```
db = Chroma.from_documents(splitted_docs, OpenAIEmbeddings())
print('문서의 수:', db._collection.count())
```

실행 결과

```
문서의 수: 502
```

데이터베이스 객체를 만들고 나서 사용자의 입력과 유사도가 높은 문서들을 찾을 때는 similarity_search(사용자의 입력)을 사용합니다. 북한 인권 보고서라는 PDF 파일이므로 '북한의 교육 과정'이라는 질의를 입력하여 연관 청크들을 찾아봅시다.

```
question = '북한의 교육과정'
docs = db.similarity_search(question)
print('문서의 수:', len(docs))
```

실행 결과

문서의 수: 4

연관 청크를 4개 찾습니다. 실제로 출력하여 '북한의 교육 과정'과 연관된 문서인지 확인해봅시다.

```
for doc in docs:
    print(doc)
    print('--' * 10)
```

실행 결과

page_content='를 받아 들이는 것으로 보인다. 309 북한의 학제는 2012년 전반적 의무교육(유치원 1년, 소학교 5년, 초급중학교 3년, 고급중학교 3년)으로 개편되었는데, 학제개편 이전에는 초급중학교와 고급중학교를 통합하여 중학교 6년 과정(1972년~2011년)으로 운영하였고, 중학교 또는 고등중학교라고 칭하였다.(통일부 국립통일교육원, 『북한의 이해』, 2022)'metadata={'page': 283, 'source': '2023_북한인권보고서.pdf'}
----
page_content='2023 북한인권보고서40명목의 교육비용이 전가되고 있는 것으로 나타났다. 교과서는 '교과서 요금'이라는 명목으로 일정 금액을 내야하는 경우가 많으며, 교과서가 모든 학생에게 충분히 제공되지 않고 학년을 마치면 다음 학년에 교과서를 물려주어야 했다는 사례가 다수 수집되었다.
…생략…'
metadata={'page': 41, 'source': '2023_북한인권보고서.pdf'}
----
page_content='2023 북한인권보고서344이 되려면 별도로 돈을 더 내야 합니다. 그 돈을 받아 교사들이 생활하기 때문에 학교생활 자체가 그 아이들을 중심으로 돌아갑니다. 공부도 열성자들만 대상으로 특별과외 등 형식으로 추가로 더 가르쳐 주기 때문에 학습진도가 일반 학생들 보다

```
빠릅니다. 수업도 이들을 중심으로 하다 보니 일반 학생들은 진도를 따라가지 못하고 그저 자리만
채울 뿐입니다.
…생략…' metadata={'page': 345, 'source': '2023_북한인권보고서.pdf'}
--------------------
page_content='2023 북한인권보고서3422018년에 학교에서 추천하여 소년궁전 스키부에
선발되었으나, 체육종합지도원이 자신의 출신성분이 좋지 않다는 이유로 선발명단에서 자신을
제외했다고 진술하였다. 정치범수용소에서는 이주민 자녀의 경우 정규교육과정을 받지 못한다는
증언도 있었다. 정치범수용소에도 소학교와 중학교가 있지만 일반 학교와는 달리 학생들이 책가방
대신 지게를 지고 출석하고 학교에서 농사짓는 법에 대해 배운다고 한다.
…생략…' metadata={'page': 343, 'source': '2023_북한인권보고서.pdf'}
--------------------
```

북한의 교육과 관련된 문서 4개가 출력된 것을 확인할 수 있습니다. 크로마 벡터 데이터베이스를 파일로 저장하는 것도 가능합니다. Chroma.from_documents()에서 persist_directory='디렉터리명'을 사용합니다. 다음 코드를 수행하면 실제로 코드 실행 경로에 'chroma_test.db'라는 디렉터리가 생깁니다.

```python
db_to_file = Chroma.from_documents(splitted_docs, OpenAIEmbeddings(),
                                    persist_directory = './chroma_test.db')
print('문서의 수:', db_to_file._collection.count())
```

실행 결과

```
문서의 수: 502
```

저장한 데이터베이스 파일을 로드해서 사용해봅시다. 로드는 Chroma(persist_directory='디렉터리명', embedding_function=사용하고 있는 임베딩))으로 할 수 있습니다.

```python
db_from_file = Chroma(persist_directory='./chroma_test.db',
                      embedding_function=OpenAIEmbeddings())
print('문서의 수:', db_from_file._collection.count())
```

실행 결과

```
문서의 수: 502
```

앞서 similarity_search(사용자의 입력)을 사용했을 때는 사용자의 입력에 대해 유사한 청크 4개를 찾아냈습니다. 내부적으로는 유사도를 구하고 유사도 점수 상위 4개의 청크를 찾아낸 것입니다.

이번에는 유사한 청크를 상위 3개만 찾도록 강제하고, 유사도 점수 또한 출력하도록 해보겠습니다. 그러려면 similarity_search_with_relevance_scores(사용자의 입력, k=찾고자 하는 문서의 수)와 같이 하면 됩니다. 유사한 청크를 상위 3개만 찾도록 강제하기 위해 k의 값을 3으로 지정했고 유사도 점수 상위 3개의 청크를 찾아서 출력합니다.

```python
question = '북한의 교육 과정'
top_three_docs = db_from_file.similarity_search_with_relevance_scores(question,
                                                                       k=3)

for doc in top_three_docs:
    print(doc)
    print('--' * 10)
```

실행 결과

```
(Document(metadata={'page': 283, 'source': '2023_북한인권보고서.pdf'},
page_content='를\t받아\t들이는\t것으로\t보인다.  \t\n309\t\t북한의\t학제는\t2012년\
t전반적\t의무교육(유치원  \t1년,\t소학교\t5년,\t초급중학교  \t3년,\t고급중학교
\t3년)으로  \t\n개편되었는데,\t  학제개편  \t이전에는  \t초급중학교와  \t고급중학교를
\t통합하여  \t중학교\t6년\t과정(1972년~2011\n년)으로\t운영하였고,\t  중학교\t또는\
t고등중학교라고  \t칭하였다.(통일부  \t국립통일교육원,\t  『 북한의\t이해 』,\t\n2022)'),
0.8302666120719884)
--------------------
(Document(metadata={'page': 41, 'source': '2023_북한인권보고서.pdf'},
page_content='2023 북한인권보고서40명목의  교육비용이  전가되고  있는  것으로  나타났다.
교과서는 '교과\n서 요금'이라는 명목으로 일정 금액을 내야하는 경우가 많으며, 교\n과서가 모든
학생에게 충분히 제공되지 않고 학년을 마치면 다음 학\n년에 교과서를 물려주어야 했다는 사례가
다수 수집되었다
…생략…'), 0.8294027175813485)
--------------------
(Document(metadata={'page': 345, 'source': '2023_북한인권보고서.pdf'},
page_content='2023 북한인권보고서344이 되려면 별도로 돈을 더 내야 합니다. 그 돈을 받아
교사들이 생\n활하기 때문에 학교생활 자체가 그 아이들을 중심으로 돌아갑니다. \n공부도
```

```
열성자들만 대상으로 특별과외 등 형식으로 추가로 더 가르\n쳐 주기 때문에 학습진도가 일반
학생들 보다 빠릅니다. 수업도 이\n들을 중심으로 하다 보니 일반 학생들은 진도를 따라가지
못하고 \n그저 자리만 채울 뿐입니다.
...생략...'), 0.8267133377145804)
--------------------
```

유사도 점수가 높은 3개의 청크뿐만 아니라, 그 옆에 각 스코어도 출력되는 것을 확인할 수 있습니다. 예를 들어 두 번째 청크의 유사도 점수는 0.829402717581 3485입니다.

파이스

이번에는 크로마 외에 랭체인에서 제공하는 또 다른 벡터 데이터베이스인 파이스를 사용해봅시다. 앞서 만든 502개의 청크들을 모두 OpenAI의 Embedding API로 임베딩하여 파이스 데이터베이스에 적재해봅시다. 각 청크를 임베딩과 동시에 크로마 데이터베이스에 적재할 때는 `FAISS.from_documents(청크들의 리스트, OpenAIEmbeddings())`를 사용하여 파이스 벡터 데이터베이스 객체인 `faiss_db`를 만듭니다. 크로마 벡터 데이터베이스를 사용할 때의 코드가 `Chroma.from_ documents(청크들의 리스트, OpenAIEmbeddings())`였던 것과 매우 유사합니다. 하지만 그 외 문서의 수를 확인하는 것, 파일을 저장하고 로드하는 등의 일부 코드는 상이하므로 주의합니다. 예를 들어 파이스의 경우, 저장된 청크의 수를 확인하고자 할 때는 `index.ntotal`을 사용합니다.

```
faiss_db = FAISS.from_documents(splitted_docs, OpenAIEmbeddings())
print('문서의 수:', faiss_db.index.ntotal)
```

실행 결과

```
문서의 수: 502
```

파이스 벡터 데이터베이스를 파일로 저장하는 것도 가능합니다. 이를 위해서는 `faiss_db.save_local(디렉터리명)`을 사용합니다. 다음 코드를 수행하면 실제로 코드 실행 경로에 'faiss_index'라는 디렉터리가 생깁니다. 반대로 FAISS의 `load_local(디렉터리명)`을 사용하여 저장한 벡터 데이터베이스를 로드할 수 있습니다. 이때 사용한 임베딩을 인자로 알려줘야 하므로 `OpenAIEmbeddings()`를 전달합니다.

allow_dangerous_deserialization은 파이썬 객체를 저장하거나 전송할 때 사용하는 파일을 읽을 때 일부 파일에 보안 위험이 있을 경우 읽는 것이 거부당하는 경우가 있는데, 에러를 발생시키지 않고 해당 파일을 신뢰할 수 있으니 무시하고 읽겠다는 의미입니다. 해당 파일은 방금 전에 사용자가 저장한 것이므로 무시하고 읽도록 True로 설정합니다. 파일을 다시 읽어서 new_db_faiss라는 벡터 데이터베이스 객체에 저장합니다.

```
faiss_db.save_local('faiss_index')

new_db_faiss = FAISS.load_local('faiss_index',
                                OpenAIEmbeddings(),
                                allow_dangerous_deserialization=True)
```

크로마와 마찬가지로 '북한의 교육과정'으로 검색하여 연관된 문서를 확인해봅시다.

```
question = '북한의 교육 과정'
docs = new_db_faiss.similarity_search(question)

for doc in docs:
    print(doc)
    print('--' * 10)
```

실행 결과

```
page_content='를 받아 들이는 것으로 보인다. 309 북한의 학제는 2012년 전반적 의무교육(유치원 1년, 소학교 5년, 초급중학교 3년, 고급중학교 3년)으로 개편되었는데, 학제개편 이전에는 초급중학교와 고급중학교를 통합하여 중학교 6년 과정(1972년~2011년)으로 운영하였고, 중학교 또는 고등중학교라고 칭하였다. (통일부 국립통일교육원, 『북한의 이해』, 2022)'metadata={'page': 283, 'source': '2023_북한인권보고서.pdf'}
--------------------
page_content='2023 북한인권보고서40명목의 교육비용이 전가되고 있는 것으로 나타났다. 교과서는 '교과서 요금'이라는 명목으로 일정 금액을 내야하는 경우가 많으며, 교과서가 모든 학생에게 충분히 제공되지 않고 학년을 마치면 다음 학년에 교과서를 물려주어야 했다는 사례가 다수 수집되었다.
…생략…'
metadata={'page': 41, 'source': '2023_북한인권보고서.pdf'}
--------------------
```

```
page_content='2023 북한인권보고서344이 되려면 별도로 돈을 더 내야 합니다. 그 돈을 받아
교사들이 생활하기 때문에 학교생활 자체가 그 아이들을 중심으로 돌아갑니다. 공부도 열성자들만
대상으로 특별과외 등 형식으로 추가로 더 가르쳐 주기 때문에 학습진도가 일반 학생들 보다
빠릅니다. 수업도 이들을 중심으로 하다 보니 일반 학생들은 진도를 따라가지 못하고 그저 자리만
채울 뿐입니다.
…생략…' metadata={'page': 345, 'source': '2023_북한인권보고서.pdf'}
--------------------
page_content='2023 북한인권보고서3422018년에 학교에서 추천하여 소년궁전 스키부에
선발되었으나, 체육종합지도원이 자신의 출신성분이 좋지 않다는 이유로 선발명단에서 자신을
제외했다고 진술하였다. 정치범수용소에서는 이주민 자녀의 경우 정규교육과정을 받지 못한다는
증언도 있었다. 정치범수용소에도 소학교와 중학교가 있지만 일반 학교와는 달리 학생들이 책가방
대신 지게를 지고 출석하고 학교에서 농사짓는 법에 대해 배운다고 한다.
…생략…' metadata={'page': 343, 'source': '2023_북한인권보고서.pdf'}
--------------------
```

보다시피 크로마와 동일한 결과를 얻었습니다.

이렇게 해서 이번 장에서는 랭체인 기초, 텍스트를 청크로 분할하는 방법, 청크를 임베딩 벡터로 변환하고 적재한 후에 사용자의 입력과 유사한 청크를 찾게 도와주는 벡터 데이터베이스에 대해 알아봤습니다. 앞으로 이어지는 7, 8, 9장에서 이번 장에서 배운 랭체인의 다양한 도구를 이용하여 지금까지보다 더욱 난이도가 높은 AI 서비스들을 개발해보겠습니다.

Part 07

복잡한 PDF 파일로 만드는 RAG 챗봇

복잡한 PDF를 이용한 챗봇 맛보기

실습 환경 구축하기

랭체인을 이용한 RAG 챗봇

많은 회사에서 고객에게 정보를 안내하기 위해 챗봇을 만듭니다. 일반적으로 챗봇은 회사의 약관, 교환/환불 방법 등을 안내하며 고객센터를 대체하기 위한 용도로 개발되기 마련이지만 실제로는 챗봇의 성능으로 인해 할 수 있는 답변이 너무 적거나 고객들이 실망하는 경우가 많았습니다. 반면, ChatGPT는 프로그래밍, 번역, 요약 등 다양한 분야의 업무를 수행할 수 있는 고성능 챗봇입니다. 그렇다면 ChatGPT에 우리 회사 또는 특정 행사에 대한 정보를 주입해서 우리 회사만을 위한 챗봇을 만들어 보는 것은 어떨까요? 이번 장에서는 ChatGPT API를 사용하여 특정 정보에 대해서 답변하도록 준비된 커스텀 챗봇을 만들어 보겠습니다.

7.1 복잡한 PDF를 이용한 챗봇 맛보기

PDF 파일을 이용하여 답변하는 챗봇의 내부 구조를 설명하기에 앞서 프로그램이 어떻게 작동하는지 알아보겠습니다. 이번 실습에서는 한국은행에서 만든 '2020_경제금융용어 700선'이라는 PDF 파일을 활용하여 어려운 경제 금융 용어에 대해 설명해주는 경제 금융 용어 챗봇을 만들어볼 예정입니다. 그림 7.1은 챗봇의 시작 화면입니다.

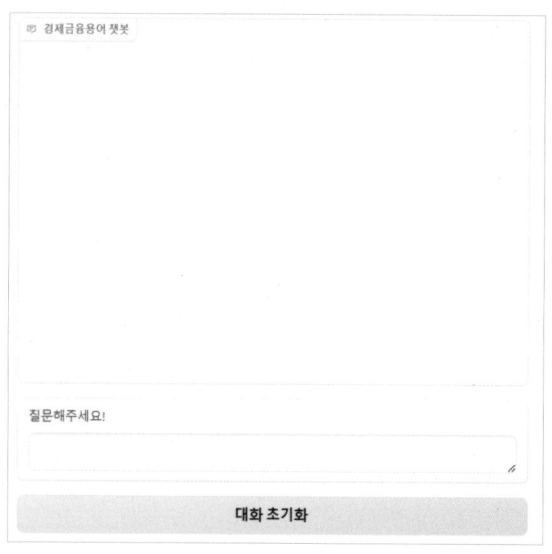

그림 7.1 챗봇 메인 화면

'질문해주세요!'라는 문장 아래에 입력 박스가 존재하며 해당 입력 박스에 질문을 작성하여 챗봇과 소통할 수 있습니다.

그림 7.2 챗봇에게 질문하기 위한 입력 박스

먼저 챗봇에게 '너는 누구니?'라는 질문을 작성하고 [Enter] 키를 눌러보겠습니다.

그림 7.3 챗봇의 자기소개 답변

챗봇은 한국은행에서 만든 금융 용어를 설명해주며, 안상준 개발자가 만들었다고 합니다. 이러한 답변의 근거는 챗봇에 설정된 시스템 프롬프트와 질문과 연관된 청크를 검색한 검색 결과에 기인합니다. 이에 대한 코드는 7.3절 '랭체인을 이용한 RAG 챗봇'에서 상세히 다룰 예정입니다. 이제 챗봇에게 금융 용어인 '비트코인'에 대해 질문해보겠습니다.

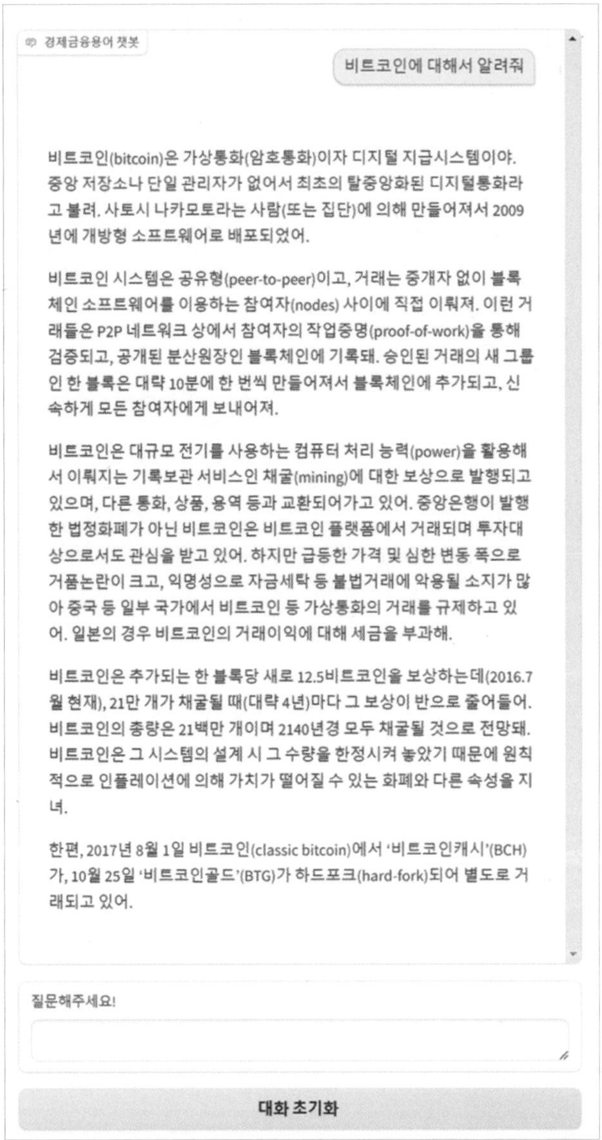

> 경제금융용어 챗봇
>
> 비트코인에 대해서 알려줘
>
> 비트코인(bitcoin)은 가상통화(암호통화)이자 디지털 지급시스템이야. 중앙 저장소나 단일 관리자가 없어서 최초의 탈중앙화된 디지털통화라고 불려. 사토시 나카모토라는 사람(또는 집단)에 의해 만들어져서 2009년에 개방형 소프트웨어로 배포되었어.
>
> 비트코인 시스템은 공유형(peer-to-peer)이고, 거래는 중개자 없이 블록체인 소프트웨어를 이용하는 참여자(nodes) 사이에 직접 이뤄져. 이런 거래들은 P2P 네트워크 상에서 참여자의 작업증명(proof-of-work)을 통해 검증되고, 공개된 분산원장인 블록체인에 기록돼. 승인된 거래의 새 그룹인 한 블록은 대략 10분에 한 번씩 만들어져서 블록체인에 추가되고, 신속하게 모든 참여자에게 보내어져.
>
> 비트코인은 대규모 전기를 사용하는 컴퓨터 처리 능력(power)을 활용해서 이뤄지는 기록보관 서비스인 채굴(mining)에 대한 보상으로 발행되고 있으며, 다른 통화, 상품, 용역 등과 교환되어가고 있어. 중앙은행이 발행한 법정화폐가 아닌 비트코인은 비트코인 플랫폼에서 거래되며 투자대상으로서도 관심을 받고 있어. 하지만 급등한 가격 및 심한 변동 폭으로 거품논란이 크고, 익명성으로 자금세탁 등 불법거래에 악용될 소지가 많아 중국 등 일부 국가에서 비트코인 등 가상통화의 거래를 규제하고 있어. 일본의 경우 비트코인의 거래이익에 대해 세금을 부과해.
>
> 비트코인은 추가되는 한 블록당 새로 12.5비트코인을 보상하는데(2016.7월 현재), 21만 개가 채굴될 때(대략 4년)마다 그 보상이 반으로 줄어들어. 비트코인의 총량은 21백만 개이며 2140년경 모두 채굴될 것으로 전망돼. 비트코인은 그 시스템의 설계 시 그 수량을 한정시켜 놓았기 때문에 원칙적으로 인플레이션에 의해 가치가 떨어질 수 있는 화폐와 다른 속성을 지녀.
>
> 한편, 2017년 8월 1일 비트코인(classic bitcoin)에서 '비트코인캐시'(BCH)가, 10월 25일 '비트코인골드'(BTG)가 하드포크(hard-fork)되어 별도로 거래되고 있어.
>
> 질문해주세요!
>
> 대화 초기화

그림 7.4 비트코인에 대한 챗봇의 답변

챗봇이 비트코인에 대해 상세히 답변하는 것을 볼 수 있습니다. 해당 답변은 '2020_경제금융용어 700선' PDF 파일에 있는 비트코인에 관한 설명에 근거하기 때문에 실제로도 '2020_경제금융용어 700선' PDF 파일에서 위와 같은 답변 내용을 찾아볼 수 있습니다.

■ 비트코인

비트코인(bitcoin)은 가상통화(암호통화)이자 디지털 지급시스템이다. 비트코인 시스템은 중앙 저장소 또는 단일 관리자가 없기 때문에 최초의 탈중앙화된 디지털통화라고 불린다. 이는 사토시 나카모토라는 사람(집단)에 의해 만들어져서 2009년 개방형 소프트웨어로 배포되었다. 이 시스템은 공유형(peer-to-peer)이며, 거래는 중개자 없이 블록체인 소프트웨어를 이용하는 참여자(nodes) 사이에 직접 이뤄진다. 이런 거래들은 공유(P2P) 네트워크상 참여자의 작업증명(proof-of-work)을 통해 검증되고 공개된 분산원장인 블록체인에 기록된다. 승인된 거래의 새 그룹인 한 블록은 대략 10분에 한 번씩 만들어져서 블록체인에 추가되고 신속하게 모든 참여자에게 보내어진다. 비트코인은 대규모 전기를 사용하는 컴퓨터 처리 능력(power)을 활용해서 이뤄지는 기록보관 서비스인 채굴(mining)에 대한 보상으로 발행되고 있으며 다른 통화·상품·용역 등과 교환되어가고 있다. 중앙은행이 발행한 법정화폐가 아닌 비트코인은 비트코인 플랫폼에서 거래되며 투자대상으로서도 관심을 받고 있다. 하지만 급등한 가격 및 심한 변동 폭으로 거품논란이 크다. 또한 익명성으로 자금세탁 등 불법거래에 악용될 소지가 많아 중국 등 일부 국가에서 비트코인 등 가상통화의 거래를 규제하고 있다. 일본의 경우 비트코인의 거래이익에 대해 세금을 부과한다. 비트코인은 추가되는 한 블록당 새로 12.5비트코인을 보상하는데(2016.7월 현재), 21만개가 채굴될 때(대략 4년)마다 그 보상이 반으로 줄어든다. 비트코인의 총량은 21백만개이며 2140년경 모두 채굴될 것으로 전망된다. 비트코인은 그 시스템의 설계시 그 수량을 한정시켜 놓았기 때문에 원칙적으로 인플레이션에 의해 가치가 떨어질 수 있는 화폐와 다른 속성을 지닌다. 한편 2017년 8월 1일 비트코인(classic bitcoin)에서 '비트코인캐시'(BCH)가, 10월 25일 '비트코인골드'(BTG)가 하드포크(hard-fork)되어 별도로 거래되고 있다.

🔗 연관검색어 : 가상통화, 작업증명, 블록체인

그림 7.5 PDF 파일에 들어 있는 비트코인에 관한 설명

7.2 실습 환경 구축하기

본격적인 개발에 앞서 개발 환경을 준비하겠습니다. 프로젝트 폴더 생성부터 가상 환경 생성까지 명령 프롬프트를 활용하여 진행합니다.

프로젝트 폴더 생성하기

openai-prg 폴더 안에 7장에서 실습할 코드를 모아 둘 폴더인 ch07을 생성하고, 해당 폴더로 이동합니다.

```
C:\openai-prg> mkdir ch07
C:\openai-prg> cd ch07
C:\openai-prg\ch07>
```

탐색기에서 C 드라이브를 살펴보면 ch07 폴더가 생성된 모습을 확인할 수 있습니다.

가상 환경 생성하기

다음 명령어를 입력하여 ch07_env라는 이름의 가상 환경을 생성합니다.

```
C:\openai-prg\ch07> python -m venv ch07_env
```

가상 환경이 생성되면 다음 명령어로 가상 환경을 활성화[1]합니다.

```
C:\openai-prg\ch07> ch07_env\Scripts\activate.bat
```

가상 환경이 활성화되면 프롬프트 왼쪽에 가상 환경의 이름이 표시됩니다.

```
(ch07_env) C:\openai-prg\ch07>
```

그 후 다음 명령어로 가상 환경인 ch07_env에 8개의 패키지를 설치합니다. ChatGPT API를 사용하기 위한 openai, 웹 UI를 제공하는 gradio, 랭체인을 사용하기 위한 langchain, langchain_openai, langchain-community, 벡터 데이터베이스를 사용하기 위한 tiktoken, chromadb, PDF 파일을 읽기 위한 pypdf입니다.

---

[1] macOS에서는 'source ch07_env/bin/activate' 명령어로 가상 환경을 활성화합니다.

```
(ch07_env) C:\openai-prg\ch07> pip install openai
(ch07_env) C:\openai-prg\ch07> pip install gradio
(ch07_env) C:\openai-prg\ch07> pip install langchain
(ch07_env) C:\openai-prg\ch07> pip install langchain_openai
(ch07_env) C:\openai-prg\ch07> pip install langchain-community
(ch07_env) C:\openai-prg\ch07> pip install tiktoken
(ch07_env) C:\openai-prg\ch07> pip install chromadb
(ch07_env) C:\openai-prg\ch07> pip install pypdf
```

실제로 벡터 DB와 PDF 파일을 읽을 때는 langchain 패키지에서 제공하는 코드를 사용하지만 langchain 내부적으로도 chromadb, pypdf라는 두 개의 패키지를 호출하므로 별도로 설치해야 합니다.

VS Code에서 프로젝트 폴더 선택하기

비주얼 스튜디오 코드(Visual Studio Code, 이하 VS Code)를 열고, 상단 메뉴에서 [File] → [Open Folder]를 클릭합니다. 앞서 생성한 ch07 폴더(C:\openai-prg\ch07)를 선택하고, [열기] 버튼을 누릅니다.

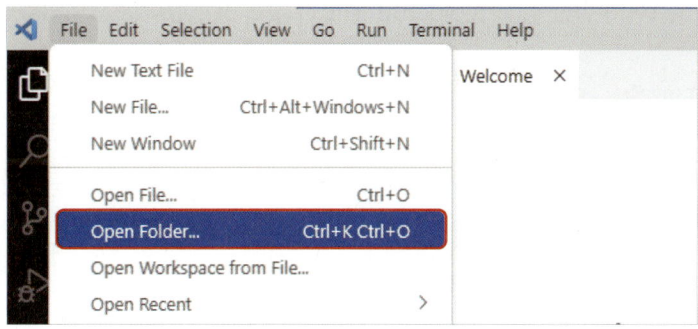

그림 7.6 VS Code의 폴더 열기 메뉴

7.3 랭체인을 이용한 RAG 챗봇

앞에서 소개한 '2020_경제금융용어 700선'이라는 PDF 파일을 이용하여 경제 금융 용어 챗봇을 만들어봅시다. VS Code의 왼쪽 EXPLORER에서 마우스 오른쪽 버튼을 클릭하고, [New File]을 클릭해 새로운 파일을 추가합니다. 파일 이름은 ch07_PDF_CHATBOT.ipynb로 지정합니다. 가장 먼저 실습에 필요한 랭체인 도구들과 추후 데모를 위한 웹 UI를 제공하는 gradio 패키지를 임포트합니다.

```python
import os
from langchain_openai import ChatOpenAI
from langchain.prompts import PromptTemplate
from langchain.vectorstores import Chroma
from langchain.embeddings import OpenAIEmbeddings
from langchain.chains import RetrievalQA
from langchain.document_loaders import PyPDFLoader
import urllib.request
import gradio as gr
```

다음으로 os.environ['OPENAI_API_KEY']에 발급받은 OpenAI API 키 값을 입력합니다. 해당 코드는 현재 실습 환경에 OpenAI API 키 값을 세팅한다는 의미입니다.

```python
os.environ['OPENAI_API_KEY'] = "여기에 API 키를 넣어주세요"
```

이제 실습에 사용할 2020_경제금융용어 700선_게시.pdf 파일을 다운로드합니다. 다음 코드는 이 책의 코드 저장소에서 해당 파일을 직접 다운로드하는 코드입니다(해당 파일은 한국은행 홈페이지에서도 다운로드할 수 있습니다).

```python
urllib.request.urlretrieve("https://github.com/chatgpt-kr/openai-api-tutorial/raw/main/ch07/2020_%EA%B2%BD%EC%A0%9C%EA%B8%88%EC%9C%B5%EC%9A%A9%EC%96%B4%20700%EC%84%A0_%EA%B2%8C%EC%8B%9C.pdf", filename="2020_경제금융용어 700선_게시.pdf")
```

이제 랭체인의 PyPDFLoader()를 통해 PDF 파일을 로드합니다. 이는 PDF 파일을 파이썬으로 읽고 싶을 때 가장 많이 쓰는 대표적인 도구입니다. PyPDFLoader(파일명)을 실행하여 loader라는 객체를 선언하고, 해당 객체를 통해 load_and_split()을 실행하면 PDF를 여러 개의 청크로 분할한 문자열 리스트가 반환됩니다.

```
loader = PyPDFLoader("2020_경제금융용어 700선_게시.pdf")
texts = loader.load_and_split()
print('문서의 수 :', len(texts))
```

실행 결과

문서의 수: 366

PDF 문서가 총 366개의 텍스트 청크로 분할되었습니다. 임의로 15번 청크를 출력해보겠습니다.

```
texts[15]
```

실행 결과

Document(metadata={'source': '2020_경제금융용어 700선_게시.pdf', 'page': 19}, page_content='3ㄱ \n신용을 모두 포괄하는 것으로 크게 가계대출과 판매신용으로 구분된다. 현재 가계신용통\n계는 2002년 말 잔액부터 분기별로 제공되고 있다. 가계신용통계는 우리나라 가계부문의 \n부채 규모 및 변동 등을 파악하는 데 널리 활용되고 있다 .\n가계처분가능소득\n가계처분가능소득(PDI; Personal Disposable Income)은 가계가 맘대로 소비와 저축\n으로 처분할 수 있는 소득을 의미한다. 흔히 국민들의 생활수준을 파악해 볼 수 있는 \n지표로 1인당 GNI가 널리 쓰이고 있으나 국민총소득에는 가계 뿐 아니라 기업 금융기관 \n정부가 벌어 들인 소득이 모두 포함되어 있다. 따라서 기업과 금융기관 등이 가계부문 \n보다 더 많은 소득을 벌어 1인당 국민총소득(GNI)이 높아진 경우에는 가계가 느끼는 \n체감경기는 전체 경기와 괴리가 있게 된다. 1인당 가계총처분가능소득(PGDI; Personal \nGross Disposable Income)은 가계부문의 총처분가능소득을 연앙인구로 나누어 계산한 \n지표로 가계의 구매력을 가장 정확히 가늠해 볼 수 있는 소득지표이다 …중략… ')

출력 형식을 살펴보면 page_content에는 분할된 텍스트의 본문이 저장되어 있고, source에는 해당 본문의 원본 파일의 이름이 저장되어 있습니다. 기본적으로 랭체인에서 PyPDFLoader()로 객체를 선언하고, load_and_split()을 사용하는 경우에는 다음과 같은 형식을 따릅니다.

```
Document(page_content='내용', metadata={'source': 파일명, 'page': 페이지 번호})
```

본문에만 접근하고 싶다면 각 청크(문자열 원소)에 .page_content를 붙여서 호출하면 됩니다.

```
print(texts[15].page_content)
```

실행 결과

> 3ㄱ
> 신용을 모두 포괄하는 것으로 크게 가계대출과 판매신용으로 구분된다. 현재 가계신용통계는 2002년 말 잔액부터 분기별로 제공되고 있다. 가계신용통계는 우리나라 가계부문의 부채 규모 및 변동 등을 파악하는 데 널리 활용되고 있다 .
> 가계처분가능소득
> 가계처분가능소득(PDI; Personal Disposable Income)은 가계가 맘대로 소비와 저축으로 처분할 수 있는 소득을 의미한다. 흔히 국민들의 생활수준을 파악해 볼 수 있는 지표로 1인당 GNI가 널리 쓰이고 있으나 국민총소득에는 가계 뿐 아니라 기업 금융기관 정부가 벌어 들인 소득이 모두 포함되어 있다. 따라서 기업과 금융기관 등이 가계부문보다 더 많은 소득을 벌어 1인당 국민총소득(GNI)이 높아진 경우에는 가계가 느끼는 체감경기는 전체 경기와 괴리가 있게 된다. 1인당 가계총처분가능소득(PGDI; Personal Gross Disposable Income)은 가계부문의 총처분가능소득을 연앙인구로 나누어 계산한 지표로 가계의 구매력을 가장 정확히 가늠해 볼 수 있는 소득지표이다 .
> 　연관검색어 : 국민총소득 (GNI)
> …중략…

앞의 출력 결과에서 page_content의 값만 추출한 것을 볼 수 있습니다. 이제 챗봇을 만들기 전에 챗봇에 필요 없는 정보들을 삭제하기 위해 각 청크를 확인해야 합니다. 먼저 가장 첫 번째 청크인 0번 청크를 출력해봅시다.

```
print(texts[0].page_content)
```

실행 결과

> ⅲ찾아보기
> 한국은행은 국민들이 경제 및 금융에 대한 이해도를 높이고 경제에 관한 합리적인 의사결정 능력을 키울 수 있도록 현장 경제교육, 온라인 경제교육, 경제교육 콘텐츠 개발 등 대국민 경제교육을 다양하게 수행해 오고 있습니다 .
> 이의 일환으로 2018년
> 　경제금융용어 700선

> 을 발간하였는데 그간 동 책자에 대한
> 수요가 꾸준히 늘어남에 따라 이번에 추가로 발간하게 되었습니다 .
> 지난번 내용과 같이 통화정책, 실물경제, 금융안정, 지급결제 등 한국은행 주요
> 업무를 이해하는데 필요한 전문 용어와 경제·금융 흐름을 이해하는데 도움이 되는
> 시사 경제금융 용어들을 수록하였습니다. 용어해설은 개념과 도입 배경, 의미, 적용
> 사례 등을 담아 쉽게 이해할 수 있도록 하였습니다. 또한 e-book으로도 제작하여
> 독자들의 편의성과 가독성을 높였습니다 .
> …중략…

0번 청크는 해당 PDF 파일의 머리말에 해당됩니다. 챗봇 개발자의 판단에 따라 다를 수 있지만 해당 정보가 챗봇이 제공할 정보가 아니라고 판단되면 해당 청크를 삭제하는 것을 고려해야 합니다. 이제 5번 청크를 출력해봅시다.

```
print(texts[5].page_content)
```

실행 결과

```
vi경제금융용어 700선
ㅂ
바이오인증 · · · · · · · · · · · · · · · · · · · · · · · · · · ·
· · · · · · 118
바젤은행감독위원회 /
바젤위원회(BCBS) · · · · · · · · · · · · · · · · · · · · · 118
발행시장 · · · · · · · · · · · · · · · · · · · · · · · · · · · · · 119
발행중지화폐/유통정지화폐 · · · · · · · · · · · · · 120
방카슈랑스 · · · · · · · · · · · · · · · · · · · · · · · · · · ·
· · · · · · 120
배당할인모형 · · · · · · · · · · · · · · · · · · · · · · · · · 121
…중략…
```

5번 청크는 PDF 파일에서의 목차에 해당됩니다. 예제 챗봇의 목적이 경제 금융 용어를 설명하는 것이므로 챗봇에 필요한 정보에는 해당되지 않습니다. 이제 12번 청크를 출력해 봅시다.

```
print(texts[12].page_content)
```

실행 결과

```
xiii찾아보기 l
환매조건부매매/RP/Repo · · · · · · · · · · · · · · · · · · · · 331
환 어 음 · · · · · · · · · · · · · · · · · · · · · · · · · · · · · · · · · · · · · · · · 332
...중략...
```

마찬가지로 목차에 해당됩니다. 13번 청크를 출력해봅시다.

```
print(texts[13].page_content)
```

실행 결과

```
14경제금융용어   700선
정책당국이 취하는 제반 조치를 말한다. 이는 정책당국이 경제 전체의 총수요 수준을
변동시킴으로써 경기 수위를 조절하는 데 초점을 맞추고 있다. 실제 운영에 있어서는
정부지출과 세율을 조정하는 재정정책이 이용되거나 통화량과 금리 수준을 조절하는
통화정책이 활용된다. 즉 경기가 정상수준을 큰 폭 밑도는 불황에 직면하게 될 경우
정부는 재정지출을 늘리거나 조세를 줄이는 재정정책 수단을 동원한다. 한편 중앙은행은
통화량을 늘리거나 금리를 내리는 정책수단을 활용한다. 이와는 반대로 경기가 지나치게
과열될 경우 정책당국은 재정측면에서는 정부지출을 줄이거나 조세를 늘리고, 통화측면
에서는 통화량을 줄이거나 금리를 올리는 조치를 취한다 .
   연관검색어 : 재정정책, 통화정책
...중략...
```

13번 청크부터는 경제 금융 용어 설명이 출력됩니다. 앞에 몇 개의 청크를 출력해본 결과, 0번 청크는 머리말, 12번 청크까지는 목차, 13번 청크부터 금융 용어를 설명하는 청크임을 확인했습니다. 다시 말해 용어를 검색하는 데는 0번 청크부터 12번 청크는 필요하지 않습니다.

기존의 0번 청크부터 12번 청크까지 제거해보겠습니다. 이러한 판단은 원본 PDF 파일과 PyPDFLoader()로 객체를 선언하고, load_and_split()을 수행하여 얻은 청크들을 보고 챗봇의 개발자가 판단해야 합니다. 챗봇의 답변에 불필요한 정보들을 제거해야만 챗봇의 잘못된 답변을 막을 수 있습니다. 다음 코드는 13번 청크부터 시작하도록 수정하여 texts를 재저장한다는 의미입니다.

```
texts = texts[13:]
print('줄어든 청크의 개수:', len(texts))
```

실행 결과

```
줄어든 청크의 개수: 353
```

그럼 0번 청크를 출력해보겠습니다. 전처리가 제대로 되었다면 이전의 13번 청크가 현재의 0번 청크가 되어야 합니다.

```
print('첫번째 청크 출력 :', texts[0])
```

실행 결과

```
첫번째 청크 출력 : page_content='1ㄱ
ㄱ
가계부실위험지수(HDRI)
가구의 소득 흐름은 물론 금융 및 실물 자산까지 종합적으로 고려하여 가계부채의
부실위험을 평가하는 지표로, 가계의 채무상환능력을 소득 측면에서 평가하는 원리금상
환비율(DSR; Debt Service Ratio)과 자산 측면에서 평가하는 부채/자산비율(DTA; Debt
To Asset Ratio)을 결합하여 산출한 지수이다. 가계부실위험지수는 가구의 DSR과 DTA 가
각각 40%, 100%일 때 100의 값을 갖도록 설정되어 있으며, 동 지수가 100을 초과하는
가구를 '위험가구'로 분류한다. 위험가구는 소득 및 자산 측면에서 모두 취약한 '고위험가구',
…중략…
metadata={'source': '2020_경제금융용어 700선_게시.pdf', 'page': 17}
```

보다시피 전처리가 정상적으로 수행되었습니다. 이번에는 뒤에 있는 청크들을 확인하기 위해 마지막 청크를 출력해보겠습니다. 파이썬 리스트에서는 -1이 마지막 원소를 의미합니다.

```
print('마지막 청크 출력 :', texts[-1])
```

실행 결과

```
page_content='경제금융용어 700선
발행인 이주열
편집인 박철원
발행처 한국은행(www.bok.or.kr)
```

```
서울특별시 중구 세종대로 67(태평로 2가)
발행일 2020년 8월 3일
인   쇄 ㈜제일프린테크
 본 자료는 한국은행 홈페이지(http://www.bok.or.kr>경제교육>온라인학습>일반인) 에서
다운로드 받으실 수 있습니다.
 이 책자에 대한 문의는 한국은행 경제교육실 경제교육기획팀(02-759-5618)으로 연락
하여 주시기 바랍니다.

경제금융용어 700선
 은
① 정부간행물판매센터(☎ 02-734-6818, http://www.gpcb ooks.co.kr)
② 한국경제서적(☎ 02-737-7498)③ 경제서적(☎ 02-736-0640, http://kj-book.co.kr) 또는
주요 서점 등에서 매권당
8,000원에 판매하고 있습니다.
ISBN 979-11-5538-393-3 03320'
metadata={'source': '2020_경제금융용어 700선_게시.pdf', 'page': 369}
```

해당 청크는 이 문서의 맺음말에 해당되므로 해당 데이터도 불필요합니다. 마지막에서 두 번째 청크를 출력해보겠습니다.

```
print('마지막에서 두번째 청크 출력 :', texts[-2])
```

실행 결과

```
page_content='352경제금융용어    700선
와 관련된 다양한 부수업무를 하는 회사를 말한다. 가령 신용카드 거래가 발생하면
VAN사업자는 거래 승인을 위해 신용카드사에 거래내역을 전송하고 승인 및 조회결과를
수신한 후 이를 가맹점에 전송한다. 또한 VAN사업자는 가맹점이 신용카드사에 전표를
제출하여 대금을 청구하는 업무를 대신하기 위하여 가맹점을 방문하여 전표실물을 수거
하거나 전표 데이터를 수집한다 …중략…
metadata={'source': '2020_경제금융용어 700선_게시.pdf', 'page': 368}
```

마지막에서 두번째 문서는 경제 금융 용어에 해당하므로 삭제해서는 안 됩니다. 마지막 데이터를 제거한 후 정상적으로 제거되었는지 확인하기 위해서 청크의 수를 출력합니다.

```
texts = texts[:-1]
print('마지막 데이터 제거 후 청크의 개수:', len(texts))
```

실행 결과

```
마지막 데이터 제거 후 청크의 개수: 352
```

그럼 지금까지 설명한 과정을 정리해봅시다. 랭체인의 `PyPDFLoader()`를 통해 PDF 파일을 읽고, `load_and_split()`을 수행하여 PDF 파일을 다수의 청크로 분리했습니다. 해당 PDF 파일의 경우 문서의 앞쪽 페이지와 뒤쪽 페이지들은 머리말, 목차, 맺음말 등으로 구성되어 있는데, 이는 챗봇이 답해야 하는 요소가 아니므로 PDF 파일을 직접 열거나 중간중간 출력해 보면서 이렇게 불필요한 요소들을 제거했습니다. 이제 금융 용어에 대한 설명으로만 구성된 352개의 청크를 모두 임베딩하여 벡터 데이터베이스에 적재해보겠습니다.

OpenAI의 Embedding API를 이용하여 텍스트를 임베딩하고, 코사인 유사도를 통해 유사한 텍스트를 가져오는 실습을 진행한 바 있습니다. 여기서도 OpenAI의 Embedding API를 사용하겠습니다. 크로마 DB는 이 과정을 기능별로 이미 구현하여 사용자가 벡터를 좀 더 쉽게 다룰 수 있도록 도와주는 편리한 벡터 응용 도구입니다.

`Chroma.from_documents()`를 통해 벡터 데이터베이스 객체인 `vectordb`를 선언합니다. 이때 `documents`에는 벡터화의 단위가 될 텍스트 리스트를 매개변수로 사용하고, `embedding`에는 어떤 종류의 임베딩을 사용할 것인지를 지정합니다.

```
embedding = OpenAIEmbeddings()

vectordb = Chroma.from_documents(
    documents=texts,
    embedding=embedding)
```

`vectordb`를 선언하고 나면 `._collection` 다음에 온점을 찍고 다양한 함수들을 사용할 수 있습니다. 예를 들어 `count()`는 현재 저장된 청크 또는 벡터 개수를 의미합니다.

```
print(vectordb._collection.count())
```

실행 결과

```
352
```

앞서 확인했던 청크 개수인 352개와 동일합니다. 기본적으로 _collection.get()은 벡터 데이터베이스 객체인 vectordb에 저장된 값들을 볼 수 있는 기능을 갖고 있습니다. 어떤 값들을 호출할 수 있는지 확인해봅시다.

```python
for key in vectordb._collection.get():
    print(key)
```

실행 결과

```
ids
embeddings
metadatas
documents
uris
data
included
```

보다시피 ids, embeddings, metadatas, documents를 호출할 수 있습니다. vectordb에 저장된 기존 청크들을 보고 싶다면 ['documents']를 통해 불러올 수 있습니다. vectordb로부터 청크들을 다시 로드하고, 청크의 개수와 임의로 0번 청크를 출력해보겠습니다.

```python
documents = vectordb._collection.get()['documents']
print('청크의 개수 :', len(documents))
print('-' * 50)
print('0번 청크 출력 :', documents[0])
```

실행 결과

```
청크의 개수 : 352
--------------------------------------------------
0번 청크 출력 : 308경제금융용어  700선
수 있는 지표가 필요한데 이를 운용목표(operating target)라고 하며 일반적으로 단기시
장금리나 지급준비금이 사용된다. 중앙은행은 이러한 운용목표의 적정 수준을 설정하고
```

> 공개시장운영, 중앙은행 여수신제도, 지급준비제도 등의 정책수단(policy tool)을 활용하
> 여 동 수준을 유지함으로써 궁극적으로 최종목표를 달성하기 위해 노력한다. 한편 통화
> 정책의 결정과 집행에는 이를 뒷받침할 수 있는 제도가 필요한데 의사결정 및 집행기구 ,
> 외부압력으로부터의 독립성 확보장치, 정책수행 결과에 대한 책임성 제고방안, 그리고
> 통화정책의 신뢰성과 유효성 확보를 위한 투명성 증대 장치 등이 이에 포함된다. 이와
> 같이 최종목표, 명목기준지표, 운용목표, 정책수단, 의사결정 관련 제도 등을 모두 포괄하
> 여 통화정책체계라고 한다 .
> 연관검색어 : 통화정책 운영체제(monetary policy regime)
> ...중략...

이때 0번 청크는 수많은 352개의 청크 중 임의로 선택되어 출력된 청크로 실제 순서가 보장되지 않으므로 위에서 선택되어 출력되는 청크는 위 결과와 다를 수 있습니다.

임베딩 벡터의 값은 기본적으로는 제공하지 않기 때문에 임베딩 벡터의 값도 확인하고 싶다면 get()을 호출할 때 내부에 include=['embeddings']를 기재해야 합니다. 그 후 ['embeddings']를 통해 호출할 수 있습니다.

다음 코드는 352개 청크의 임베딩 벡터를 불러와 embeddings에 저장합니다. 그 후 임베딩 벡터의 개수를 출력하여 352개로 일치하는지 확인합니다.

```
embeddings = vectordb._collection.get(include=['embeddings'])['embeddings']
print('임베딩 벡터의 개수 :', len(embeddings))
```

실행 결과

```
임베딩 벡터의 개수 : 352
```

0번 청크의 임베딩 벡터의 값과 0번 청크의 임베딩 벡터 값의 길이를 출력해보겠 습니다.

```
print('0번 청크의 임베딩 값 출력 :', embeddings[0])
print('0번 청크의 임베딩 값의 길이 :', len(embeddings[0]))
```

실행 결과

```
0번 청크의 임베딩 값 출력 : [-0.012155120261013508, -0.019483249634504318, ... 중략
..., -0.009627017192542553, -0.03546086326241493]
0번 청크의 임베딩 값의 길이 : 1536
```

이때 0번 청크의 임베딩 값은 수많은 352개의 청크의 임베딩 값 중 임의로 선택되어 출력된 것으로 실제 순서가 보장되지 않으므로 임베딩 길이는 동일하더라도 임베딩 값은 위 결과와 다를 수 있습니다.

OpenAI의 Embedding API을 사용하는 `OpenAIEmbeddings()`를 사용하면 각 청크는 1,536개의 숫자를 가진 벡터로 변환됩니다.

이번에는 `metadatas`를 호출해봅시다. `metadatas`는 각 청크의 출처를 의미합니다.

```
metadatas = vectordb._collection.get()['metadatas']
print('metadatas의 개수 :', len(metadatas))
print('0번 청크의 출처 :', metadatas[0])
```

실행 결과

```
metadatas의 개수 : 352
0번 청크의 출처 : {'page': 324, 'source': '2020_경제금융용어 700선_게시.pdf'}
```

이때 0번 청크의 출처는 수많은 352개의 청크 값 중 임의로 선택되어 출력된 것으로 실제 순서가 보장되지 않으므로 0번 청크의 출처는 위 결과와 다를 수 있습니다.

벡터 도구 객체를 선언하고 나면 `as_retriever()`를 통해 입력된 텍스트로부터 유사한 텍스트를 찾아주는 검색기 객체인 `retriever`를 선언할 수 있습니다. 그 후에 `get_relevant_documents(입력 텍스트)`를 통해 입력된 텍스트와 유사한 청크들을 찾아서 반환합니다. 이러한 과정을 통해 벡터의 유사도를 구하는 과정을 별도의 추가 구현 없이 손쉽게 사용할 수 있습니다.

검색기 객체인 `retriever`를 선언할 때 `as_retriever()`에 `search_kwargs={"k": 숫자}`를 전달하면 입력 텍스트로부터 유사한 청크를 검색할 때 유사도를 기준으로 몇 번째 순위까지를 반환할 것인지를 지정할 수 있습니다. 예를 들어 k의 값을 2로 지정하면 유사도를 기준으로 상위 2개의 청크를 반환합니다. 상위 2개의 청크만 반환하도록 검색기 객체인 `retriever`를 선언하고, "비트코인이 궁금해"라는 입력 텍스트로 검색해보겠습니다.

```
retriever = vectordb.as_retriever(search_kwargs={"k": 2})

docs = retriever.get_relevant_documents("비트코인이 궁금해")
print('유사 문서 개수 :', len(docs))
print('--' * 20)
print('첫번째 유사 문서 :', docs[0])
print('두번째 유사 문서 :', docs[1])
```

실행 결과

```
유사 문서 개수 : 2
----------------------------------------
첫번째 유사 문서 : page_content='139ㅂ
비트코인
비트코인(bitcoin)은 가상통화(암호통화)이자 디지털 지급시스템이다. 비트코인 시스템
은 중앙 저장소 또는 단일 관리자가 없기 때문에 최초의 탈중앙화된 디지털통화라고 불린다.
이는 사토시 나카모토라는 사람(집단)에 의해 만들어져서 2009년 개방형 소프트웨어로
배포되었다. 이 시스템은 공유형(peer-to-peer)이며, 거래는 중개자 없이 블록체인 소프트
웨어를 이용하는 참여자(nodes) 사이에 직접 이뤄진다. …중략…'
metadata={'page': 155, 'source': '2020_경제금융용어 700선_게시.pdf'}
두번째 유사 문서 : page_content='136경제금융용어   700선
간 대화의 깊이와 폭도 더욱 넓어지고 있다. 브릭스는 현재의 경제성장 속도와 앞으로의
발전 전망에 비추어 신흥 경제대국으로 발돋움할 가능성이 높은 나라들을 하나의 경제권으로
묶은 개념으로 볼 수 있는데, 실제로도 브릭스 국가들은 공통적으로 거대한 영토와 노동력,
풍부한 지하자원 등 경제대국으로 성장할 수 있는 잠재력을 갖춘 것으로 평가되고 있다.
블록체인
블록체인(block chain)은 ① 일정 시간 동안 발생한 모든 거래정보를 블록(block)
단위로 기록하여 ② 모든 구성원들에게 전송하고 ③ 블록의 유효성이 확보될 경우
이 새 블록을 ④ 기존의 블록에 추가 연결(chain)하여 보관하는 방식의 알고리즘이다.
각 블록은 이전 블록에 대한 연결자인 해시포인터(a hash pointer, 위변조 점검 수단),
시간표시 및 거래데이터를 포함한다. 블록체인은 효율적이고 검증 가능한 방식으로
거래를 기록할 수 있는 개방된 분산원장 즉, 데이터베이스 역할을 한다. …중략…'
metadata={'page': 152, 'source': '2020_경제금융용어 700선_게시.pdf'}
```

검색 결과를 보면 첫 번째 청크로 비트코인 용어에 대한 청크가, 두 번째 청크로 블록 체인 용어에 대한 청크가 검색되어 본문 중간에 비트코인이라는 단어가 언급되고 있습니다.

이제 이러한 검색기를 ChatGPT와 연결하는 작업을 진행해보겠습니다. 랭체인을 통해 ChatGPT를 연결할 때 프롬프트를 생성하는 방법으로 프롬프트 템플릿이 존재합니다. 프롬프트 템플릿을 이용하여 ChatGPT에 사용할 프롬프트를 만들어 보겠습니다.

우선 해당 챗봇에게 한국은행에서 만든 금융 용어를 설명하는 챗봇으로 이름은 '금융쟁이'이며 안상준 개발자가 제작했고 주어진 검색 결과를 바탕으로만 답변하라는 지시문을 작성합니다.

그런 다음, {context}와 {question}이라는 두 개의 변수를 할당합니다. {context}는 앞으로 사용자의 입력 텍스트로부터 검색된 결과들이 들어갈 자리이며, {question}은 사용자의 입력 텍스트가 들어갈 자리입니다. 예를 들어 앞의 코드에서는 '비트코인이 궁금해'라는 입력 텍스트를 검색하여 두 개의 검색 결과를 얻었었는데, 다음의 템플릿에 따르면 '비트코인이 궁금해'는 {question}에 위치하게 되며, {context}의 위치에는 2개의 검색 결과가 들어가게 됩니다. 이렇게 만들어진 프롬프트 문자열을 PromptTemplate.from_template()의 입력으로 사용하여 프롬프트 템플릿 객체인 prompt를 만듭니다.

```
template = """당신은 한국은행에서 만든 금융 용어를 설명해주는 금융쟁이입니다.
안상준 개발자가 만들었습니다. 주어진 검색 결과를 바탕으로 답변하세요.
검색 결과에 없는 내용이라면 답변할 수 없다고 하세요. 반말로 친근하게 답변하세요.
{context}

Question: {question}
Answer:
"""

prompt = PromptTemplate.from_template(template)
```

이제 ChatGPT와 연결하기 위해서 ChatOpenAI()를 이용하여 LLM 객체에 해당하는 llm을 만듭니다. 수많은 ChatGPT 모델 중 하나를 선택하여 model_name의 값으로 결정하면 되는데, 여기서는 GPT-4 버전 중에서 답변 속도가 가장 빠른 gpt-4o를 선택했습니다. temperature는 ChatGPT의 답변에 무작위성을 주는 값으로서 이 값이 높으면 예측하지 못한 답변을 주기에 창의성에 비유하기도 합니다. 여기서는 값을 0으로 주어 의외의 답변을 할 가능성을 줄입니다.

```python
llm = ChatOpenAI(model_name="gpt-4o", temperature=0)
```

이제 LLM 객체인 llm, 프롬프트 템플릿 객체인 prompt, 검색기 객체인 retriever를 연결합니다. 이 3개의 객체를 연결하는 도구로 랭체인에서는 RetrievalQA.from_chain_type()을 지원합니다. RetrievalQA.from_chain_type()에 각각의 객체를 연결하는 Chain 객체인 qa_chain을 만듭니다.

```python
qa_chain = RetrievalQA.from_chain_type(
    llm=llm,
    chain_type_kwargs={"prompt": prompt},
    retriever=retriever,
    return_source_documents=True)
```

이제 qa_chain을 통해 사용자의 입력으로부터 서울 청년 정책과 관련된 챗봇의 답변을 얻을 수 있습니다. 이번에는 '디커플링이란 무엇인가?'라는 텍스트를 입력하여 qa_chain의 반환 결과를 확인해봅시다.

```python
input_text = "디커플링이란 무엇인가?"
chatbot_response = qa_chain(input_text)
print(chatbot_response)
```

실행 결과

```
{'query': '디커플링이란 무엇인가?',
'result': '디커플링(decoupling)은 탈동조화라고도 하는데, 어떤 나라나 지역의 경제가 인접한 다른 국가나 전반적인 세계 경제의 흐름과는 다른 모습을 보이는 현상을 말해. 예를 들어, 금융위기 이후 신흥국가나 유로지역 국가들이 미국 경제와 다른 모습을 보이는 경우가 있어. 주가나 금리, 환율 등 일부 경제 변수의 흐름이 국가 간 또는 특정 국가 내에서 서로 다른 흐름을 보이는 현상도 디커플링이라고 할 수 있어. 반대로, 한 나라 또는 지역의 경제가 인접한 다른 국가나 세계 경제 흐름과 유사한 흐름을 보이는 것을 커플링(동조화)이라고 해.',
'source_documents':[
Document(page_content='98경제금융용어    700선\n가계와 기업이 소비와 투자를 미룸으로써 수요의 위축을 초래하여 디플레이션 압력을 \n보다 크게 할 수도 있다. 이 같은 상황에서는 경제주체들의 물가상승률 예상치가 더 \n낮아지지 않도록 사전에 통화 「재정정책 면에서 적극적으로 대응하는 것이 중요하다 .\n 연관검색어 : 디플레이션, 통화정책\n디커플링/커플링\n디커플링(decoupling)이란 탈동조화라고 번역할 수 있는데, 어떤 나라나 지역의 경제\n가
```

> 인접한 다른 국가나 전반적인 세계 경제의 흐름과는 다른 모습을 보이는 현상을 \n말한다 …중략…', metadata={'page': 114, 'source': '2020_경제금융용어 700선_게시.pdf'}),
> Document(page_content='97ㄷ \n제가 시행됨에 따라 은행들이 금융기관을 대상으로 CD를 발행하는 경우 대부분 CD 를 \n실물발행하지 않고 한국예탁결제원을 통해 등록발행하고 있다 . \n디레버리징\n디레버리징(deleveraging)은 부채를 축소하는 것을 말한다. 미시경제 측면에서 보면 , \n가계나 기업 등 개별 경제주체의 대차대조표에서 부채의 비중을 낮추는 것을 의미한다 …중략…',
> metadata={'page': 113, 'source': '2020_경제금융용어 700선_게시.pdf'})]

qa_chain의 결과를 chatbot_response 변수에 저장하여 출력해 보면 query, result, source_documents라는 세 개의 키 값을 갖고 있습니다. 이 가운데 source_documents는 앞서 PyPDFLoader()로 객체를 선언하고, load_and_split()을 수행하여 얻은 청크들입니다. 이들 각각은 page_content와 meta_data 값을 가집니다.

query는 현재 입력된 사용자의 질문을 의미합니다. 이때 qa_chain은 앞서 구현한 retriever를 통해 내부적으로 '디커플링이란 무엇인가?'와 가장 유사도가 높은 2개의 청크를 찾아냅니다. metadata의 source 값에 따르면 해당 텍스트는 원본 '2020_경제금융용어 700선_게시.pdf' 파일에서 각각 113페이지와 114페이지에 있는 청크에 해당합니다. 챗봇은 이 두 개의 본문(여기서는 page_content의 값)과 앞서 작성한 프롬프트를 활용해 답변을 작성합니다. 해당 챗봇의 답변은 결과적으로 result의 값에 해당합니다.

현재 chatbot_response의 출력 결과에는 여러 개의 키가 포함되어 있어 복잡합니다. 따라서 chatbot_response로부터 챗봇의 답변에 해당하는 result 부분을 출력하는 get_chatbot_response() 함수를 구현합니다.

```
def get_chatbot_response(input_text):
    chatbot_response = qa_chain(input_text)
    return chatbot_response['result'].strip()
```

이번에는 '너는 뭘하는 챗봇이니?'라는 입력에 대한 챗봇의 답변을 확인해보겠습니다.

```
input_text = "너는 뭘하는 챗봇이니?"
result = get_chatbot_response(input_text)
print(result)
```

실행 결과

> 나는 한국은행에서 만든 금융 용어를 설명해주는 금융쟁이야. 안상준 개발자가 만들었어. 궁금한 금융 용어가 있으면 물어봐!

'비트코인에 대해서 궁금하당~'이라는 입력에 대한 챗봇의 답변을 확인해 보겠습니다.

```
input_text = "비트코인에 대해서 궁금하당~"
result = get_chatbot_response(input_text)
print(result)
```

실행 결과

> 비트코인에 대해 궁금하구나! 비트코인은 가상통화(암호통화)이자 디지털 지급시스템이야. 중앙 저장소나 단일 관리자가 없어서 최초의 탈중앙화된 디지털통화라고 불려. 사토시 나카모토라는 사람(또는 집단)에 의해 2009년에 만들어졌고, 개방형 소프트웨어로 배포되었어.
>
> 비트코인 시스템은 공유형(peer-to-peer) 방식으로, 거래는 중개자 없이 블록체인 소프트웨어를 이용하는 참여자들 사이에 직접 이루어져. 거래는 작업증명(proof-of-work)을 통해 검증되고, 블록체인이라는 공개된 분산원장에 기록돼. 새로운 거래 그룹인 블록은 대략 10분에 한 번씩 만들어져서 블록체인에 추가되고, 모든 참여자에게 신속하게 전송돼.
>
> 비트코인은 채굴(mining)이라는 과정을 통해 발행되는데, 이 과정은 대규모 전기를 사용하는 컴퓨터 처리 능력을 필요로 해. 비트코인은 다른 통화, 상품, 용역 등과 교환될 수 있고, 투자 대상으로도 관심을 받고 있어. 하지만 가격 변동이 심해서 거품 논란이 크고, 익명성 때문에 자금세탁 등 불법 거래에 악용될 소지도 있어. 그래서 일부 국가에서는 비트코인 거래를 규제하고 있어.
>
> 비트코인의 총량은 21백만 개로 한정되어 있고, 2140년경 모두 채굴될 것으로 예상돼. 비트코인은 인플레이션에 의해 가치가 떨어질 수 있는 법정화폐와는 다른 속성을 지니고 있어. 2017년에는 비트코인에서 '비트코인캐시'와 '비트코인골드'가 하드포크되어 별도로 거래되고 있어.
>
> 더 궁금한 게 있으면 말해줘!

보다시피 검색 결과를 바탕으로 비트코인에 대해 설명해줍니다.

이번에는 Gradio로 챗봇 UI를 구현해보겠습니다. Gradio는 AI 모델을 웹 형태로 배포할 수 있게 돕는 파이썬 라이브러리입니다. 실제로 코드 몇 줄만으로 웹 기반의 인터페이스를 구현할 수 있습니다.

Gradio 공식 문서에서는 Gradio로 챗봇을 구현할 수 있도록 기본 코드를 제공합니다.

- Gradio로 챗봇을 만드는 방법에 관한 공식 문서: https://www.gradio.app/guides/creating-a-chatbot

위 공식 문서를 참고하여 작성한 코드는 다음과 같습니다.

```python
# 인터페이스 생성
with gr.Blocks() as demo:
    chatbot = gr.Chatbot(label="경제금융용어 챗봇") # 챗봇 레이블을 좌측 상단에 구성
    msg = gr.Textbox(label="질문해주세요!")   # 하단의 채팅창 레이블
    clear = gr.Button("대화 초기화")  # 대화 초기화 버튼

    # 챗봇의 답변을 처리하는 함수
    def respond(message, chat_history):
        result = qa_chain(message)
        bot_message = result['result']

        # 채팅 기록에 사용자의 메시지와 봇의 응답을 추가
        chat_history.append((message, bot_message))
        return "", chat_history

    # 사용자의 입력을 제출(submit)하면 respond 함수가 호출
    msg.submit(respond, [msg, chatbot], [msg, chatbot])

    # '초기화' 버튼을 클릭하면 채팅 기록을 초기화
    clear.click(lambda: None, None, chatbot, queue=False)

# 인터페이스 실행
demo.launch(debug=True)
```

여기서 respond() 함수는 챗봇의 답변을 관리하는 함수입니다. 공식 문서에서는 respond() 함수에 사용자의 입력 변수인 message부터 챗봇 UI 화면에서 보여줄 챗봇의 답변을 만들어 chat_history라는 변수로 반환하라고 안내하고 있습니다. 여기서는 qa_chain()을 통해 반환된 값 중 챗봇의 실제 답변인 result와 답변의 출처를 표기하는 metadata 내의 source 값을 함께 정리하여 chat_history로 반환합니다.

그리고 gr.Chatbot(), gr.Textbox(), gr.Button()은 각각 챗봇 UI 화면에 표시될 주요 구성 요소에 표기할 텍스트 레이블입니다. gr.Chatbot()은 코드 실행 후 화면에 표시될 레이블이며, gr.Textbox()는 챗봇의 대화를 전송하기 위한 버튼의 레이블, gr.Button()은 대화 이력을 초기화하는 버튼의 레이블입니다.

위 코드를 실행하면 다음과 같은 챗봇 UI가 화면에 나타납니다. 챗봇에 원하는 질문을 입력하면 챗봇의 답변이 반환됩니다. 다음은 비트 코인에 대해 간단히 답변해달라고 요청했을 때의 답변입니다.

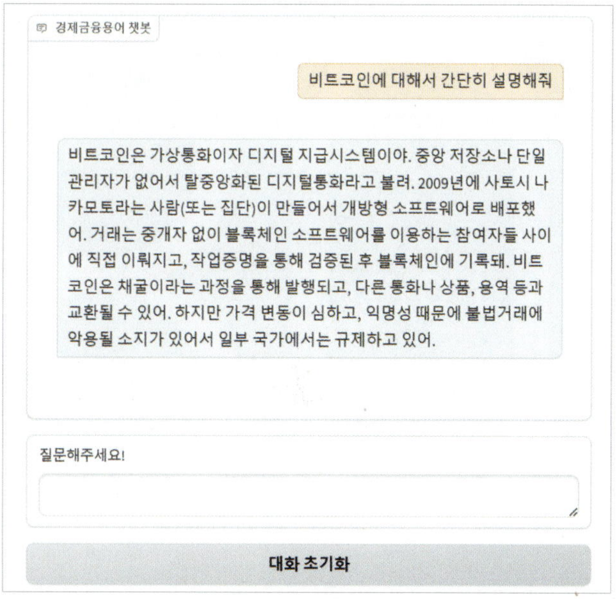

그림 7.7 챗봇의 답변

이렇게 해서 이번 장에서는 복잡한 PDF 파일을 청크로 나누고 불필요한 청크들을 제거한 후에 벡터 데이터베이스와 GPT-4o와 연동하여 빠르고 쉽게 챗봇을 만들어보았습니다. 여러분도 다양한 정보를 담고 있는 PDF를 사용하여 여러분만의 RAG 챗봇을 만들어보기 바랍니다.

Part 08

Whisper와 랭체인을 이용해 유튜브 요약하기

유튜브 요약/번역 프로그램 맛보기
프로그램 구조
실습 환경 구축하기
랭체인의 load_summarize_chain
유튜브 요약/번역 프로그램

유튜브는 음악, TV 프로그램 클립, 실시간 게임 방송, 단편 영화, 교육용 동영상, 뉴스 등 다양한 종류의 동영상을 제공합니다. 유튜브는 아마도 현대인들이 가장 많은 정보를 얻는 플랫폼일 것입니다. 이런 유튜브의 내용을 전부 시청하지 않고 빠르게 내용을 요약할 수 있다면 얼마나 유용할까요? 특히 동영상의 길이가 긴 경우 비교적 짧은 시간에 효율적으로 영상이 말하고자 하는 바를 파악할 수 있을 것입니다. 또 영어로 제작되어 있는 영상의 대본을 추출해서 한글로 볼 수 있다면 얼마나 편할까요? 이번 장에서는 ChatGPT API, Whisper API, 랭체인을 활용하여 유튜브 요약 프로그램을 만들어 보겠습니다

8.1 유튜브 요약/번역 프로그램 맛보기

유튜브 요약/번역 프로그램 제작 방법을 설명하기에 앞서 완성된 프로그램이 어떻게 작동하는지 알아보겠습니다. 그림 8.1은 이번 장에서 만들 유튜브 요약/번역 프로그램의 시작 화면입니다.

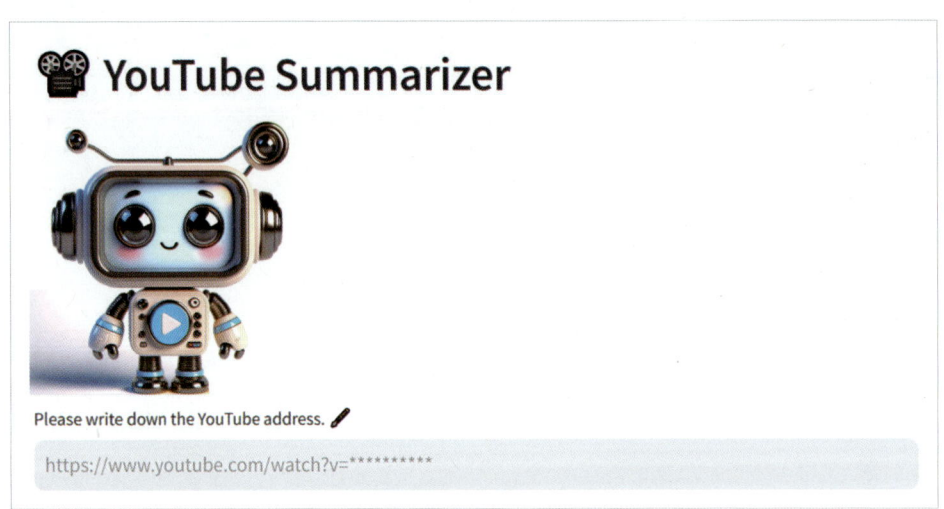

그림 8.1 유튜브 요약/번역 프로그램

요약 또는 번역하고자 하는 유튜브 링크를 복사합니다. 이번 예제에서는 데이터 사이언티스트 관련 외국 유튜브 영상을 사용하겠습니다. 복사한 주소를 붙여 넣으면 주소 아래에 해당 유튜브 영상이 나오고 영어 요약 결과와 한국어 번역 결과가 생성됩니다(그림 8.2).

그림 8.2 유튜브 요약/번역 결과

8.2 프로그램 구조

사용자가 입력한 유튜브 동영상 주소로부터 유튜브 동영상을 요약, 번역해주는 유튜브 요약/번역 프로그램의 구조를 정리해봅시다.

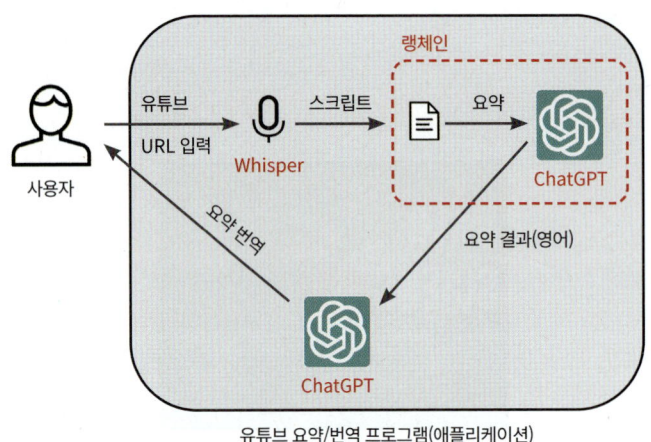

그림 8.3 프로그램의 구조

프로그램 구조는 크게 3개의 API 호출로 구성됩니다. 요약하고자 하는 유튜브 동영상의 스크립트를 텍스트로 변환하는 역할을 하는 Whisper API, 그리고 해당 텍스트 스크립트를 요약하기 위한 용도로 호출되는 ChatGPT API, 그리고 요약된 텍스트를 다시 번역하기 위해 호출되는 ChatGPT API입니다. 그리고 텍스트 스크립트를 요약하는 과정에서 랭체인이 사용되어 ChatGPT API가 장문의 스크립트를 요약할 수 있도록 돕습니다.

- **웹 기반 애플리케이션 구현: 스트림릿**
  유튜브 요약/번역 프로그램은 3.3절 '프로그램 UI를 생성하는 스트림릿 사용법 익히기'에서 사용해본 스트림릿을 활용하여 제작합니다.

- **유튜브 URL 입력: 사용자**
  사용자는 요약하고자 하는 유튜브 영상의 URL을 입력합니다.

- **유튜브 대본 추출: Whisper**

  이번 실습에서는 유튜브 영상에서 스크립트를 추출하기 위해서 음성으로부터 텍스트를 추출하는 OpenAI의 음성 인식 API인 Whisper를 사용합니다.

- **유튜브 대본 번역/요약: 랭체인(ChatGPT)**

  유튜브 대본을 활용하여 ChatGPT가 내용 요약을 진행하는데, 이때 랭체인을 사용합니다. 랭체인 안에도 ChatGPT API를 사용할 수 있도록 구성되어 있으며, 이는 6장에서 자세히 다룬 바 있습니다. 한글로 번역할 때는 랭체인이 아닌 OpenAI의 ChatGPT API를 사용합니다.

8.3 실습 환경 구축하기

본격적인 개발에 앞서 개발 환경을 준비하겠습니다. 프로젝트 폴더 생성부터 가상 환경 생성까지 명령 프롬프트를 활용하여 진행합니다.

프로젝트 폴더 생성하기

openai-prg 폴더 안에 8장에서 실습할 코드를 모아 둘 폴더인 ch08을 생성하고, 해당 폴더로 이동합니다.

```
C:\openai-prg> mkdir ch08
C:\openai-prg> cd ch08
C:\openai-prg\ch08>
```

탐색기에서 C 드라이브를 살펴보면 openai-prg 폴더에 ch08 폴더가 생성된 모습을 확인할 수 있습니다.

가상 환경 생성하기

다음 명령어를 입력하여 ch08_env라는 이름의 가상 환경을 생성합니다.

```
C:\openai-prg\ch08> python -m venv ch08_env
```

가상 환경이 생성되면 다음 명령어로 가상 환경을 활성화[1]합니다.

```
C:\openai-prg\ch08> ch08_env\Scripts\activate.bat
```

가상 환경이 활성화되면 프롬프트의 왼쪽에 가상 환경의 이름이 표시됩니다.

```
(ch08_env) C:\openai-prg\ch08>
```

그러고 나서 다음 명령어로 가상 환경에 7개의 패키지를 설치해야 합니다. ChatGPT API와 Whisper API 사용을 위한 openai 패키지와 단계별 요약을 하기 위한 파이프라인을 제공하는 패키지인 langchain, langchain-community, langchain-openai, tiktoken, 유튜브 동영상을 다운로드할 수 있게 도와줄 pytubefix, 그리고 프로그램 실행을 위한 streamlit입니다. 다음 명령어로 7개의 패키지를 ch08_env 가상 환경에 설치합니다.

```
(ch08_env) C:\openai-prg\ch08> pip install openai
(ch08_env) C:\openai-prg\ch08> pip install langchain
(ch08_env) C:\openai-prg\ch08> pip install langchain-community
(ch08_env) C:\openai-prg\ch08> pip install langchain-openai
(ch08_env) C:\openai-prg\ch08> pip install tiktoken
(ch08_env) C:\openai-prg\ch08> pip install pytubefix
(ch08_env) C:\openai-prg\ch08> pip install streamlit
```

VS Code에서 프로젝트 폴더 선택하기

비주얼 스튜디오 코드(Visual Studio Code, 이하 VS Code)를 열고, 상단 메뉴에서 [File] → [Open Folder]를 클릭합니다. 앞서 생성한 ch08 폴더(C:\openai-prg\ch08)를 선택하고, [열기] 버튼을 누릅니다.

---

[1] macOS에서는 'source ch08_env/bin/activate' 명령어로 가상 환경을 활성화합니다.

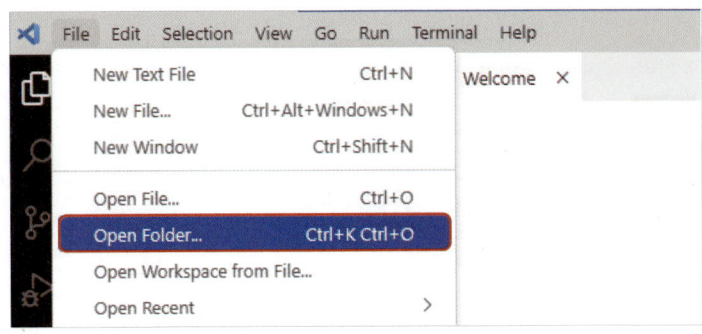

그림 8.4 VS Code의 폴더 열기 메뉴

8.4 랭체인의 load_summarize_chain

이번 절에서는 랭체인을 활용하여 긴 글을 요약해 보겠습니다. 최근 OpenAI의 모델들은 처리할 수 있는 최대 길이가 많이 늘어난 편이지만, 그럼에도 불구하고 텍스트가 길어지면 요약이나 정보 추출 등에서 성능이 다소 저하될 수 있는 문제점을 여전히 갖고 있습니다.

이러한 문제를 보완하고자 여기서는 랭체인을 사용하여 요약을 단계별로 진행해 보겠습니다. 랭체인에서는 긴 문서를 한 번에 요약하는 것이 아니라 두 번의 요약 과정을 거칩니다. 우선 다수의 짧은 문서로 분할한 후에 각각 요약합니다. 그것을 다시 합친 후 해당 글을 요약하는 방식으로 진행합니다.

그림 8.5는 랭체인의 단계별 요약의 동작 순서도입니다. 먼저 입력받은 긴 글을 한 번에 일정 크기로 분할합니다. 분할이 완료된 덩어리들을 각각 ChatGPT에게 요약해 달라고 요청합니다. 만약 긴 문서를 좀 더 짧은 문서 100개로 나누었다면 100개 문서의 요약본이 생성됩니다. 100개의 요약본을 이어 붙여서 하나의 글로 만들면 처음의 글 대비 글자 수가 확연히 줄어듭니다. 그리고 이렇게 합쳐진 글에 대해 다시 한번 요약을 진행합니다.

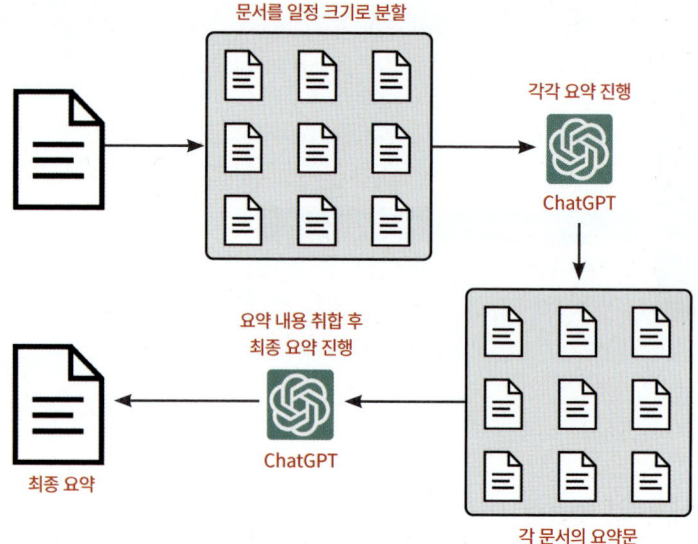

그림 8.5 단계별 요약

ch08 폴더에 실습을 진행할 ch08_longtext_summary.py 파이썬 스크립트를 생성합니다.

예제 8.1 긴 텍스트 요약 예시   ch08/ch08_longtext_summary.py

```
from langchain.prompts import PromptTemplate
from langchain.chains.summarize import load_summarize_chain
from langchain.text_splitter import RecursiveCharacterTextSplitter
from langchain_openai import ChatOpenAI
script = "요약을 원하는 장문의 텍스트"

# 요약을 위한 랭체인의 ChatGPT 세팅
llm = ChatOpenAI(temperature=0,
                 openai_api_key="여기에 API 키를 넣어주세요",
                 max_tokens=4000,
                 model_name="gpt-3.5-turbo",
                 request_timeout=120
)
```

```python
15  # 프롬프트 설정
16  prompt = PromptTemplate(
17      template="""백틱으로 둘러싸인 전사본을 이용해 해당 텍스트를 요약해주세요. \
18          ```{text}``` 단, 영어로 작성해주세요.
19          """, input_variables=["text"]
20  )
21  combine_prompt = PromptTemplate(
22      template="""백틱으로 둘러싸인 유튜브 스크립트를 모두 조합하여 \
23          ```{text}```
24          10문장 내외의 간결한 요약문을 제공해주세요. 단, 영어로 작성해주세요.
25          """, input_variables=["text"]
26  )
27
28  # 랭체인을 활용하여 긴 글 요약
29  # 글 쪼개기
30  text_splitter = RecursiveCharacterTextSplitter(chunk_size=3000, chunk_overlap=0)
31  texts = text_splitter.create_documents([script])
32
33  # 요약하기
34  chain = load_summarize_chain(llm, chain_type="map_reduce", verbose=False,
35                               map_prompt=prompt, combine_prompt=combine_prompt)
36  summerize = chain.invoke(texts)["output_text"]
37
38  # 최종 출력
39  print(summerize)
```

01 langchain에서 LLM 모델에 입력하는 prompt 템플릿을 지정하는 컴포넌트를 불러옵니다.

02 langchain에서 긴 글을 요약할 때 사용하는 load_summerize_chain()를 불러옵니다.

03 langchain에서 긴 텍스트를 작은 텍스트로 분할할 때 사용하는 RecursiveCharacter TextSplitter()을 불러옵니다.

04 langchain에서 OpenAI의 LLM 모델을 불러올 때 사용하는 ChatOpenAI()를 불러옵니다.

05 요약할 장문의 텍스트를 입력합니다. 저자의 경우 이 책의 코드 저장소에서 ch06 폴더에 있는 test.txt 파일의 내용을 복사해서 사용하였습니다. 하지만 다른 장문의 텍스트를 사용해도 무방합니다.

　– 텍스트 데이터 주소: https://github.com/chatgpt-kr/openai-api-tutorial/blob/main/ch06/test.txt

08~13 langchain에서 사용할 LLM 모델로 ChatGPT(gpt-3.5-turbo) 모델을 불러옵니다. 이때 요약 글의 정확도를 높이기 위해 temperature를 0으로 지정합니다.

16~20 분할된 텍스트 한 덩어리를 요약할 때 사용할 prompt를 지정합니다.

21~26 지금까지 작성된 요약문들을 모아서 하나의 문서로 간주하고 해당 문서에 대한 요약문을 작성합니다.

30 긴 텍스트를 분할할 때 사용할 모델을 지정합니다. 이때 chunk_size는 분할할 텍스트 덩어리의 크기를 뜻하고, chunk_overlap은 분할한 텍스트의 앞뒤 두 개의 덩어리에 겹치는 구간을 뜻합니다. 요약하기 위해 분할할 때는 사용하지 않습니다.

31 분할을 실행해서 text 변수에 분할한 텍스트 덩어리를 리스트 형태로 저장합니다.

34~36 load_summarize_chain 메서드를 활용해서 요약을 진행할 모델을 생성합니다. 이때 요약에 사용될 모델은 앞서 생성한 ChatGPT 모델이며, map_prompt는 분할된 텍스트 요약을 위해 생성한 프롬프트, combine_prompt는 최종 요약을 할 때 사용하기 위해 생성한 프롬프트를 각각 지정합니다.

36 invoke()를 사용하여 최종 요약을 실행합니다.

앱 실행하기

파이썬 코드를 실행할 때와 같이 명령 프롬프트나 VS Code에서 앱을 실행할 수 있습니다. 명령 프롬프트을 열고 다음 명령어를 입력합니다.

```
(ch08_env) C:\openai-prg\ch08> python ch08_longtext_summary.py
```

실행이 정상적으로 완료되면 터미널에 입력한 긴 문서의 요약문이 출력됩니다.

실행 결과

Park Minho, a talented student from a small fishing village in Korea, overcame setbacks and failures to become an AI researcher in Silicon Valley. Despite facing rejection, he honed his skills at a startup before joining Google and eventually returning to Korea to found NeoTech. Through NeoTech, he focuses on innovative AI solutions and social contributions, aiming to make a positive impact on society. Park Minho's story highlights passion, perseverance, and social responsibility in using technology for a better world.

8.5 유튜브 요약/번역 프로그램

이제 유튜브 요약/번역 프로그램을 만들어보겠습니다. ch08 폴더에 실습을 진행할 ch08_yt_sum_trans.py 파이썬 스크립트를 생성합니다.

코드 구조

코드를 설명하기 위해 코드의 구조는 크게 기본 정보 입력, 기능 구현 함수, 메인 함수의 세 부분으로 나누겠습니다. 기본 정보 입력 부분에서는 프로그램에서 사용할 패키지를 불러오고, 기능 구현 함수 부분에는 메인 함수에서 상황에 따라 기능을 구현하기 위해 호출하는 함수를 정리해놓습니다. 메인 함수는 프로그램을 동작하는 핵심 함수로 프로그램 UI부터 모든 동작을 총괄합니다. 지금부터 구조별로 상세히 설명하겠습니다.

예제 8.2 코드 구조 설명   ch08/ch08_yt_sum_trans.py

```
01  ##### 기본 정보 입력 #####
02  # 스트림릿 패키지 추가
03
04  # OpenAI 패키지 추가
05
06  # 유튜브 영상을 다운로드하기 위한 pytubefix 패키지 추가
07
08  # 유튜브 영상을 번역, 요약하기 위한 랭체인 패키지 추가
09
10  # 기타 필요한 기본 패키지 추가
11
12  # Whisper를 사용하기 위해 client 선언
13
14  ##### 기능 구현 함수 정리 #####
15  # 주소를 입력받아 유튜브 동영상의 음성(mp3)을 추출하는 함수
16  def get_audio(url):
17      ... 생략 ...
18
19  # 음성 파일 주소를 전달받아 스크립트를 추출하는 함수
20  def get_transcribe(file_path):
21      ... 생략 ...
```

```python
22
23  # 영어 입력이 들어오면 한글로 번역 및 불릿 포인트 요약을 수행
24  def trans(text):
25      ... 생략 ...
26
27  # 유튜브 주소의 형태를 정규 표현식(Regex)으로 체크하는 함수
28  def youtube_url_check(url):
29      ... 생략 ...
30
31  ##### 메인 함수 #####
32  def main():
33      # sesstion state 초기화
34      if "summarize" not in st.session_state:
35          st.session_state["summarize"] = ""
36      # 메인 공간
37      ... 생략 ...
38
39  if __name__=="__main__":
40      main()
```

기본 정보 불러오기

예제 8.3 기본 정보 불러오기　　　　　　　　　　　　　　ch08/ch08_yt_sum_trans.py

```python
01  ##### 기본 정보 입력 #####
02  # 스트림릿 패키지 추가
03  import streamlit as st
04
05  # OpenAI 패키지 추가
06  import openai
07
08  # 유튜브 영상을 다운로드하기 위한 pytubefix 패키지 추가
09  from pytubefix import YouTube
10
11  # 유튜브 영상을 번역, 요약하기 위한 랭체인 패키지 추가
12  from langchain.prompts import PromptTemplate
13  from langchain.chains.summarize import load_summarize_chain
```

```python
14  from langchain.text_splitter import RecursiveCharacterTextSplitter
15  from langchain_openai import ChatOpenAI
16
17  # 기타 필요한 기본 패키지 추가
18  import re
19  import os
20  import shutil
21
22  # Whisper를 사용하기 위해 client 선언
23  api_key = "여기에 API 키를 넣어주세요"
24  client = openai.OpenAI(
25      api_key=api_key
26  )
```

03 streamlit 패키지를 st라는 약어로 불러옵니다.

06 openai 패키지를 불러옵니다.

09 유튜브 영상을 다운로드하기 위한 pytubefix 패키지를 불러옵니다.

11~15 유튜브 영상을 번역, 요약하기 위한 랭체인 패키지를 불러옵니다.

18~20 실습에 사용할 파이썬의 기본 패키지를 불러옵니다.

23~26 OpenAI API 중 Whisper API를 사용하기 위해 사용자가 발급받은 OpenAI API 키를 입력하여 client 객체를 만듭니다. client 객체를 선언한 후에 다양한 OpenAI API를 사용할 수 있습니다.

기능 구현 함수

예제 8.4 기능 구현 함수 설명　　　　　　　　　　　　　　　　　　　　ch08/ch08_yt_sum_trans.py

```python
27  ##### 기능 구현 함수 정리 #####
28  # 주소를 입력받아 유튜브 동영상의 음성(mp3)을 추출하는 함수
29  def get_audio(url):
30      yt = YouTube(url)
31      audio = yt.streams.filter(only_audio=True).first()
32      audio_file = audio.download(output_path=".")
33      base, ext = os.path.splitext(audio_file)
34      new_audio_file = base + ".mp3"
```

```python
35      shutil.move(audio_file, new_audio_file)
36      return new_audio_file
37
38  # 음성 파일 주소를 전달받아 스크립트를 추출하는 함수
39  def get_transcribe(file_path):
40      with open(file_path, "rb") as audio_file:
41          transcript = client.audio.transcriptions.create(
42              model="whisper-1",
43              response_format="text",
44              file=audio_file
45          )
46      return transcript
47
48  # 영어 입력이 들어오면 한글로 번역 및 불릿 포인트 요약을 수행
49  def trans(text):
50      response = client.chat.completions.create(
51          model="gpt-3.5-turbo",
52          messages=[
53              {"role": "system", "content": "당신은 영한 번역가이자 요약가입니다. 들어오는 모든 입력을 한국어로 번역하고 불릿 포인트를 이용해 요약해주세요. 반드시 불릿 포인트로 요약해야 합니다."},
54              {"role": "user", "content": text}
55          ]
56      )
57      return response.choices[0].message.content
58
59  # 유튜브 주소의 형태를 정규 표현식(Regex)으로 체크하는 함수
60  def youtube_url_check(url):
61      pattern = r'^https:\/\/www\.youtube\.com\/watch\?v=([a-zA-Z0-9_-]+)(\&ab_channel=[\w\d]+)?$'
62      match = re.match(pattern, url)
63      return match is not None
```

03~10 유튜브 동영상 주소를 입력받아 유튜브 동영상의 음성을 추출하여 mp3 파일로 저장하는 함수입니다. 음성 파일은 "유튜브 동영상 제목.mp3"라는 이름으로 코드 실행 경로에 저장됩니다.

13~20 유튜브 동영상 파일을 읽어서 Whisper API를 사용하여 동영상으로부터 텍스트 스크립트를 생성합니다.

23~31 영어 텍스트가 들어오면 ChatGPT API를 사용하여 한글로 번역하는 함수입니다.

34~37 유튜브 URL이 정상적으로 입력되지 않을 경우 사용자에게 안내 문구를 표시합니다. 유튜브 URL의 유효성은 youtube_url_check() 함수를 사용하여 정규표현식으로 검사합니다.

메인함수

예제 8.5 유튜브 요약/번역 프로그램   ch08/ch08_yt_sum_trans.py

```
01  ##### 메인 함수 #####
02  def main():
03      # session state 초기화
04      if "summarize" not in st.session_state:
05          st.session_state["summarize"] = ""
06
07      # 메인 공간
08      st.header("🎥 YouTube Summarizer")
09      st.image("ai.png", width=200)
10      youtube_video_url = st.text_input("Please write down the YouTube address.", placeholder="https://www.youtube.com/watch?v=*********")
11      st.markdown("---")
12
13      # URL이 입력됐을 경우
14      if len(youtube_video_url) > 2:
15          # URL을 잘못 입력했을 경우
16          if not youtube_url_check(youtube_video_url):
17              st.error("Youtube URL을 확인하세요.")
18          # URL을 제대로 입력했을 경우
19          else:
20              # 동영상 재생 화면 불러오기
21              width = 50
22              side = width / 2
23              _, container, _ = st.columns([side, width, side])
24              container.video(data=youtube_video_url)
25
26              # 영상 속 자막 추출하기
27              audio_file = get_audio(youtube_video_url)
```

```
28                transcript = get_transcribe(audio_file)
29
30                st.subheader("Summary Outcome (in English)")
31                # 언어 모델은 ChatGPT(GPT-3.5-Turbo)를 사용
32                llm = ChatOpenAI(
33                    model_name="gpt-3.5-turbo",
34                    openai_api_key=api_key
35                )
36                # 맵 프롬프트 설정: 1단계 요약에 사용
37                prompt = PromptTemplate(
38                    template="""```백틱으로 둘러싸인 전사본을 이용해 해당 유튜브 비디오를 요약해주세요.
39                    ```{text}``` 단, 영어로 작성해주세요.
40                    """, input_variables=["text"]
41                )
42                # 컴바인 프롬프트 설정: 2단계 요약에 사용
43                combine_prompt = PromptTemplate(
44                    template="""```백틱으로 둘러싸인 유튜브 스크립트를 모두 조합하여
45                    ```{text}```
46                    10문장 내외의 간결한 요약문을 제공해주세요. 단, 영어로 작성해주세요.
47                    """, input_variables=["text"]
48                )
49                # 랭체인을 활용하여 긴 글 요약
50                # 긴 문서를 문자열 길이 3000을 기준 길이로 하여 분할
51                text_splitter = RecursiveCharacterTextSplitter(chunk_size=3000, chunk_overlap=0)
52
53                # 분할된 문서들은 pages라는 문자열 리스트로 저장
54                # 예)
55                # pages = ["텍스트1", "텍스트2", "텍스트3", "텍스트4"]
56                pages = text_splitter.split_text(transcript)
57
58                # pages를 load_summarize_chain 도구에서 처리 가능한 형식으로 변환
59                # 변환 후에는 문자열이 아닌 랭체인 고유 타입으로 변환됨
60                # 예)
61                # text = [Document(page_content="텍스트1"), Document(page_content="텍스트2"),
62                # Document(page_content="텍스트3"), Document(page_content="텍스트4")]
63                # 랭체인에서 원하는 형태로 변환해야 아래 단계에서 처리 가능
```

```
64                text = text_splitter.create_documents(pages)
65
66                # map_prompt와 combine_prompt를 이용하여 두 단계 요약을 준비
67                chain = load_summarize_chain(llm, chain_type="map_reduce", verbose=False, map_prompt=prompt, combine_prompt=combine_prompt)
68
69                # 두 단계 요약의 결과를 저장. invoke()하면 실행
70                st.session_state["summarize"] = chain.invoke(text)["output_text"]
71                st.success(st.session_state["summarize"])
72                transe = trans(st.session_state["summarize"])
73                st.subheader("Final Analysis Result (Reply in Korean)")
74                st.info(transe)
75
76 if __name__ == "__main__":
77     main()
```

05 st.session_state는 스트림릿에서 사용하는 저장 공간입니다. 세션 변수라고도 부르는데, 파이썬의 일반 변수와 비슷하지만 스트림릿을 사용할 때 파이썬의 일반 변수과 비교하여 상태 관리의 유연성, 코드의 가독성, 디버깅, 유지보수의 용이 등의 이유로 많이 사용됩니다. session_state는 파이썬의 딕셔너리 형태로 여러 정보를 저장할 수 있습니다. st.session_state["summary"]에는 영어로 요약된 결과를 저장합니다.

08 웹 페이지에 프로그램의 제목을 출력합니다.

09 웹 페이지에 ai.png라는 이미지 파일을 표시합니다. 해당 이미지는 프로그램을 꾸미기 위한 용도로 사용한 것이므로 원하면 다른 이미지를 사용하거나, 해당 코드는 제거해도 실습 시 무방합니다. 저자가 사용한 이미지 ai.png는 이 책의 코드 저장소의 ch08 폴더에 업로드 했습니다.

10 유튜브 주소를 입력받기 위한 텍스트 박스를 생성합니다. 유튜브 주소는 youtube_video_url에 저장됩니다.

16 유튜브 URL이 정상적으로 입력되지 않았을 경우 사용자에게 안내 문구를 표시합니다. 유튜브 URL의 유효성은 youtube_url_check() 함수를 사용하여 정규표현식으로 검사합니다.

21~24 프로그램에서 유튜브 영상 재생 화면을 생성합니다. 스트림릿의 st.video()를 사용하여 동영상 재생 화면을 만들 수 있지만, 재생 화면의 크기를 조절할 수 없다는 단점이 있습니다. 이를 해결하기 위해 container를 생성하여 크기를 조절하고 container에서 video()를 실행하여 화면의 크기를 조절합니다. 동영상의 가로 길이가 양쪽 공간의 합과 같은 것을 확인할 수 있습니다.

27~28 유튜브 영상의 스크립트를 추출합니다. 이에 대한 설명은 예제 8.4의 설명을 참고하세요.

- **32~67** 유튜브 영상의 스크립트 내용을 요약합니다. 예제 8.1의 설명을 참고하세요

- **37~41** 8.4절 '랭체인의 load_summarize_chain'에서의 설명과 같이 랭체인에서는 긴 문서를 한 번에 요약하는 것이 아니라 두 번의 요약 과정을 거칩니다. 첫 번째 요약으로는 우선 다수의 짧은 문서로 분할한 후에 각각 요약합니다. 이를 수행할 때의 프롬프트입니다.

- **43~48** 첫 번째 요약 후에 각 요약문을 하나로 병합 후 해당 글을 요약하는 두 번째 요약을 수행할 때의 프롬프트입니다.

- **70~71** 영어로 요약된 결과를 st.session_state["summary"]에 저장합니다. 영어 요약 결과를 st.success()를 사용하여 화면에 표시합니다. st.success()는 스트림릿의 텍스트 생성 메서드 중 하나이며, 배경을 초록색으로 표시합니다.

- **72~74** 영어 요약 결과를 한국어로 번역한 후 st.info()를 사용하여 화면에 표시합니다. 한국어 번역은 trans() 함수를 사용합니다.

앱 실행하기

파이썬 코드를 실행할 때와 같이 명령 프롬프트나 VS Code에서 앱을 실행할 수 있습니다. 명령 프롬프트에서 다음 명령어를 입력합니다.

```
(ch08_env) C:\openai-prg\ch08> streamlit run ch08_yt_sum_trans.py
```

에러 발생 시

일부 macOS와 같은 환경에서 코드를 실행할 때 아래와 같은 에러가 발생하는 경우가 있습니다.

```
URLError: <urlopen error [SSL: CERTIFICATE_VERIFY_FAILED] certificate verify failed: unable to get local issuer certificate (_ssl.c:997)>
```

이 경우 먼저 아래와 같이 추가적으로 certifi 패키지를 설치합니다.

```
(ch08_env) C:\openai-prg\ch08> pip install --upgrade certifi
```

그 후 ch08_yt_sum_trans.py 코드 최상단에 아래의 코드 두 줄을 추가하세요.

```
import ssl
ssl._create_default_https_context=ssl._create_unverified_context
```

실행이 정상적으로 완료되면 그림 8.6과 같이 웹 페이지가 실행되면서 실습을 진행할 수 있습니다. 실행 순서는 8.1절 유튜브 요약/번역 프로그램 맛보기를 참고하세요.

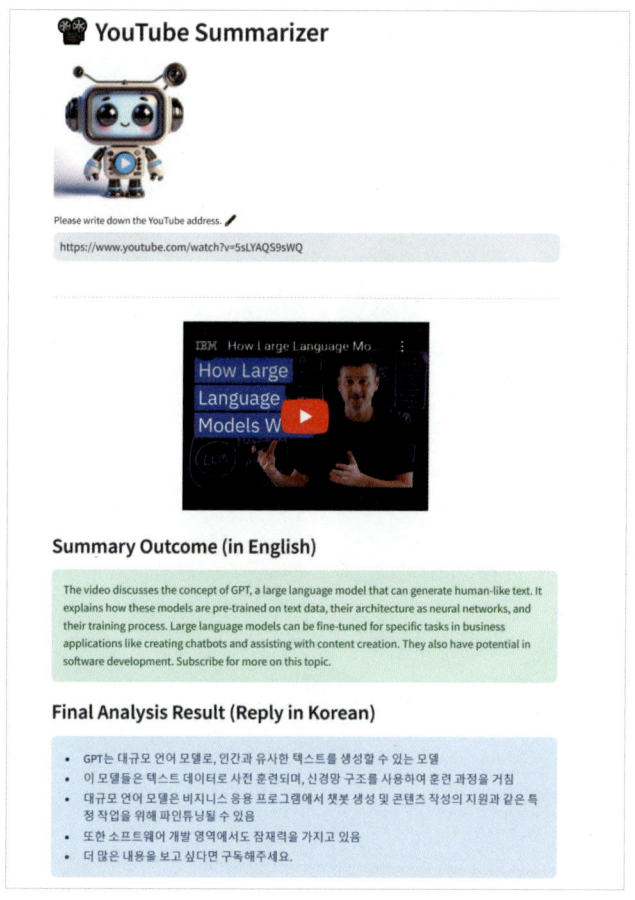

그림 8.6 유튜브 요약/번역 결과

이렇게 해서 이번 장에서는 음성 인식 API인 Whisper와 ChatGPT, 그리고 랭체인의 `load_summarize_chain()`을 이용하여 유튜브와 장문의 텍스트를 요약해 봤습니다. 이를 이용하면 보고 싶은 영화의 자막을 만들거나, 회의록 등도 손쉽게 텍스트로 변환할 수 있습니다. 여기서 배운 내용을 토대로 자기만의 음성 인식 서비스를 만들어보기 바랍니다.

Part 09

GPT-4를 이용한 선택에 따라 스토리가 진행되는 동화책

선택에 따라 스토리가 진행되는 동화책 맛보기

프로그램 구조

실습 환경 구축하기

이미지 생성 AI DALL·E 소개

동화책 만들기

흥미진진한 책을 읽다 보면 때로는 주인공의 선택에 공감하거나 의문을 표하면서 '나라면 어떻게 했을까?'라는 생각을 하기도 합니다. 실제로 사용자의 이러한 흥미를 반영하여 상황에 따라 선택지가 제공되고, 선택에 따라 스토리가 진행되는 추리/판타지 작품들이 있습니다. 비주얼 노블이라는 게임 장르나 넷플릭스에서 제공하는 인터랙티브 시리즈가 그렇습니다. 만약 여러분이 상상한 배경과 주인공을 작성만 하면 이를 반영하여 스토리가 시작되고, 중간에 선택지가 제공되어 여러분의 선택에 따라 스토리가 전개되는 동화책이 있다면 어떨까요? 이번 장에서는 GPT-4가 초기에 설정한 주인공과 배경, 그리고 사용자의 선택에 따라 스토리를 전개하고, 이미지 생성 AI인 DALL·E가 해당 스토리에 맞는 화려한 배경 이미지를 생성하면서 내용이 전개되는 동화책 프로그램을 만들어보겠습니다.

9.1 선택에 따라 스토리가 진행되는 동화책 맛보기

선택에 따라 스토리가 진행되는 동화책의 내부 구조를 설명하기에 앞서 프로그램이 어떻게 작동하는지 알아보겠습니다. 그림 9.1은 우리가 만들 동화책 프로그램의 시작 화면입니다.

선택에 따라 스토리가 진행되는 동화책 서비스

좌측에는 OpenAI API 키 값을 입력하는 칸이 있고, 화면 중앙에는 대략적인 스토리나 주인공에 대한 설명을 입력할 수 있는 칸이 있습니다. 동화책 프로그램을 실행하기 위해서는 먼저 OpenAI API 키 값을 입력해야 합니다.

그림 9.1 동화책 프로그램의 시작 화면

좌측의 빈 칸에 발급받은 OpenAI API 키 값을 입력하고, 그 아래의 [Submit] 버튼을 클릭합니다.

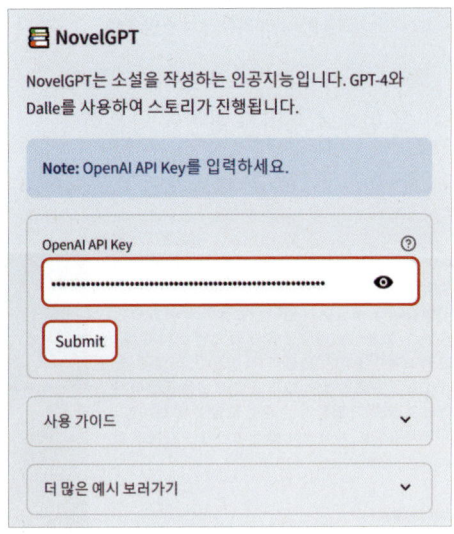

그림 9.2 동화책 프로그램을 만들기 위해 OpenAI API 키 값을 입력

[Submit] 버튼을 클릭하면 화면 중앙에 'Enter the theme/genre of your story'라는 문장 하단에 값을 입력할 수 있도록 칸이 활성화됩니다. 화면 중앙에 동화책의 제목과 배경, 주인공에 대한 설명과 같은 진행하고자 하는 스토리의 개요를 작성합니다. 여기서는 '아기 펭귄 보물이의 모험'이라는 텍스트를 입력하고 [시작!] 버튼을 클릭했습니다.

그림 9.3 스토리의 개요 입력

[시작!] 버튼을 클릭하면 Generating your story…라는 문장이 출력되면서 스토리가 생성됩니다. 이때 스토리가 생성되기까지 잠시 기다려야 합니다.

그림 9.4 스토리를 생성 중인 화면

잠시 후 그림 9.5와 같이 첫 번째 스토리가 화면에 나옵니다.

그림 9.5 첫 번째 스토리 생성

생성된 스토리를 보면 상단에 'Part 1'이라고 적혀 있습니다. 이는 첫 번째 스토리임을 의미합니다. 그 아래에는 아기 펭귄 보물이가 모험을 시작하려고 한다는 내용이 있고, 하단에는 '선택지: 아기 펭귄 보물이는 어떻게 해야 할까요?'라는 문장과 함께 4개의 선택지가 나옵니다. 사용자는 4개의 선택지 중 하나를 선택하여 다음 스토리를 전개할 수 있습니다. 이러한 내용과 선택지는 모두 GPT-4가 작성한 것입니다. 우측에는 몰입감을 높이기 위해 'Part 1'의 내용에 대응하는 이미지가 표시되는데, 이는 이미지 생성 AI인 DALL·E가 만들어낸 이미지입니다.

다음 스토리, 즉 'Part 2'의 내용을 보기 위해서는 4개의 선택지 중 하나를 선택해야 합니다. 여기서는 앞의 그림에 있는 4개의 선택지 중 A에 해당하는 선택지를 클릭하고 [진행하기] 버튼을 클릭했습니다.

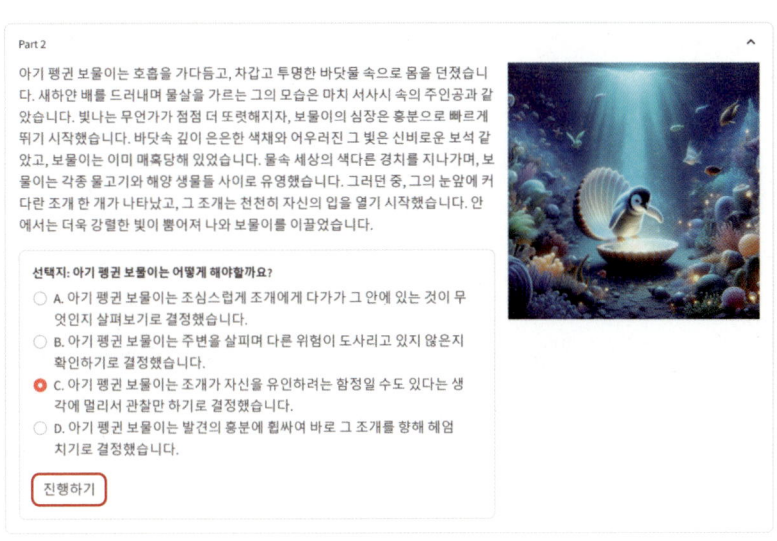

그림 9.6 두 번째 스토리

그러면 두 번째 스토리가 생성됩니다. 앞에서 행한 사용자의 선택이 두 번째 스토리에 영향을 줍니다. 이번에도 마찬가지로 상단에 'Part 2'라고 적혀 있고, 그 아래에는 GPT-4가 작성한 후속 내용이 작성되어 있습니다. 그리고 마지막에는 새로운 선택지가 나옵니다. 우측에는 'Part 2'의 내용에 대응하는 이미지가 생성되었습니다. 이처럼 사용자는 자신만의 선택지를 클릭하며, 계속해서 스토리를 생성할 수 있습니다.

9.2 프로그램 구조

사용자가 입력한 동화 제목으로부터 동화책 이미지와 스토리를 작성해주는 동화 프로그램의 구조를 정리해봅시다.

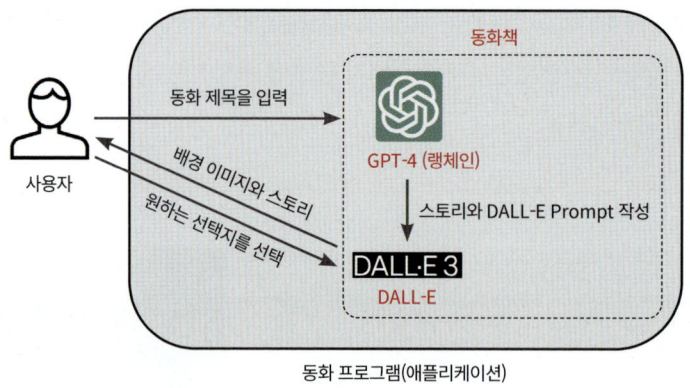

그림 9.7 동화 프로그램의 구조

프로그램 구조는 크게 2개의 API 호출로 구성됩니다. 동화책의 스토리, 사용자의 다음 선택지, 이미지 생성을 위한 프롬프트를 생성하는 GPT-4 API와 동화책 이미지를 생성하는 DALL·E API입니다. 사용자가 다음 선택지를 선택하면 GPT-4 API와 DALL·E API가 동화책의 다음 내용과 이미지를 생성하고, 이를 계속해서 반복하는 구조입니다.

- **웹 기반 애플리케이션 구현: 스트림릿**

  동화 프로그램은 3.3절 '프로그램 UI를 생성하는 스트림릿 사용법 익히기'에서 사용해본 스트림릿을 활용하여 제작합니다.

- **동화 제목 입력 또는 다음 스토리를 위한 다음 행동을 선택: 사용자**

  프로그램을 시작하고 사용자는 동화 제목, 주인공에 대한 설명, 동화에 대한 배경 등 스토리가 시작되기 위한 기본적인 스토리의 개요를 입력합니다. 첫 스토리 이후에는 GPT-4가 스토리 진행을 위해 제시한 4개의 선택지 중에서 원하는 선택지를 선택하는 것을 반복하며 스토리를 전개합니다.

- **스토리, 선택지, DALL·E 프롬프트 생성: GPT-4**

  프로그램이 가장 처음 시작될 때 동화 제목 또는 스토리의 개요를 입력하면 GPT-4는 스토리, 4개의 선택지, 그리고 스토리에 맞는 이미지를 생성하기 위해 DALL·E에 입력할 이미지 프롬프트를 생성합니다. 그리고 첫 스토리를 생성한 이후에는 사용자가 선택지를 선택할 때마다 이어지는 스토리, 그다음 스토리를 위한 4개의 선택지, 스토리에 맞는 이미지를 생성하기 위해 DALL·E 프롬프트를 생성합니다.

- 이미지 생성: DALL · E

  GPT-4가 생성한 스토리에 맞는 이미지 프롬프트가 전달되면 DALL · E는 이미지를 생성합니다.

9.3 실습 환경 구축하기

본격적인 개발에 앞서 개발 환경을 준비하겠습니다. 프로젝트 폴더 생성부터 가상 환경 생성까지 명령 프롬프트를 활용하여 진행합니다.

프로젝트 폴더 생성하기

openai-prg 폴더 안에 9장에서 실습할 코드를 모아 둘 폴더인 ch09를 생성하고, 해당 폴더로 이동합니다.

```
C:\openai-prg> mkdir ch09
C:\openai-prg> cd ch09
C:\openai-prg\ch09>
```

탐색기에서 C 드라이브를 살펴보면 ch09 폴더가 생성된 모습을 확인할 수 있습니다.

가상 환경 생성하기

다음 명령어를 입력하여 ch09_env라는 이름의 가상 환경을 생성합니다.

```
C:\openai-prg\ch09> python -m venv ch09_env
```

가상 환경이 생성되면 다음 명령어로 가상 환경을 활성화[1]합니다.

```
C:\openai-prg\ch09> ch09_env\Scripts\activate.bat
```

---

[1] macOS에서는 'source ch09_env/bin/activate' 명령어로 가상 환경을 활성화합니다.

가상 환경이 활성화되면 프롬프트 왼쪽에 가상 환경의 이름이 표시됩니다.

(ch09_env) C:\openai-prg\ch09>

그 후 다음 명령어로 가상 환경에 5개의 패키지를 설치합니다. 랭체인을 사용하여 ChatGPT API를 호출하기 위한 langchain, langchain-community, langchain-openai, DALL·E API를 사용하기 위한 openai, 그리고 프로그램 실행을 위한 streamlit입니다. 다음 명령어로 5개의 패키지를 ch09_env 가상 환경에 설치합니다.

```
(ch09_env) C:\openai-prg\ch09> pip install langchain
(ch09_env) C:\openai-prg\ch09> pip install langchain-community
(ch09_env) C:\openai-prg\ch09> pip install langchain-openai
(ch09_env) C:\openai-prg\ch09> pip install openai
(ch09_env) C:\openai-prg\ch09> pip install streamlit
```

VS Code에서 프로젝트 폴더 선택하기

비주얼 스튜디오 코드(Visual Studio Code, 이하 VS Code)를 열고, 상단 메뉴에서 [File] → [Open Folder]를 클릭합니다. 앞서 생성한 ch09 폴더(C:\openai-prg\ch09)를 선택하고, [열기] 버튼을 누릅니다.

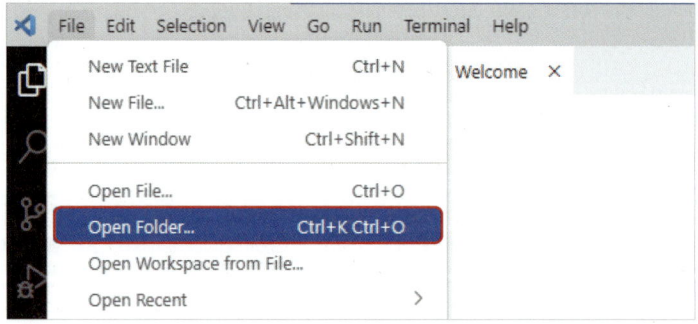

그림 9.8 VS Code의 폴더 열기 메뉴

9.4 이미지 생성 AI DALL·E 소개

DALL·E(달리)는 이미지에 대한 설명을 입력으로 넣으면 이미지를 생성하는 모델입니다. DALL·E의 뛰어난 이미지 생성 기능 덕분에 전 세계 사용자들로부터 여러 가지 시도가 진행되고 있습니다. 그림 9.9와 같은 다양한 제품의 로고 디자인, 그림 9.10과 같은 도트 게임 디자인, 그림 9.11과 같은 신화 속 내용을 담은 명화 등이 대표적인 예시입니다.

그림 9.9 DALL·E로 생성한 다양한 로고 디자인

그림 9.10 DALL·E로 생성한 도트 게임 디자인

그림 9.11 DALL·E로 생성한 신화 이야기를 다루는 명화

DALL·E 과금 체계

다음은 OpenAI에서 제공하는 DALL·E의 과금 체계입니다. DALL·E는 버전 2에 해당하는 DALL·E 2와 버전 3에 해당하는 DALL·E 3이라는 두 모델을 제공하지만 이 책에서는 성능이 좋은 최신 모델인 DALL·E 3에 대해서만 다룹니다. 따라서 과금표는 DALL·E 3을 기준으로 합니다.

표 1.5 DALL·E 3의 과금 체계

모델	퀄리티	해상도	가격
DALL·E 3	Standard	1024×1024	이미지 생성 시 $0.040
		1024×1792, 1792×1024	이미지 생성 시 $0.080
	HD	1024×1024	이미지 생성 시 $0.080
		1024×1792, 1792×1024	이미지 생성 시 $0.120

DALL·E의 과금 체계는 이미지 퀄리티와 해상도에 따라 다르며, 이미지를 생성할 때마다 과금되는 구조입니다. 위 과금 체계는 이 책을 집필할 당시인 2024년 3월을 기준으로 하므로 직접 실습할 때는 다음 주소에서 직접 과금 체계를 확인하기 바랍니다.

- **OepnAI의 과금 체계(Pricing)**: https://openai.com/pricing

DALL·E 사용해 보기

먼저 코드를 작성할 파일(주피터 노트북)을 생성합니다. VS Code의 왼쪽 EXPLORER에서 마우스 오른쪽 버튼을 클릭하고, [New File]을 클릭해 새로운 파일을 추가합니다. 파일 이름은 ch09_DALLE.ipynb로 지정합니다.

가장 먼저 다음 코드로 OpenAI 라이브러리를 불러옵니다.

```
from openai import OpenAI
```

다음으로 `client = openai.OpenAI()`의 api_key에 사용자의 키 값을 입력합니다. 키 값은 큰따옴표 안에 들어가야 합니다.

```
client = OpenAI(api_key="여기에 API 키를 넣어주세요")
```

다음은 DALL·E API의 호출 코드입니다. `client.images.generate()` 내부에서 달리 버전 3을 사용하기 위해서 model의 값으로는 "dall-e-3"를 사용하고, prompt의 값으로는 "dall-e-3"에게 요청할 이미지에 대한 상세 설명을 적습니다. size는 이미지 해상도를 의미합니다. quality의 값으로는 "standard"와 "hd" 두 가지 값을 사용할 수 있으며, "hd"를 선택할 경우에는 더 높은 퀄리티의 이미지를 얻지만 더 많은 요금이 과금됩니다. n은 한 번에 생성할 이미지의 개수를 의미합니다.

여기서는 size의 값으로 "1024x1024"를, quality의 값으로 "standard"를, n의 값으로는 1을 사용합니다. 본래 n은 동시에 생성할 이미지의 개수를 의미하지만, 달리 버전 3에 해당하는 모델인 dall-e-3에서는 n의 값으로 1만 허용합니다. 다시 말해 달리 버전 2

가 아닌 달리 버전 3은 한 번의 호출로 1개의 이미지만 생성할 수 있습니다. API의 결과를 response라는 변수에 저장하고, 이를 출력해 보겠습니다.

```
response = client.images.generate(
    model="dall-e-3",
    prompt="무엇이든 물어보세요. 귀엽고 친절한 첨단 고객센터 AI 로봇이에요. 이미지의 배경은 흰색입니다.",
    size="1024x1024",
    quality="standard",
    n=1,
)

print(response)
```

실행 결과

ImagesResponse(created=1712035534, data=[Image(
b64_json=None,
revised_prompt='Please visualize an image of a cute and friendly, advanced customer service AI robot. The robot is ready to answer any queries. The background of the image is white.',
url='https://oaidalleapiprodscus.blob.core.windows.net/private/org-vjbXeS58CtiAl1NR1fP5rgMY/user-rnZ9wfx2GCpQ4cUufzwmeD9q/img-jdldTvtMoILwFqUxnshWSlgy.png?st=2024-04-02T04%3A25%3A34Z&se=2024-04-02T06%3A25%3A34Z&sp=r&sv=2021-08-06&sr=b&rscd=inline&rsct=image/png&skoid=6aaadede-4fb3-4698-a8f6-684d7786b067&sktid=a48cca56-e6da-484e-a814-9c849652bcb3&skt=2024-04-01T20%3A43%3A56Z&ske=2024-04-02T20%3A43%3A56Z&sks=b&skv=2021-08-06&sig=oAXjKxkTymkLGJdoqLG-MFsmr0JqJxTwXUkJyfCYqBzs%3D')])

저자가 얻은 실행 결과는 위와 같습니다. 실행 결과를 보면 ImageResponse() 내부의 data라는 리스트 내부의 값으로 b64_json, revised_prompt, url이라는 총 세 개의 값이 존재합니다. 이 세 개의 값을 모두 이해해야 합니다. b64_json는 뒤에서 다시 다루도록 하고, 먼저 revised_prompt와 url에 주목합시다.

revised_prompt는 DALL·E API가 내부적으로 DALL·E가 좀 더 쉽게 이해할 수 있도록 사용자가 작성한 프롬프트를 한 번 수정한 후에 DALL·E에게 요청을 보내는데, 이 최종적으로 수정된 프롬프트를 의미합니다. 따라서 저자의 경우에는 "무엇이든 물어보세요. 귀엽고 친절한 첨단 고객센터 AI 로봇이에요. 이미지의 배경은 흰색입니다."라는 프롬프트를 사용했지만, 실제로 DALL·E에게 호출될 때는 'Please visualize an image of a cute and friendly, advanced customer service AI robot. The robot is ready to answer any queries. The background of the image is white.'라는 프롬프트가 사용되었음을 의미합니다.

url은 현재 생성된 이미지의 주소입니다. 이미지의 주소는 일정 시간이 지나면 만료되어 접속이 불가능해지므로 이미지 주소를 확인했다면 빠른 시간 내에 접속하여 이미지를 저장하는 것이 좋습니다. url 값만 별도로 저장하고자 한다면 다음과 같이 response.data[0].url라는 코드를 통해 별도로 가져올 수도 있습니다.

```
image_url = response.data[0].url
print(image_url)
```

실행 결과

https://oaidalleapiprodscus.blob.core.windows.net/private/org-vjbXeS58CtiAl1NR1fP5rgMY/user-rnZ9wfx2GCpQ4cUufzwmeD9q/img-jdldTvtMoILwFqUxnshWSlgy.png?st=2024-04-02T04%3A25%3A34Z&se=2024-04-02T06%3A25%3A34Z&sp=r&sv=2021-08-06&sr=b&rscd=inline&rsct=image/png&skoid=6aaadede-4fb3-4698-a8f6-684d7786b067&sktid=a48cca56-e6da-484e-a814-9c849652bcb3&skt=2024-04-01T20%3A43%3A56Z&ske=2024-04-02T20%3A43%3A56Z&sks=b&skv=2021-08-06&sig=oAXjKxkTymkLGJdoqLGMFsmr-0JqJxTwXUkJyfCYqBzs%3D

해당 주소로 접속하여 확인한 이미지는 다음과 같습니다.

그림 9.12 DALL·E로 생성한 standard 퀄리티의 1024x1024 해상도 이미지

이번에는 size의 값을 1024x1792로, quality의 값을 hd로 변경하여 생성해 보겠습니다.

```
response = client.images.generate(
    model="dall-e-3",
    prompt="무엇이든 물어보세요. 귀엽고 친절한 첨단 고객센터 AI 로봇이에요. 이미지의 배경은 흰색입니다.",
    size="1024x1792",
    quality="hd",
    n=1,
)

image_url = response.data[0].url
print(image_url)
```

실행 결과

```
https://oaidalleapiprodscus.blob.core.windows.net/private/org-vjbXeS58CtiAl1NR1fP5rgMY/user-rnZ9wfx2GCpQ4cUufzwmeD9q/img-AkuRst8TevfipIWaExlWwOUe.png?st=2024-04-02T13%3A28%3A53Z&se=2024-04-02T15%3A28%3A53Z&sp=r&sv=2021-08-06&sr=b&rscd=inline&rsct=image/png&skoid=6aaadede-4fb3-4698-a8f6-684d7786b067&sktid=a48cca56-e6da-484e-a814-9c849652bcb3&skt=2024-04-01T20%3A42%3A42Z&ske=2024-04-02T20%3A42%3A42Z&sks=b&skv=2021-08-06&sig=yEo9BazbxSFFaTPZDkYldC1Q-lJBgOTt0wnGSv9BXKuo%3D
```

해당 주소로 접속하여 확인한 이미지는 다음과 같습니다.

그림 9.13 DALL·E로 생성한 hd 퀄리티의 1024x1792 해상도 이미지

이미지의 해상도가 달라지고, 퀄리티의 값이 standard였을 때와 대비하여 명암 등의 표현이 좀 더 실사에 가까워진 것을 볼 수 있습니다.

이번에는 이미지 주소가 아닌 코드를 통해 실제 이미지 파일을 다운로드하는 방법을 알아봅시다. API를 호출할 때 response_format이라는 파라미터를 추가하고 파라미터의 값으로 b64_json을 사용합니다.

```python
response = client.images.generate(
    model="dall-e-3",
    prompt="반고흐 그림체로 하얀색 강아지가 숲에서 다른 동물들한테 열심히 설명하는 장면을 그려줘",
    size="1024x1024",
    quality="standard",
    n=1,
    response_format='b64_json'
)

print(response)
```

실행 결과

```
ImagesResponse(created=1719892379, data=[Image(b64_json='iVBORw...생략...', revised_prompt="Imagine a scene painted in the style characterized by thick brushstrokes, vivid colors, and emotional intensity, reminiscent of the Post-Impressionist era and executed primarily in oil paints. The central figure in this landscape is a white dog, possibly a terrier or a spaniel. It's in the middle of a lush, dense forest, dotted with varieties of trees. The white dog appears very animated, energetically engaging with an assortment of forest creatures, such as squirrels, rabbits, and birds, presenting something of importance, as if it's explaining or teaching them a lesson.", url=None)])
```

실행 결과를 보면 b64_json의 값으로 굉장히 긴 문자열이 나오는데, 여기서는 길이가 너무 길어 중략했습니다. 해당 결과는 Base64 인코딩된 데이터라고 부르며, 사람이 직접 해석할 수 없는 값입니다. 이 값을 다음과 같이 이미지로 변환하여 저장할 수 있습니다.

```python
from PIL import Image
import io
import base64
from IPython.display import display

image_data = base64.b64decode(response.data[0].b64_json)
image = Image.open(io.BytesIO(image_data))
image.save("image.png")
display(image)
```

실행 결과

그림 9.14 Base64 형식의 이미지를 디코딩해서 저장한 이미지

　화면에 이미지가 출력될뿐만 아니라 코드가 실행되는 경로에 "image.png"라는 이름으로도 저장됩니다.

9.5 동화책 만들기

이제 동화책 서비스를 만들어보겠습니다. ch09 폴더에 작업을 진행할 ch09_app.py 파이썬 스크립트를 생성합니다.

코드 구조

코드를 설명하기 위해서 코드의 구조를 크게 기본 정보 입력, 기능 구현 함수, 메인 함수의 세 부분으로 나누겠습니다. 기본 정보 입력 부분에서는 프로그램에서 사용할 패키지를 불러오고, 기능 구현 함수는 실제로 스토리를 생성하고 출력하는 주요 함수로 구성됩니다. 메인 함수 부분은 프로그램 UI가 설계되는 구간입니다.

예제 9.1 코드 구조 설명　　　　　　　　　　　　　　　　　　　　　　ch09/ch09_app.py

```
01  ##### 기본 정보 입력 #####
02  # 스트림릿 패키지 추가
03
04  # OpenAI 패키지 추가
05
06  # GPT-4와 Dall-E를 호출하는 함수
07
08  # 파이썬 기본 패키지
09
10  # 페이지 설정값
11
12  ##### 기능 구현 함수 정리 #####
13  # get_output() 함수는 [시작!] 버튼 또는 [진행하기] 버튼을 클릭하면 실행
14  def get_output(_pos: st.empty, oid='', genre=''):
15      ... 생략 ...
16
17  # 새로운 스토리, 질문, 선택지, 이미지를 반환하는 함수
18  def get_story_and_image(user_choice):
19      ... 생략 ...
20
21  # 스토리, 질문, 선택지, 이미지를 저장하는 함수
22  def add_new_data(*data):
```

```
23        ... 생략 ...
24
25   # 화면에 각 Part를 출력하는 함수. 각 Part를 출력할 때마다 호출
26   def generate_content(story, decisionQuestion, choices: list, img, oid):
27        ... 생략 ...
28
29   ##### 메인 함수 #####
30   def main():
31        ... 생략 ...
32
33   if __name__=="__main__":
34        main()
```

기능 구현 함수에는 get_output(), get_story_and_image(), add_new_data(), generate_content()로 총 4개의 함수가 존재합니다. 각 함수가 맡고 있는 역할과 실행 순서를 이해하기 위해서 함수가 실행되는 순서를 그린 코드 실행 순서도를 바탕으로 살펴보 겠습니다.

코드 실행 순서도

그림 9.15는 이후 설명할 app.py에서 실제 코드가 실행되는 흐름을 보여줍니다.

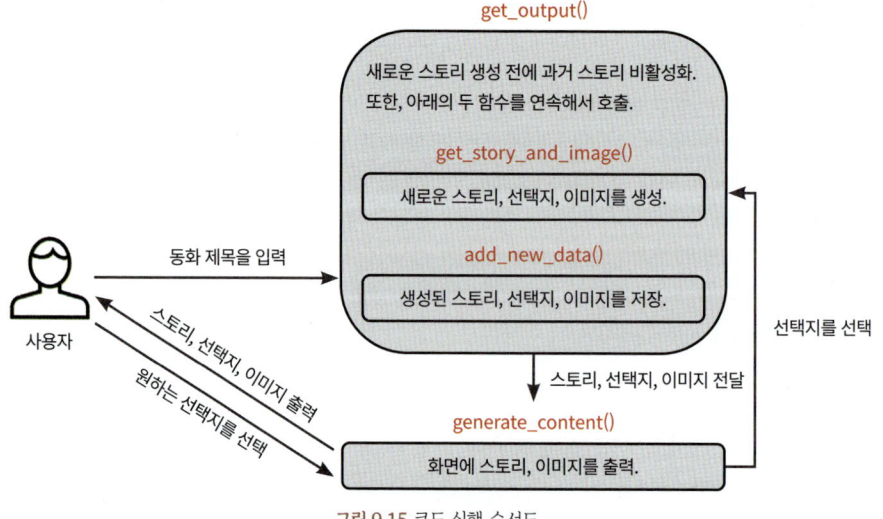

그림 9.15 코드 실행 순서도

사용자가 그림 9.3과 같이 동화 제목을 입력하고 [시작] 버튼을 클릭했을 때 app.py에서 가장 먼저 실행되는 함수는 get_output() 함수입니다. get_output() 함수는 내부적으로 get_story_and_image() 함수를 실행합니다. get_story_and_image() 함수는 새로운 스토리, 선택지, 동화의 배경 이미지를 생성하는 함수입니다. 여기서 생성된 새로운 스토리, 선택지, 동화의 배경 이미지는 add_new_data() 함수에서 저장됩니다. add_new_data() 함수는 새로운 스토리, 선택지, 이미지를 저장하며, 이어서 generate_content() 함수가 실행되면서 add_new_data() 함수에 있는 스토리, 선택지, 이미지를 화면에 출력합니다.

사용자는 그림 9.5와 같이 화면에 출력된 선택지 중에서 원하는 선택지를 선택하고 [진행하기] 버튼을 클릭합니다. 이제 새로운 선택지에 기반하여 다시 한번 get_output() 함수가 실행됩니다. 이때 get_output() 함수는 현재 생성되는 스토리 이전에 과거의 스토리가 존재했다면 화면에서 과거 스토리를 전부 닫고, 선택지도 비활성화되도록 상태값을 변경하는 역할을 수행합니다. 과거의 스토리를 닫고, 선택지를 비활성화한다는 것은 어떠한 의미일까요? 예를 들어, 두 번째 이야기, 즉 Part 2가 진행되는 시점이라면 Part 1의 스토리는 그림 9.16과 같이 화면에서 닫혀야 한다는 뜻입니다.

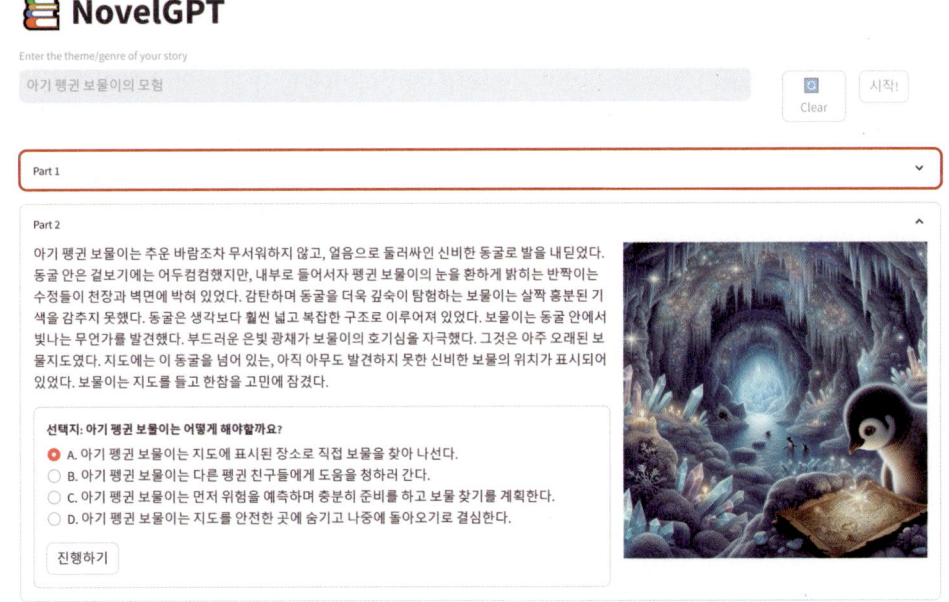

그림 9.16 Part 1이 닫히고 Part 2부터 보여주는 이미지

닫힌 스토리는 클릭하면 다시 열 수 있습니다. 그림 9.17은 닫힌 Part 1을 클릭하여 다시 열었을 때의 모습을 보여줍니다.

그림 9.17 닫힌 Part 1을 클릭하여 다시 열었을 때의 이미지

그림 9.17과 같이 닫혀 있던 과거의 스토리를 클릭하여 다시 열면 모든 선택지와 [진행하기] 버튼이 회색으로 바뀌어 있으며, 클릭해도 아무 반응이 없도록 모든 버튼이 비활성화된 상태입니다. 뒤에서 **app.py**를 설명할 때 자세히 설명하겠지만 각 스토리에는 열림/닫힘이라는 상태값이 있고 각 스토리의 선택지에는 활성화/비활성화라는 두 상태값이 존재합니다. get_output() 함수는 새로운 스토리를 생성하기에 앞서 과거의 스토리의 상태값은 닫힘으로, 과거 스토리 선택지의 상태값은 비활성화로 변경합니다. 정리하면, get_output() 함수는 새로운 스토리, 선택지, 동화의 배경 이미지를 생성하는 get_story_and_image() 함수를 호출하는 역할을 하면서, 해당 함수가 호출되기 전에 과거의 스토리와 과거 스토리의 선택지의 상태값을 모두 비활성화합니다.

이어서 get_story_and_image()가 호출되어 다시 새로운 스토리, 선택지, 이미지를 생성하면 add_new_data() 함수에 새로운 스토리, 선택지, 이미지가 추가됩니다. 이때 add_new_data()에는 과거의 스토리, 선택지, 이미지가 적재된 상태로, 새로운 스토리, 선택지, 이미지가 과거 데이터에 누적되어 계속 저장되는 구조입니다.

이후 generate_content() 함수는 add_new_data()에 누적된 모든 데이터(스토리, 선택지, 이미지)를 화면에 전부 재출력합니다. 단, 새로운 스토리를 제외하고 과거의 스토리는 닫고, 과거의 선택지는 전부 비활성화됩니다. 이는 get_output() 함수가 과거의 데이터의 상태값을 전부 변경했기 때문입니다.

이어서 app.py 코드를 작성하겠습니다. app.py 코드의 기본 정보 입력, 기능 구현 함수, 메인 함수에 대해서 각 구조별로 설명하겠습니다

기본 정보 불러오기

예제 9.2 기본 정보 불러오기 ch09/ch09_app.py

```python
##### 기본 정보 입력 ####
# 스트림릿 패키지 추가
import streamlit as st

# OpenAI 패키지 추가
from openai import OpenAI

# GPT-4와 Dall-E를 호출하는 함수
from ch09_gpt import get_llm # ch09_gpt.py로부터 임포트
from ch09_dalle import get_image_by_dalle # ch09_dalle.py로부터 임포트

# 파이썬 기본 패키지
import uuid
import os

# 페이지 설정값
st.set_page_config(page_title='「NovelGPT', layout='wide', initial_sidebar_state='expanded')
```

03 streamlit 패키지를 st라는 약어로 불러옵니다.

06 openai 패키지를 불러옵니다.

09 ch09_gpt.py로부터 get_llm() 함수를 불러옵니다. 해당 코드에 대한 설명은 예제 9.7에서 합니다.

10 ch09_dalle.py로부터 get_image_by_dalle() 함수를 불러옵니다. 해당 코드에 대한 설명은 예제 9.8에서 합니다.

13 뒤에서 데이터 적재 시 무작위 난수를 생성하기 위해 사용됩니다.

14 뒤에서 OpenAI의 API 키 값을 실습 환경에 세팅하기 위해 사용됩니다.

17 이 코드는 스트림릿을 사용하여 만든 웹 애플리케이션의 기본 설정을 지정합니다. st.set_page_config() 함수를 사용해 페이지의 여러 측면을 한 번에 설정합니다. 페이지 제목을 '📗NovelGPT'로 설정하는데, 이는 브라우저 탭에 표시될 내용입니다. 책 이모지는 이 앱이 소설과 관련된 GPT 애플리케이션임을 시각적으로 나타냅니다. 레이아웃을 'wide'로 설정하여 페이지 내용이 화면 전체 너비를 사용하도록 합니다. 이는 기본 설정인 가운데 정렬된 좁은 레이아웃과 다릅니다. 마지막으로, 사이드바의 초기 상태를 'expanded'로 설정하여 페이지가 처음 로드될 때 사이드바가 이미 펼쳐져 있도록 합니다.

기능 구현 함수

예제 9.3 기능 구현 함수 – get_output() 함수 ch09/ch09_app.py

```
01  ##### 기능 구현 함수 정리 #####
02  # get_output() 함수는 [시작!] 버튼 또는 [진행하기] 버튼을 클릭하면 실행
03  @st.cache_data(show_spinner='Generating your story...')
04  def get_output(_pos: st.empty, oid='', genre=''):
05      # 아래의 if 문은 선택지를 클릭하고 [진행하기] 버튼을 클릭했을 때 동작
06      if oid:
07          # 선택지를 클릭하는 순간 직전 과거의 스토리와 선택지의 상태값을 변경
08          st.session_state['genreBox_state'] = True # 제목 입력 칸
09          st.session_state[f'expanded_{oid}'] = False # 스토리
10          st.session_state[f'radio_{oid}_disabled'] = True # 라디오 버튼
11          st.session_state[f'submit_{oid}_disabled'] = True # 진행하기 버튼
12
13          # 방금 선택한 선택지에서의 값을 저장
14          user_choice = st.session_state[f'radio_{oid}']
15
16      # 처음 시작할 때는 사용자의 선택이 따로 없으므로 user_choice에 제목을 저장
17      if genre:
18          st.session_state['genreBox_state'] = False
19          user_choice = genre
```

```
20
21      with _pos:
22          # 사용자의 선택지로부터 스토리와 이미지를 받아낸다
23          data = get_story_and_image(genre, user_choice)
24          add_new_data(data['story'], data['decisionQuestion'], data['choices'], data['dalle_img'])
25
26  # 새로운 스토리, 질문, 선택지, 이미지를 반환하는 함수
27  def get_story_and_image(user_choice):
28      ... 생략 ...
```

03 이 코드는 스트림릿에서 데이터를 캐싱하는 데 사용됩니다. 캐싱은 동일한 입력에 대해 동일한 출력을 반복 계산하지 않고 저장해두었다가 재사용하는 것을 의미합니다. 이렇게 하면 성능을 크게 향상시킬 수 있습니다. show_spinner='Generating your story'..': 옵션은 함수가 실행되는 동안 사용자에게 스피너(로딩 아이콘)와 함께 메시지를 보여줍니다. 여기서는 "Generating your story.."라는 메시지를 보여주며, 이는 그림 9.4에서 확인한 바 있습니다.

06~14 해당 조건문은 그림 9.3과 같이 처음에 사용자가 동화의 제목을 작성하고 [시작!] 버튼을 클릭했을 때는 동작하지 않으며, 그림 9.5와 같이 스토리가 진행된 상황에서 4개의 선택지 중 하나의 선택지를 선택하고 [진행하기] 버튼을 클릭했을 때 동작하는 조건문입니다.

08 조건문이 실행되면 genreBox_state라는 변수의 상태값을 True로 변경합니다. genreBox_state는 그림 9.3에서 사용자가 동화책의 제목을 입력하는 칸으로 False가 활성화, True가 비활성화를 의미합니다. [진행하기] 버튼을 클릭할 때마다 genreBox_state의 값을 항상 True로 유지해줍니다. 그림 9.16을 보면 스토리가 진행되는 동안에는 사용자가 동화책의 제목을 바꿀 수 없습니다.

09 expanded_{oid}는 바로 직전 스토리의 열고 닫힘을 관장하는 상태값입니다. (oid가 의미하는 바는 예제 9.5의 add_new_data() 함수에서 설명합니다.) False로 변경하면 스토리의 열고 닫힘의 상태값 중 닫힘을 의미합니다. [진행하기] 버튼을 클릭하면 그림 9.16과 같이 과거의 스토리는 닫혀야 합니다.

10 radio_{oid}는 바로 직전의 스토리 선택지들의 상태값입니다. True로 변경하면 각 선택지 버튼의 활성화/비활성화 중 비활성화를 의미합니다. [진행하기] 버튼을 클릭하면 그림 9.17과 같이 과거 스토리의 선택지 버튼이 비활성화되어 다시 선택할 수 없습니다.

11 submit_{oid}는 바로 직전 스토리의 [진행하기] 버튼의 상태값입니다. True로 변경하면 그림 9.17과 같이 과거 스토리의 [진행하기] 버튼이 비활성화되어 다시 선택할 수 없습니다.

14 사용자가 이전 스토리에서 4개의 선택지 중 최종 선택한 선택지가 user_choice에 저장됩니다.

17~19 해당 조건문은 그림 9.3과 같이 처음에 사용자가 동화의 제목을 작성하고 [시작] 버튼을 클릭했을 때만 동작합니다. user_choice에는 사용자가 작성한 동화의 제목이 저장됩니다.

23 user_choice는 사용자가 동화책 프로그램을 처음 시작했을 때는 동화의 제목이 저장되어 있으며, 이미 스토리를 진행 중일 때는 선택지가 저장되어 있습니다. 예를 들어, 그림 9.5에서 첫 번째 선택지를 선택한 경우 'A. 아기 펭귄 보물이는 바닷속 빛나는 무언가를 확인하기 위해 물속으로 잠수하기로 결정했습니다.'라는 문자열이 user_choice에 저장됩니다. 이를 get_story_and_image() 함수의 입력으로 전달하여 동화책의 다음 스토리와 배경 이미지를 얻어 data에 저장합니다.

24 get_story_and_image() 함수가 반환한 data는 내부적으로 총 4개의 값을 가지고 있습니다. 화면에 출력할 새로운 스토리는 data['story'], 화면에 출력할 질문은 data['decisionQuestion']입니다. 이때 data['decisionQuestion']은 4개의 선택지 위에 출력할 질문에 해당됩니다. 예를 들어서 그림 9.5에서 '선택지: 아기 펭귄 보물이는 어떻게 할까요?'라는 질문이 이에 해당됩니다. data['choices']는 사용자가 선택해야 할 4개의 선택지에 해당되며, data['dalle_img']는 스토리의 배경 이미지에 해당됩니다.

예제 9.4 기능 구현 함수 – get_story_and_image() 함수 ch09/ch09_app.py

```
01  def get_story_and_image(genre, user_choice):
02      # Dall-E 사용을 위해 client 객체를 선언 후 get_image_by_dalle()에 전달
03      client = OpenAI()
04      # get_llm(): 스토리 전개를 위해 GPT-4 세팅
05      llm_model = get_llm("test")
06
07      # GPT-4로부터 스토리, 선택지 4개, Dalle 프롬프트를 받음
08      llm_generation_result = llm_model.invoke({"input": user_choice}, config={"configurable": {"session_id": "test"}}).content
09
10      # 줄바꿈을 기준으로 llm_generation_result를 문자열 리스트로 변환
11      # ex) [스토리 문장1, 스토리 문장2, -- -- --, A선택지, B선택지, C선택지, D선택지, -- -- --, 달리 프롬프트]
12      response_list = llm_generation_result.split("\n")
13
14      if len(response_list) != 1:
15          # 문자열 리스트에서 마지막 원소를 추출하면 달리 프롬프트
16          img_prompt = response_list[-1]
```

```python
17          dalle_img = get_image_by_dalle(client, genre, img_prompt)
18      else:
19          dalle_img = None
20
21      choices = []
22      story = ''
23
24      # 메인 스토리(story), 질문(decisionQuestion), 선택지(choices)만 responses의 원소로 남긴다
25      responses = list(filter(lambda x: x != '' and x != '-- -- --', response_list))
26      responses = list(filter(lambda x: 'Dalle Prompt' not in x and 'Image prompt' not in x, responses))
27      responses = [s for s in responses if s.strip()]
28
29      # 메인 스토리(story), 질문(decisionQuestion), 선택지(choices)를 파싱하여 각각 저장
30      for response in responses:
31          # 화면에 출력할 선택지 질문에 양 옆에 **를 붙여서 decisionQuestion에 저장
32          # 예) **선택지: 아기 펭귄 보물이는 어떻게 해야 할까요?'**
33          if response.startswith('선택지:'):
34              decisionQuestion = '**' + response + '**'
35
36          elif response[1] == '.':
37          # 4개의 선택지를 choices라는 문자열 리스트에 저장
38              choices.append(response)
39          # 스토리를 story에 저장. 질문(decisionQuestion)과 선택지(choices) 제외
40          else:
41              story += response + '\n'
42
43      # 스토리에 달리 프롬프트가 여전히 남아있을 경우 제거
44      story = story.replace(img_prompt, '')
45
46      return {
47          'story': story, # 화면에 출력할 스토리
48          'decisionQuestion': decisionQuestion, # 선택지 위의 질문
49          'choices': choices, # 화면에 출력할 실제 4개의 선택지
50          'dalle_img': dalle_img # 화면에 출력할 달리 이미지
51      }
```

```
52
53  # 스토리, 질문, 선택지, 이미지를 저장하는 함수
54  def add_new_data(*data):
55      ... 생략 ...
```

03 17번 줄에서 동화책의 배경 이미지를 생성하기 위해 get_image_by_dalle() 함수를 호출합니다. 이때, Dall·E API를 사용하기 위해서는 OpenAI의 Client 객체를 전달해야 합니다.

05 GPT-4를 호출하기 위해서는 책을 작성할 LLM 객체인 llm_model을 선언해야 합니다. 이 객체는 ch09_gpt.py로부터 가져온 get_llm()이라는 함수를 통해 생성됩니다. 여기서 입력값으로 사용되는 "test"는 랭체인의 runnable 객체의 session_id에 해당하며, 이에 대한 사용처는 예제 9.7을 참고하세요.

08 get_llm()으로 LLM 객체를 선언했다면 이제 llm_model.invoke()를 이용하여 GPT-4는 동화책의 스토리, 선택지, 선택지 질문, 달리를 위한 프롬프트의 총 4개의 정보를 작성하여 반환하고, 이를 llm_generation_result에 저장합니다. 전달받은 llm_generation_result는 파이썬 문자열로 다음 그림과 같은 형태를 가집니다. 사용자가 선택한 선택지에 해당되는 user_choice를 GPT-4에게 전달하기 위해서 "input"의 값으로 전달하고, session_id의 값으로 get_llm()의 입력으로 전달했던 "test"를 사용합니다.

llm_generation_result

> '''보물이는 어른 펭귄들 사이에서 용감하게 발걸음을 옮겼다. 그의 작은 목소리가 희망과 열정을 담아 메아리쳤다. "우리가 서로 협력해서, 눈사태에 대비한다면 모두가 더 안전할 수 있어요!" 어른 펭귄들은 먼저 의심의 눈초리를 보냈으나, 보물이의 진심이 담긴 눈빛과 자신감 있는 제안에 조금씩 마음을 열기 시작했다.
>
> 회의 장소는 긴장과 기대감으로 가득 찼고, 많은 펭귄들이 보물이의 주변으로 모여들었다. 어린 보물이가 눈사태 대비 계획을 소상히 설명하자, 어른들은 이제 그의 말에 귀를 기울였다. 펭귄 사회에서는 어린 펭귄의 목소리가 자주 묻히곤 하였으나, 오늘은 그가 주인공이 되었다.
> -- --
> A. 아기 펭귄 보물이는 눈사태 발생 시 대피할 수 있는 안전 지대를 제시한다.
> B. 아기 펭귄 보물이는 눈사태 감지를 위한 경보 시스템을 설계해보자고 제안한다.
> C. 아기 펭귄 보물이는 눈사태 훈련을 정기적으로 실시할 것을 권한다.
> D. 아기 펭귄 보물이는 눈사태 시 서로를 돕는 응급 대응 팀을 구성하자고 제안한다.
>
> 선택지: 아기 펭귄 보물이는 어떻게 해야할까요?
> -- --
> Dalle Prompt Start! 눈 덮인 대규모 펭귄 서식지의 중앙 광장에서, 작고 용감한 아기 펭귄 보물이가 다른 펭귄들에게 둘러싸여 서 있다. 보물이는 펭귄 대중들에게 눈사태 대비 계획을 제안하고 있으며, 주의 깊게 듣고 있는 다양한 생김새의 어른 펭귄들로 광장이 채워져 있다.'''

그림 9.18 llm_generation_result 문자열의 예시 값

llm_generation_result 내부는 가장 처음 메인 스토리가 작성되어 있고, 그 후 '-- -- --'로 구분선이 작성됩니다. 다시 4개의 선택지와 어떤 선택지를 고를 것이냐는 질문이 이어지고, 또 다시 '-- -- --'로 구분선이 나옵니다. 그 후 이미지 생성을 위한 달리 프롬프트가 작성되어 있습니다. llm_model.predict()가 이러한 결과를 낼 수 있는 이유는 ch09_gpt.py에 GPT-4를 위한 프롬프트가 별도로 작성되어 있기 때문입니다.

12 llm_generation_result에서 줄이 바뀌는 곳을 기준으로 분할하여 문자열 리스트로 변환합니다. 결과적으로 얻은 파이썬 문자열 리스트 response_list는 다음과 같은 형태를 가집니다.

response_list

['보물이는 어른 펭귄들 사이에서 용감하게 발걸음을 옮겼다. 그의 작은 목소리가 희망과 열정을 담아 메아리쳤다. "우리가 서로 협력해서, 눈사태에 대비한다면 모두가 더 안전할 수 있어요!" 어른 펭귄들은 먼저 의심의 눈초리를 보냈으나, 보물이의 진심이 담긴 눈빛과 자신감 있는 제안에 조금씩 마음을 열기 시작했다.',
'',
'회의 장소는 긴장과 기대감으로 가득 찼고, 많은 펭귄들이 보물이의 주변으로 모여들었다. 어린 보물이가 눈사태 대비 계획을 소상히 설명하자, 어른들은 이제 그의 말에 귀를 기울였다. 펭귄 사회에서는 어린 펭귄의 목소리가 자주 묻히곤 하였으나, 오늘은 그가 주인공이 되었다.',
'-- -- --',
'A. 아기 펭귄 보물이는 눈사태 발생 시 대피할 수 있는 안전 지대를 제시한다.',
'B. 아기 펭귄 보물이는 눈사태 감지를 위한 경보 시스템을 설계해보자고 제안한다.',
'C. 아기 펭귄 보물이는 눈사태 훈련을 정기적으로 실시할 것을 권한다.',
'D. 아기 펭귄 보물이는 눈사태 시 서로를 돕는 응급 대응 팀을 구성하자고 제안한다.',
'',
'선택지: 아기 펭귄 보물이는 어떻게 해야 할까요?',
'-- -- --',
'Dalle Prompt Start! 눈 덮인 대규모 펭귄 서식지의 중앙 광장에서, 작고 용감한 아기 펭귄 보물이가 다른 펭귄들에게 둘러싸여 서 있다. 보물이는 펭귄 대중들에게 눈사태 대비 계획을 제안하고 있으며, 주의 깊게 듣고 있는 다양한 생김새의 어른 펭귄들로 광장이 채워져 있다.']

그림 9.19 response_list 리스트의 예시 값

기본적으로 response_list는 [스토리 문장1, 스토리 문장2, -- -- --, A선택지, B선택지, C선택지, D선택지, 선택지, -- -- --, 달리 프롬프트]의 순서로 문자열이 저장된 파이썬 리스트로, 중간에 빈 문자열(공백값)이 원소로 들어가 있을 수 있습니다. 위 문자열에서 필요한 정보를 파싱하여 각 변수에 저장할 예정입니다.

14~19 response_list에서 달리 프롬프트를 추출하기 위한 조건문입니다.

14 GPT-4의 오류 등으로 스토리는 작성되었으나, 달리 프롬프트는 작성되지 않는 등의 예기치 못한 상황을 점검하는 조건문입니다. response_list의 길이가 정상적이라면 달리 프롬프트를 추출하는 아래의 조건문을 실행합니다.

16~17 달리 프롬프트는 response_list에서 마지막 원소에 해당됩니다. 이를 img_prompt에 저장하고, 사용자가 처음에 입력한 스토리의 제목에 해당하는 genre와 달리 프롬프트에 해당하는 img_prompt를 ch09_dalle.py에서 가져온 get_image_by_dalle()에 전달하면 해당 함수는 해당 프롬프트로부터 배경 이미지를 생성합니다. 이로써 dalle_img에는 배경 이미지가 저장됩니다.

img_prompt

> 'Dalle Prompt Start! 눈 덮인 대규모 펭귄 서식지의 중앙 광장에서, 작고 용감한 아기 펭귄 보물이가 다른 펭귄들에게 둘러싸여 서 있다. 보물이는 펭귄 대중들에게 눈사태 대비 계획을 제안하고 있으며, 주의 깊게 듣고 있는 다양한 생김새의 어른 펭귄들로 광장이 채워져 있다.'

그림 9.20 img_prompt 문자열의 예시 값

18~19 만약 정상적으로 달리 프롬프트가 생성되지 않는 경우에는 dalle_img에 None 값을 저장합니다.

21~22 choices라는 빈 리스트와 story라는 빈 문자열을 선언합니다. 각각 4개의 선택지와 스토리가 저장될 예정입니다.

25~27 이미 16~17번 줄에서 달리 프롬프트를 사용했으므로 response_list에서는 달리 프롬프트가 더 이상 필요가 없습니다. 따라서 달리 프롬프트, response_list의 달리 프롬프트뿐만 아니라, 빈 문자열(공백값) 원소, -- -- --와 같은 구분선을 제거하여 responses라는 변수에 재저장합니다. 따라서 해당 코드는 response_list에서 스토리와 선택지 위의 질문, 선택지만 남기는 코드입니다. 해당 코드를 실행한 후 responses 내부 값의 예시는 다음과 같습니다.

responses

> ['보물이는 어른 펭귄들 사이에서 용감하게 발걸음을 옮겼다. 그의 작은 목소리가 희망과 열정을 담아 메아리쳤다. "우리가 서로 협력해서, 눈사태에 대비한다면 모두가 더 안전할 수 있어요!" 어른 펭귄들은 먼저 의심의 눈초리를 보냈으나, 보물이의 진심이 담긴 눈빛과 자신감 있는 제안에 조금씩 마음을 열기 시작했다.',
> '회의 장소는 긴장과 기대감으로 가득 찼고, 많은 펭귄들이 보물이의 주변으로 모여들었다. 어린 보물이가 눈사태 대비 계획을 소상히 설명하자, 어른들은 이제 그의 말에 귀를 기울였다. 펭귄 사회에서는 어린 펭귄의 목소리가 자주 묻히곤 하였으나, 오늘은 그가 주인공이 되었다.',
> 'A. 아기 펭귄 보물이는 눈사태 발생 시 대피할 수 있는 안전 지대를 제시한다.',
> 'B. 아기 펭귄 보물이는 눈사태 감지를 위한 경보 시스템을 설계해보자고 제안한다.',
> 'C. 아기 펭귄 보물이는 눈사태 훈련을 정기적으로 실시할 것을 권한다.',
> 'D. 아기 펭귄 보물이는 눈사태 시 서로를 돕는 응급 대응 팀을 구성하자고 제안한다.',
> '선택지: 아기 펭귄 보물이는 어떻게 해야할까요?']

그림 9.21 responses 리스트의 예시 값

이 과정은 25번 줄, 26번 줄, 27번 줄에 걸쳐 이루어집니다.

25 response_list에서 빈 문자열(공백값) 원소, ------와 같은 구분선을 제거합니다.

26 response_list에서 달리 프롬프트를 제거합니다. llm_model.predict()에서 작성된 response_list의 달리 프롬프트는 기본적으로 'Dalle Prompt Start!'로 시작하는 문자열입니다. 따라서 response_list에서 'Dalle Prompt'라는 문자열이 포함된 원소를 제거합니다. GPT-4의 오동작으로 'Dalle Prompt'가 아닌 'Image Prompt Start!'라고 작성될 가능성을 고려하여 'Image Prompt'라는 문자열이 포함된 원소도 제거합니다.

27 25번 줄과 26번 줄의 코드가 실행되면 이제 response_list에는 스토리, 선택지 위의 질문, 4개의 선택지만 남아 responses에 저장됩니다. 각각의 문자열 원소에 불필요한 공백이 붙어있는 경우 이를 제거합니다.

30~42 responses에 있는 각 원소를 반복문을 통해 하나씩 꺼내고, 또한 조건문을 통해 조건을 검사한 후 적절하게 추출하여 decisionQuestion, choices, story에 저장합니다.

30 responses에 있는 각 원소를 반복문을 통해 하나씩 꺼냅니다.

33~34 responses로부터 선택지 위에 출력되는 질문을 추출합니다. responses의 원소 중 '선택지: '라는 문자열로 시작하는 원소를 추출한다는 조건입니다. 해당 조건으로 질문을 추출하고, 앞과 뒤에 **를 각각 붙여서 decisionQuestion에 저장합니다.

36~38 responses로부터 각 선택지를 추출합니다. responses의 원소 중 문자열의 1번 인덱스가 '.'인 경우를 추출합니다. 예를 들어 각 선택지는 전부 'A. 주인공은~', 'B. 주인공은~', 'C. 주인공은~', 'D. 주인공은~'과 같은 패턴으로 시작합니다. 문자열의 0번 인덱스는 대문자 알파벳이고, 1번 인덱스는 전부 '.'이므로 해당 조건을 충족하게 되고, 이들은 choices라는 이름의 문자열 리스트의 원소로 저장됩니다.

40~42 33~34번 줄 코드에서 선택지 위에 출력되는 질문을 추출하고, 36~38번 줄 코드에서 각 선택지를 추출했으므로 이들 조건을 제외하면 남은 것은 스토리에 해당하는 문장들입니다. 이들을 전부 연결하여 story라는 변수에 저장합니다.

45 26번 줄 코드에서 달리 프롬프트가 제거돼야 하지만, 만약 GPT-4의 오류 등으로 달리 프롬프트가 예상과 다른 형식으로 생성되었다면 여기서 한 번 더 제거합니다.

47~52 위에서 저장한 변수들을 반환합니다. story는 스토리, decisionQuestion은 선택지 위에 출력될 질문, choices는 4개의 선택지, dalle_img는 달리가 생성한 이미지입니다. 다음 그림은 story, decisionQuestion, choices의 예시를 보여줍니다.

story

'''보물이는 어른 펭귄들 사이에서 용감하게 발걸음을 옮겼다. 그의 작은 목소리가 희망과 열정을 담아 메아리쳤다. "우리가 서로 협력해서, 눈사태에 대비한다면 모두가 더 안전할 수 있어요!" 어른 펭귄들은 먼저 의심의 눈초리를 보냈으나, 보물이의 진심이 담긴 눈빛과 자신감 있는 제안에 조금씩 마음을 열기 시작했다.',
회의 장소는 긴장과 기대감으로 가득 찼고, 많은 펭귄들이 보물이의 주변으로 모여들었다. 어린 보물이가 눈사태 대비 계획을 소상히 설명하자, 어른들은 이제 그의 말에 귀를 기울였다. 펭귄 사회에서는 어린 펭귄의 목소리가 자주 묻히곤 하였으나, 오늘은 그가 주인공이 되었다.'''

decisionQuestion

선택지: 아기 펭귄 보물이는 어떻게 해야할까요?

choices

['A. 아기 펭귄 보물이는 눈사태 발생 시 대피할 수 있는 안전 지대를 제시한다.',
 'B. 아기 펭귄 보물이는 눈사태 감지를 위한 경보 시스템을 설계해보자고 제안한다.',
 'C. 아기 펭귄 보물이는 눈사태 훈련을 정기적으로 실시할 것을 권한다.',
 'D. 아기 펭귄 보물이는 눈사태 시 서로를 돕는 응급 대응 팀을 구성하자고 제안한다.']

그림 9.22 각 변수의 예시 값

예제 9.3에서 확인한 바와 같이 get_output() 함수 내부에서는 get_story_and_image()에서 story, decisionQuestion, choices, dalle_img가 포함된 data를 전달받아서 이를 입력으로 하여 add_new_data() 함수를 호출합니다.

예제 9.5 기능 구현 함수 – add_new_data() 함수   ch09/ch09_app.py

```
01  # 스토리, 질문, 선택지, 이미지를 저장하는 함수
02  def add_new_data(*data):
03      # uuid.uuid4() 코드를 활용하여 임의의 난수를 생성
04      # ex) oid = fd5198c7-67a5-4fc9-83ad-56afc16e2d6a
05      oid = str(uuid.uuid4())
06
07      # 새로운 part의 oid 값을 이전 part의 oid 값들이 저장된 리스트에 추가로 저장
08      st.session_state['oid_list'].append(oid)
09
10      # data_dict에 oid를 key 값으로 현재 part의 데이터를 저장
11      st.session_state['data_dict'][oid] = data
12
13  # 화면에 각 Part를 출력하는 함수. 각 Part를 출력할 때마다 호출
14  def generate_content(story, decisionQuestion, choices: list, img, oid):
15      ... 생략 ...
```

05 임의의 난수를 생성하여 oid라는 변수에 저장합니다. 여기서 생성된 난수는 무작위로 생성된 문자열입니다. 예를 들어 'fd5198c7-67a5-4fc9-83ad-56afc16e2d6a'와 같은 문자열이 생성될 수 있으며, 생성에 특별한 법칙이 존재하지 않으므로 어떤 복잡한 문자열이 생성될지 예측할 수 없습니다. 각각의 난수는 add_new_data() 함수의 입력으로 들어온 각 Part의 data와 매핑되는 파이썬 딕셔너리의 키 값으로 사용됩니다.

08 생성된 난수를 oid_list라는 파이썬 리스트에 추가합니다. 이때 oid_list는 스토리가 전개될 때마다 누적되어 저장됩니다. 가령 현재 세 번째 스토리가 생성되는 중이라면 oid_list는 이미 앞서 두 개의 난수가 저장되어 있으며 5번 줄에서 새롭게 생성된 난수가 세 번째에 추가됩니다. 예를 들어 세 번째 스토리가 전달되어 8번 줄의 코드가 실행된 후라면 oid_list는 다음과 같이 세 개의 원소를 가집니다.

oid_list

```
['b08e20ba-4b7d-4d6a-9ebd-83195723364b',
 '68383000-2bf1-49f7-88d3-bf67f994fad4',
 'f9119f18-8dda-4559-8620-7e5bdf4ebdaf']
```

그림 9.23 oid_list 리스트의 예시 값

11 data_dict라는 파이썬 딕셔너리에 data를 저장합니다. 이때 5번 줄에서 생성된 난수가 이번 data의 키 값 역할을 합니다. data_dict는 스토리가 전개될 때마다 data가 누적되어 저장되고 있으므로 현재 세 번째 스토리가 생성되는 중이라면 이미 앞서 진행된 스토리에 해당하는 두 개의 data가 저장되어 있으며, 세 번째 data가 해당 코드를 통해 추가됩니다. 예를 들어 세 번째 스토리가 전달되어 11번 줄의 코드가 실행된 후라면 data_dict는 다음과 같이 세 개의 원소를 가집니다.

data_dict

```
{'b08e20ba-4b7d-4d6a-9ebd-83195723364b':
 ('아기 펭귄 보물이는 하얀 눈이 가득한 평화로운 마을에서 살고 있었다. 햇빛이 화창한...',
  '**선택지: 아기 펭귄 보물이는 어떻게 해야할까요?**',
  ['A. 아기 펭귄 보물이는 혼자 안전한 장소로 대피한다.',
   'B. 아기 펭귄 보물이는 마을로 뛰어가 어른 펭귄들에게 눈사태가 일어날 수 있다고 알린다.',
   'C. 아기 펭귄 보물이는 이 상황을 해결할 자신의 친구들을 소집한다.',
   'D. 아기 펭귄 보물이는 산의 반대쪽으로 달려가서 어떤 일들이 벌어지고 있는지 조사한다.'],
  <첫번째 이미지 파일>),                                                    Part 1
 '68383000-2bf1-49f7-88d3-bf67f994fad4':
 ('보물이는 어른 펭귄들 사이에서 용감하게 발걸음을 옮겼다. 그의 작은 목소리가...',
  '**선택지: 아기 펭귄 보물이는 어떻게 해야할까요?**',
  ['A. 아기 펭귄 보물이는 눈사태 발생 시 대피할 수 있는 안전 지대를 제시한다.',
   'B. 아기 펭귄 보물이는 눈사태 감지를 위한 경보 시스템을 설계해보자고 제안한다.',
   'C. 아기 펭귄 보물이는 눈사태 훈련을 정기적으로 실시할 것을 권한다.',
   'D. 아기 펭귄 보물이는 눈사태 시 서로를 돕는 응급 대응 팀을 구성하자고 제안한다.'],
  <두번째 이미지 파일>),                                                    Part 2
 'f9119f18-8dda-4559-8620-7e5bdf4ebdaf':
 ('보물이는 떨리는 목소리로 말했습니다. "우리가 눈사태를 미리 감지할 수 있는...',
  '**선택지: 아기 펭귄 보물이는 어떻게 해야 할까요?**',
  ['A. 아기 펭귄 보물이는 즉시 경보 시스템 설치 작업을 시작하자고 제안한다.',
   'B. 아기 펭귄 보물이는 경보 시스템의 세부 계획을 더 자세히 논의하자고 한다.',
   'C. 아기 펭귄 보물이는 다른 펭귄 마을에도 이 아이디어를 알리자고 제안한다.',
   'D. 아기 펭귄 보물이는 경보 시스템 사용법에 대한 교육 계획을 세우자고 한다.'],
  <세번째 이미지 파일>),                                                    Part 3
```

그림 9.24 data_dict의 예시 값

여기서 생성된 data_dict는 각 Part별로 generate_content() 함수에 전달되어 화면에 스토리를 출력할 때 사용됩니다.

예제 9.6 기능 구현 함수 – generate_content() 함수   ch09/ch09_app.py

```python
01  # 화면에 각 Part를 출력하는 함수. 각 Part를 출력할 때마다 호출
02  def generate_content(story, decisionQuestion, choices: list, img, oid):
03      # 과거가 아닌 현재의 스토리의 경우에만 아래 조건문이 실행
04      if f'expanded_{oid}' not in st.session_state:
05          st.session_state[f'expanded_{oid}'] = True
06      if f'radio_{oid}_disabled' not in st.session_state:
07          st.session_state[f'radio_{oid}_disabled'] = False
08      if f'submit_{oid}_disabled' not in st.session_state:
09          st.session_state[f'submit_{oid}_disabled'] = False
10
```

```python
11      # 화면에 각 파트가 출력될 때, 'Part 숫자'에서의 숫자를 계산하는 코드
12      story_pt = list(st.session_state["data_dict"].keys()).index(oid) + 1
13
14      # 각 Part는 expanded_{oid}의 값에 따라 열리거나 닫힘
15      expander = st.expander(f'Part {story_pt}', expanded=st.session_state[f'expanded_{oid}'])
16      col1, col2 = expander.columns([0.65, 0.35])
17      empty = st.empty()
18
19      # col2는 우측 화면을 의미하며 Dall-E이미지를 표현
20      if img:
21          col2.image(img, width=40, use_column_width='always')
22
23      # col1은 스토리 진행 중에 표시될 좌측 화면을 의미
24      with col1:
25          st.write(story)
26
27          if decisionQuestion and choices:
28              with st.form(key=f'user_choice_{oid}'):
29                  st.radio(decisionQuestion, choices, disabled=st.session_state[f'radio_{oid}_disabled'], key=f'radio_{oid}')
30                  # 진행하기 버튼을 클릭하면 get_output 함수가 실행
31                  st.form_submit_button(
32                      label="진행하기",
33                      disabled=st.session_state[f'submit_{oid}_disabled'],
34                      on_click=get_output, args=[empty], kwargs={'oid': oid}
35                  )
36
37 ##### 메인 함수 #####
38 def main():
39     ... 생략 ...
```

04~09 해당 조건문들은 과거 스토리 Part들에서는 실행되지 않으며, 현재 출력하고자 하는 스토리가 신규 스토리 Part인 경우에만 실행됩니다.

04~05 expanded_{oid}는 각 Part를 화면에서 열고 닫음을 관장하는 상태값입니다. 해당 조건문은 신규 스토리일 경우 expanded_{oid}의 값을 True로 변경하며, True는 해당 Part가 열려 있어야 함을 의미합니다.

06~07 `radio_{oid}`는 스토리 선택지들의 상태값입니다. 해당 조건문은 신규 스토리일 경우 `radio_{oid}`의 값을 False로 변경하며, False는 각 선택지가 선택 가능한 활성화 상태여야 함을 의미합니다.

08~09 `submit_{oid}`는 스토리의 [진행하기] 버튼의 상태값입니다. 해당 조건문은 신규 스토리일 경우 `submit_{oid}`의 값을 False로 변경하며, False는 [진행하기] 버튼이 활성화되어야 함을 의미합니다.

12 'Part 숫자'에서의 숫자를 계산하는 코드입니다. 현재 출력하는 Part의 번호를 계산합니다. 예를 들어 세 번째 스토리를 출력 중이라면 Part 3이 계산됩니다.

15 12번 줄에서 계산한 'Part 번호'를 화면에 출력하고, `expanded_{oid}`의 값에 따라 현재 generate_content() 함수가 출력 중인 스토리 Part를 열지, 닫을지를 결정합니다. 만약 `expanded_{oid}`의 값이 True라면 generate_content() 함수가 처리 중인 현 스토리 Part를 열어야 합니다. 하지만 False라면 현재 generate_content() 함수가 출력 중인 스토리 Part를 닫아야 합니다. 과거의 스토리 Part들이라면 이 값이 False이므로 그림 9.17과 같이 닫히게 되는데, 이는 예제 9.3의 9번 줄 코드에서 과거 스토리들의 `expanded_{oid}`의 상태값을 전부 False로 변경했기 때문입니다.

16 스토리와 배경 이미지가 출력되는 화면의 중앙 부분을 65:35 비율로 분할합니다. 65의 비율을 가지는 공간의 이름을 col1, 35의 비율을 가지는 공간의 이름을 col2로 합니다. col1에는 스토리를 출력하고 col2에는 배경 이미지를 출력하기 위함입니다.

17 empty라는 변수를 선언합니다. get_output() 함수에서 사용됩니다.

20~21 오른쪽 화면에 동화책 이미지를 출력합니다.

24~25 왼쪽 화면에 동화책 스토리를 출력합니다.

27~35 화면에 선택지 위에 출력될 질문인 decisionQuestion과 4개의 선택지에 해당하는 choices, 그리고 [진행하기] 버튼을 출력합니다.

31~35 [진행하기] 버튼을 생성합니다. 해당 버튼을 클릭하면 on_click=get_output 코드로 인해 get_output() 함수가 호출됩니다.

메인 함수

예제 9.7 메인 함수 ch09/ch09_app.py

```
01  ##### 메인 함수 #####
02  def main():
03      # 타이틀 설정
04      st.title(f"NovelGPT")
```

```
05
06      # 스토리 전개 시 각 Part의 데이터를 저장할 리스트
07      if 'data_dict' not in st.session_state:
08          st.session_state['data_dict'] = {}
09
10      # 문자열 난수를 저장할 문자열 리스트. 각각의 난수는 각 Part의 키 값 역할
11      if 'oid_list' not in st.session_state:
12          st.session_state['oid_list'] = []
13
14      # 사용자가 OpenAI API 키 값을 작성하면 저장할 변수
15      if 'openai_api_key' not in st.session_state:
16          st.session_state['openai_api_key'] = ''
17
18      # OpenAI API 키 값 작성칸의 활성화 여부. 입력되기 전에는 활성화(False)
19      if 'apiBox_state' not in st.session_state:
20          st.session_state['apiBox_state'] = False
21
22      # 사용자가 첫 시작 시 제목을 작성하면 저장할 변수
23      if 'genre_input' not in st.session_state:
24          st.session_state['genre_input'] = '아기 펭귄 보물이의 모험'
25
26      # 사용자가 첫 시작 시 제목 작성 칸의 활성화 여부. 초기에는 비활성화(True)
27      if 'genreBox_state' not in st.session_state:
28          st.session_state['genreBox_state'] = True
29
30      # OpenAI API 키를 인증하는 함수
31      def auth():
32          os.environ['OPENAI_API_KEY'] = st.session_state.openai_api_key
33          st.session_state.genreBox_state = False
34
35          # OpenAI API 입력 칸[ ]의 상태를 반영하는 변수. API 키를 입력(Submit 버튼을
클릭)하면 해당 칸은 비활성화(True)
36          st.session_state.apiBox_state = True
37
38      # 좌측의 사이드바 UI
39      with st.sidebar:
40          st.header('NovelGPT')
```

```
41
42          st.markdown('''
43          NovelGPT는 소설을 작성하는 인공지능입니다. GPT-4와 Dall-E를 사용하여 스토리가 진행됩니다.
44          ''')
45
46          st.info('**Note:** OpenAI API Key를 입력하세요.')
47
48          # OpenAI 키 값을 입력하는 칸
49          with st.form(key='API Keys'):
50              openai_key = st.text_input(
51                  label='OpenAI API Key',
52                  key='openai_api_key',
53                  type='password', # 입력 시에 값이 화면에 보이지 않고 **로 표시
54                  disabled=st.session_state.apiBox_state, # 활성화 변수로 지정
55                  help='OpenAI API 키는 https://platform.openai.com/account/api-keys에서 발급 가능합니다.',
56              )
57
58              btn = st.form_submit_button(label='Submit', on_click=auth)
59
60          with st.expander('사용 가이드'):
61              st.markdown('''
62              - 위의 입력 칸에 <OpenAI API 키>를 작성 후 [Submit] 버튼을 누르세요.
63              - 그 후 우측 화면에 주제나 주인공에 대한 서술을 묘사하고 [시작!] 버튼을 누르세요.
64              - 스토리가 시작되면 선택지를 누르며 내용을 전개합니다.
65              ''')
66
67          with st.expander('더 많은 예시 보러가기'):
68              st.write('[베스트셀러! 진짜 챗GPT API 활용법](https://www.yes24.com/Product/Goods/121773683)')
69
70          # 시작 시 OpenAI API 키 값이 입력되지 않은 경우 경고 문구를 출력
71          if not openai_key.startswith('sk-'):
72              st.warning('OpenAI API 키가 입력되지 않았습니다.', icon='⚠')
73
```

```python
74      # Genre Input widgets
75      with st.container():
76          col_1, col_2, col_3 = st.columns([8, 1, 1], gap='small')
77
78          col_1.text_input(
79              label='Enter the theme/genre of your story',
80              key='genre_input',
81              placeholder='Enter the theme of which you want the story to be',
82              disabled=st.session_state.genreBox_state
83          )
84          col_2.write('')
85          col_2.write('')
86          col_2_cols = col_2.columns([0.5, 6, 0.5])
87          col_2_cols[1].button(
88              ':arrows_counterclockwise:   Clear',
89              key='clear_btn',
90              on_click=lambda: setattr(st.session_state, "genre_input", ''),
91              disabled=st.session_state.genreBox_state
92          )
93          col_3.write('')
94          col_3.write('')
95          # [시작!] 버튼을 클릭하면 get_output 함수를 실행
96          begin = col_3.button(
97              '시작!',
98              on_click=get_output, args=[st.empty()], kwargs={'genre': st.session_state.genre_input},
99              disabled=st.session_state.genreBox_state
100         )
101
102     # 화면에 각 파트를 순서대로 출력
103     for oid in st.session_state['oid_list']:
104         data = st.session_state['data_dict'][oid]
105         story = data[0]
106         decisionQuestion = data[1]
107         chioces = data[2]
108         img = data[3]
109         # 각 스토리를 출력하는 함수
```

```
110         generate_content(story, decisionQuestion, chioces, img, oid)
111
112 if __name__=="__main__":
113     main()
```

- **7~8** 스토리 전개 시 과거의 스토리와 현재의 스토리 데이터가 저장되는 파이썬 딕셔너리인 data_dict를 선언합니다. 예제 9.5 add_new_data() 함수에서 데이터가 지속적으로 누적되어 저장됩니다.

- **11~12** 예제 9.5 add_new_data() 함수에서 데이터가 누적되어 저장되는 data_dict에서 각 스토리의 키 값 역할을 하게 될 난수 리스트인 oid_list를 선언합니다.

- **15~16** OpenAI API 키 값을 저장할 변수입니다.

- **19~20** OpenAI API 키 값을 입력하는 칸의 활성화 여부를 지정하는 변수입니다. 초기에는 False이며, 이는 칸이 활성화 상태임을 의미합니다. 그림 9.2와 같이 초기에는 OpenAI API 키 값이 입력돼야 하므로 칸이 열려 있어야 합니다. 키 값을 입력하고 [Submit] 버튼을 누르면 칸이 비활성화되는데, 이는 API 키 값을 처리하는 31~36번 줄 코드에서 이루어집니다.

- **23~24** 사용자가 첫 시작 시 제목을 작성하면 저장될 변수입니다.

- **27~28** 사용자가 첫 시작 시 제목 작성 칸의 활성화 여부를 저장할 변수입니다.

- **31~36** 그림 9.2와 같이 OpenAI API 키를 입력하고, [Submit] 버튼을 클릭하면 실행되는 함수입니다. 실행 시점은 58번 줄 코드에서 확인할 수 있습니다. [Submit] 버튼을 클릭하면, API 키 값을 입력받는 칸은 더 이상 입력할 수 없도록 비활성화됩니다. 또한 사용자가 프로그램을 시작하기 위해서 제목 작성 칸이 활성화됩니다. 이 각각의 상태 값을 변경하는 함수입니다.

- **33** [Submit] 버튼을 클릭하면 genreBox_state의 값을 False로 변경합니다. 27번 줄의 코드로 인해서 사용자가 API 키 값을 입력하고 [Submit] 버튼을 클릭하기 전에는 genreBox_state의 값이 True이므로 사용자가 동화책의 제목을 입력하는 칸이 비활성화되어 있습니다. 하지만 [Submit] 버튼을 클릭함과 동시에 33번 줄의 코드가 실행되고 상태값이 False로 변경되면서 동화책의 제목을 입력하는 칸이 활성화됩니다.

- **36** [Submit] 버튼을 클릭하면 apiBox_state의 값을 True로 변경합니다. 20번 줄의 코드로 인해 사용자가 API 키 값을 입력하고 [Submit] 버튼을 클릭하기 전에는 apiBox_state의 값이 False이므로 사용자가 API 키 값을 입력하는 칸이 활성화되어 있습니다. 하지만 [Submit] 버튼을 클릭함과 동시에 36번 줄의 코드가 실행되고 상태값이 True로 변경되면서 API 키 값을 입력하는 칸이 비활성화됩니다.

- **39~68** 동화책 프로그램에서 좌측 UI를 구성하는 코드입니다.

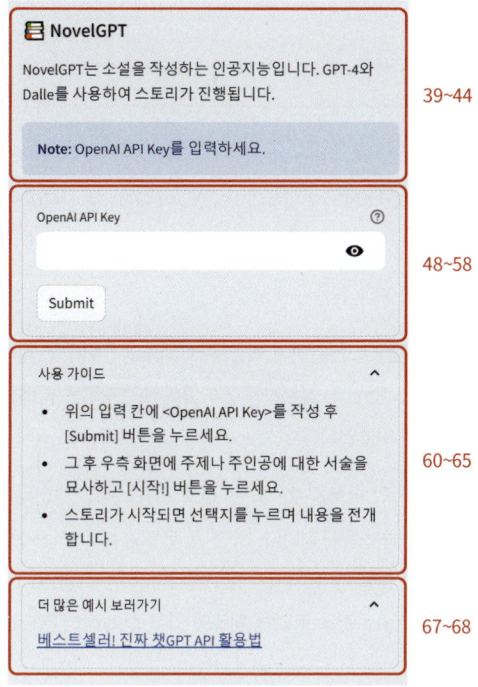

그림 9.25 좌측 UI

39~44 좌측 상단 UI를 구성합니다. `st.header()`는 상단의 제목을 작성하고, 그 아래 `st.markdown()`을 통해 설명을 기재합니다. 또한 `st.info()`로 주요 지시사항을 작성할 수 있습니다.

48~58 API 키 값을 입력하고 [Submit] 버튼을 구성합니다. `st.text_input()`에 type을 'password'로 작성할 경우, 값을 입력했을 때 입력값이 *로 변환되어 UI 상으로는 어떤 값을 입력하고 있는지 볼 수 없게 됩니다. `disabled=st.session_state.apiBox_state` 코드는 apiBox_state라는 상태값을 사용한다는 의미이며, 36번 줄의 코드로 인해서 [Submit] 버튼을 클릭하면 API 키 값을 입력하는 칸이 비활성화됩니다. 58번 줄의 코드는 실제로 [Submit] 버튼을 클릭했을 때 31~36번 줄의 함수를 호출한다는 의미입니다.

60~65 좌측 하단 UI에 프로그램의 사용 가이드를 추가합니다.

67~68 좌측 하단 UI에 사용자는 추가로 작성하고 싶은 문구를 작성할 수 있습니다.

71~72 API 키 값이 입력되지 않았을 때는 중앙 UI에 'OpenAI API 키가 입력되지 않았습니다.'라는 문장이 출력됩니다.

그림 9.26 API 키를 입력하지 않았을 때 나타나는 안내문

- 75~110 중앙의 UI를 구성하는 코드입니다.

- 76 중앙의 UI는 크게 세 개의 공간으로 분할하며 비율은 8:1:1입니다. 이들은 각각 col_1, col_2, col_3으로 명명합니다. 뒤에서 설명하겠지만 col_1은 사용자가 동화책의 제목을 입력하는 칸을 할당하고, col_2는 [Clear] 버튼, col_3은 [시작!] 버튼입니다.

- 78~83 col_1은 사용자가 동화책의 제목을 입력하는 칸을 할당하는 코드입니다. 79번 줄 코드의 label은 입력 칸 위에 해당 칸을 설명하는 문구입니다. 81번 줄 코드의 placeholder는 동화책의 제목을 입력하는 칸에 아무 것도 쓰여 있지 않을 때 표시되는 문구입니다. 이는 그림 9.27에서 확인할 수 있습니다. 82번 줄의 코드는 genreBox_state 값을 동화책 제목의 입력 칸의 상태 값으로 사용한다는 의미입니다.

그림 9.27 OpenAI 키 값 입력 및 [Submit] 버튼을 클릭한 후 표시되는 화면

- 84~92 col_2는 [Clear] 버튼을 할당하는 코드입니다. 84~85번 줄의 코드는 [Clear] 버튼의 높이를 조절하기 위해서 임의로 줄바꿈을 두 번 넣어준 것으로, 해당 코드가 없어도 기능상 아무런 문제는 없지만 해당 줄의 코드가 없으면 [Clear] 버튼의 높이가 지금보다 높이 위치하게 되어 동화책 제목을 입력하는 입력 칸과 다소 맞지 않게 됩니다. 86번 줄의 코드도 마찬가지로 [Clear] 버튼의 적당한 간격을 조절하기 위해 넣은 코드입니다. 87번 줄의 코드를 통해 버튼을 할당하고, 88번 줄의 코드는 [Clear] 버튼에 한 바퀴 돌고 있는 두 개의 화살표 이미지와 'Clear'라는 글자를 삽입합니다. 90번 줄의 코드는 [Clear] 버튼을 클릭하면 입력된 동화 제목이 저장된 genre_input이라는 변수에 빈 문자열을 집어넣어 동화 제목을 초기화합니다.

- 93~100 col_3은 [시작!] 버튼을 할당하는 코드입니다. 93~94번 줄의 코드는 [시작!] 버튼의 높이를 조절하기 위해서 임의로 줄바꿈을 두 번 넣어준 것으로 해당 코드가 없어도 기능상 아무런 문제는 없지만 해당 줄의 코드가 없으면 [시작!] 버튼의 높이가 지금보다 높이 위치하게 되어 동화책 제목을 입력하는 입력 칸

과 다소 높이가 맞지 않게 됩니다. 98번 줄의 on_click=get_output 코드는 [시작] 버튼을 클릭하면 get_output() 함수를 호출하는 것을 의미합니다. 그림 9.15와 같이 get_output() 함수는 내부적으로 get_story_and_image() 함수와 add_new_data() 함수를 순차적으로 호출합니다.

103~110 data_dict에 있는 모든 스토리를 순차적으로 화면에 출력합니다. add_new_data() 함수를 통해 과거의 스토리와 현재의 스토리가 저장됩니다. 그림 9.23에서와 같이 oid_list에는 각각의 키 값이 저장되어 있고, 그림 9.24와 같이 스토리, 질문, 4개의 선택지, 이미지가 data_dict에 저장되어 있어 이를 generate_content()를 통해 출력합니다. 103번 줄의 코드에서 반복문은 oid_list에서 순차적으로 각 스토리의 키 값을 꺼냅니다. 이 각각의 키 값은 104번 줄의 코드를 통해 각각 data_dict에서 적재된 데이터로 치환되고, 105번~108번 줄의 코드에서 각각의 데이터는 story(스토리), decisionQuestion(질문), choices(선택지), img(배경 이미지)로 각 변수로 나뉘어 저장됩니다. 이후 generate_content() 함수를 통해 화면에 출력합니다.

get_story_and_image() 함수는 내부적으로 ch09_gpt.py에서 임포트한 get_llm() 함수와 ch09_dalle.py에서 임포트한 get_image_by_dalle() 함수를 호출하고 있습니다.

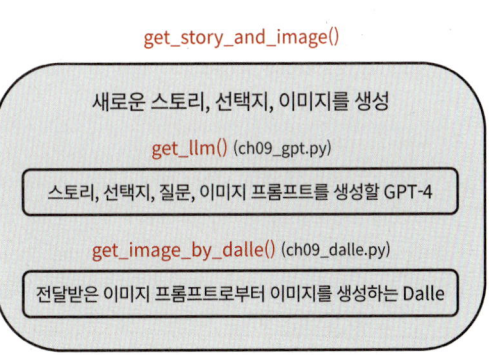

그림 9.28 get_story_and_image() 함수의 내부

이제 ch09_gpt.py와 ch09_dalle.py의 내부 구조를 작성해봅시다. 먼저 ch09 폴더에 실습을 진행할 ch09_gpt.py 파이썬 스크립트를 생성합니다.

GPT-4 선언 함수

예제 9.8 GPT-4 선언 함수 - get_llm   ch09/ch09_gpt.py

```
01  import os
02  from langchain_core.prompts import PromptTemplate
03  from langchain_openai import ChatOpenAI
04  from langchain_core.runnables.history import RunnableWithMessageHistory
```

```python
05 from langchain_community.chat_message_histories import ChatMessageHistory
06
07 store = {}
08
09 def get_llm(session_id: str):
10     # store를 전역 변수로 사용함을 명시
11     global store
12
13     model = ChatOpenAI(temperature=1.0, max_tokens=2048, model_name="gpt-4-1106-preview")
14
15     template = """
```
Context
You are NovelGPT. Your role is to guide the reader through an interactive storybook experience,
similar to those found in "The 39 Clues" or "Infinity Ring" series.

Instructions
Begin by writing a story visually, as if penned by a renowned author. After composing 2-3 paragraphs, present the reader with four choices (A, B, C, and D) for how the story should proceed.Each of the choice sentences should always start with the alphabet and a period, such as 'A.', 'B.', 'C.', 'D.'.

Ask them which path they prefer. Separate the four choices, the line asking for the next action, and the main story with "-- -- --".

Each of the four options should be on a new line, not separated by commas. If the protagonist already has a name, ensure it is mentioned in all choices. This is mandatory. For instance, if your protagonist is '하얀색 아기 사자 XYZ', each choice must include '하얀색 아기 사자 XYZ'. If there are significant characteristics of the character, these too must always be mentioned. For example, if it's '귀여운 강아지 XYZ', each choice should state '귀여운 강아지 XYZ', not just 'XYZ'. This must be adhered to. The initial 2-3 paragraphs should unfold multiple viable paths to tempt the user into making a choice. Every option must be distinct from the others, and the choices should not be overly similar. Avoid making the book too vulgar. Wait for the reader to make a choice rather than saying "If you chose A" or "If you chose B". Only after presenting the choices to the reader, ask what the protagonist should do. If the protagonist is the reader themselves, ask "선택지: 어떻게 해야할까요?" or if the protagonist has a name XYZ,

ask "선택지: XYZ는 어떻게 해야할까요?". Key characteristics of the character should always be mentioned. For example, if it's '귀여운 강아지 XYZ', say: "선택지: 귀여운 강아지 XYZ는 어떻게 해야할까요?". This must be observed. In the case of multiple protagonists, say "선택지: 이 친구들은 어떻게 해야할까요?" only after you have presented all the choices (just the brief versions, not the descriptive ones).
26
27 If the reader attempts to deviate from the story, i.e., asks irrelevant questions, respond in less than five words and ask if they would like to continue with the story.
28
29 Please ensure each option is displayed on a different line, and the line asking for a decision is also on a separate line.
30
31 When you have provided the four choices for a part of the story, you must also give a descriptive prompt for Dalle to generate an image to be displayed alongside that part of the story. Your prompt for Dalle must clearly define every detail of the story's setting. This part is crucial, so a prompt must always be provided. This prompt should always start with the string "Dalle Prompt Start!".
32
33 Do not refer to yourself in the first person at any point in the story! Last but not least, it is important to note, please write in Korean using formal language!
34 \n\n\n
35 Current Conversation: {history}
36
37 Human: {input}
38
39 AI:
40   """
41
42   prompt = PromptTemplate(template=template, input_variables=['history', 'input'])
43   runnable = prompt | model
44
45   # 세션 기록 가져오기
46   if session_id not in store:
47   store[session_id] = ChatMessageHistory()
48
49   session_history = store[session_id]
50
51   with_message_history = RunnableWithMessageHistory(

```
52          runnable,
53          lambda session_id: session_history,
54          input_messages_key="input",
55          history_messages_key="history"
56      )
57
58      return with_message_history
```

- 13 `ChatOpenAI()`를 사용하여 GPT-4를 사용하는 `llm` 객체를 선언합니다. 모델은 `gpt-4-1106-preview`를 사용합니다. 몇 가지 모델을 테스트했을 때 가장 잘 동작하는 모델을 선택했습니다. GPT-4에게 무작위성 또는 창의성을 주는 변수인 `temperature`는 1.0으로 설정하고, GPT-4의 답변의 길이를 조절하는 `max_tokens`는 2048로 설정합니다.

- 42 프롬프트 템플릿을 선언합니다. 이때 GPT-4에 전달하는 프롬프트에서 변수로는 `history`와 `input`을 사용합니다.

- 43 프롬프트 템플릿을 통해 선언한 프롬프트를 GPT-4에 전달합니다.

- 46~56 `runnableWithMessageHistory()`을 사용하여 작성한 프롬프트뿐만 아니라, 과거의 대화 내역을 GPT-4에게 전달하는 파이프라인을 만듭니다. 이에 대한 설명은 6.3절 'ChatOpenAI와 Memory'를 참고하세요.

- 58 작성한 프롬프트와 과거의 대화 내역을 계속해서 반영하도록 설계된 GPT-4 모델을 반환합니다. 이 모델은 예제 9.4의 8번 줄에서 사용됩니다.

다음은 위의 프롬프트를 한글로 번역한 내용입니다.

Context

당신은 NovelGPT입니다. 당신의 역할은 "The 39 Clues" 또는 "Infinity Ring" 시리즈에서 찾을 수 있는 인터랙티브 스토리북 경험을 독자에게 안내하는 것입니다.

Instructions

이야기를 시작할 때는 마치 유명한 작가가 쓴 것처럼 시각적으로 이야기를 작성하세요. 2-3개의 단락을 구성한 후, 독자가 이야기를 어떻게 진행할지 선택할 수 있는 네 가지 선택지(A, B, C, D)를 제시하세요. 각 선택 문장은 반드시 알파벳과 점(예: 'A.', 'B.', 'C.', 'D.')으로 시작해야 합니다.

독자에게 어떤 경로를 선호하는지 물어보세요. 네 가지 선택지, 다음 행동에 대한 질문, 주요 이야기를 '-- -- --'로 구분하세요.

네 가지 옵션은 각각 새로운 줄에 있어야 하며, 쉼표로 구분되어서는 안 됩니다. 만약 주인공에게 이미 이름이 있다면, 모든 선택지에 그 이름을 언급해야 합니다. 예를 들어, 주인공의 이름이 '하얀색 아기 사자 XYZ'라면 각 선택지에는 '하얀색 아기 사자 XYZ'가 포함되어야 합니다. 주인공의 특징이 중요하다면, 그 특징도 반드시 언급해야 합니다. 예를 들어, '귀여운 강아지 XYZ'라면 모든 선택지에 '귀여운 강아지 XYZ'라고 언급해야 합니다. 초기 2-3개의 단락은 사용자가 선택을 하도록 유혹하는 다양한 가능한 경로를 펼쳐야 합니다. 모든 옵션은 서로 다르며, 선택지가 너무 유사해서는 안 됩니다. 책을 너무 저속하게 만들지 마세요. 독자가 선택을 한 후에야 "A를 선택하셨다면"이나 "B를 선택하셨다면"이라고 말하는 것은 금지입니다. 선택지를 독자에게 제시한 후에 주인공이 무엇을 해야 할지 물어보세요. 만약 주인공이 독자 자신이라면 "선택지: 어떻게 해야할까요?"라고 물어보고, 주인공에게 이름 XYZ가 있다면 "선택지: XYZ는 어떻게 해야할까요?"라고 물어보세요. 주인공의 주요 특징을 항상 언급해야 합니다. 예를 들어, '귀여운 강아지 XYZ'의 경우는 "선택지: 귀여운 강아지 XYZ는 어떻게 해야할까요?"라고 말해야 합니다. 만약 여러 주인공이 있다면, 모든 선택지를 제시한 후에만 "선택지: 이 친구들은 어떻게 해야할까요?"라고 말하세요. 이야기에서 벗어나려는 독자의 시도에는 다섯 단어 미만으로 응답하고 이야기를 계속할지 물어보세요.

이야기의 한 부분에 대한 네 가지 선택지를 제공했다면, 그 부분과 함께 표시될 이미지를 생성하기 위해 Dalle에 명확하게 정의된 설명적인 프롬프트도 제공해야 합니다. 이 부분은 매우 중요하므로 반드시 프롬프트를 제공해야 합니다. 이 프롬프트는 항상 "Dalle Prompt Start!"라는 문자열로 시작해야 합니다.

이야기에서 어느 시점에서도 1인칭을 사용해서는 안 됩니다! 마지막으로 중요한 점은 한국어를 사용하고 공손한 언어를 사용해야 한다는 것입니다!

Current Conversation: {history}

```python
03  import base64
04
05  # 이미지 프롬프트를 입력받으면 이미지를 생성하여 전달.
06  def get_image_by_dalle(client, genre, img_prompt):
07      response=client.images.generate(
08          model="dall-e-3",
09          prompt='The name of this story is ' + genre + ' ' + img_prompt + ' The style is 3D computer-rendered children\'s movie animation with vibrant colors and detailed textures.',
10          size="1024x1024",
11          quality="standard",
12          n=1,
13          response_format='b64_json'
14      )
15
16      image_data = base64.b64decode(response.data[0].b64_json)
17      image = Image.open(io.BytesIO(image_data))
18      return image
```

06~18 DALL·E API를 이용하여 이미지를 생성하여 전달하는 함수 get_image_by_dalle()를 정의합니다.

09 genre는 처음에 사용자가 입력한 이 스토리의 제목입니다. 이미지 생성 시 스토리의 제목을 고려하도록 프롬프트에도 전달합니다. img_prompt는 GPT-4가 스토리에 알맞게 생성한 이미지 프롬프트입니다. 여기에서는 이미지의 일관성을 위해서 이미지 생성 시에 'The style is 3D computer-rendered children's movie animation with vibrant colors and detailed textures.'라는 프롬프트를 추가로 덧붙입니다. 해당 문장은 '생동감 넘치는 색상과 자세한 질감을 가진 3D 컴퓨터 렌더링 어린이 영화 애니메이션 스타일'이라는 의미입니다.

10 이미지 해상도는 1024x1024로 선택합니다.

11 이미지의 퀄리티는 standard로 지정합니다.

12 이미지는 1개 생성합니다.

13 이미지를 Base64로 인코딩한 데이터 형태로 생성합니다.

16~18 Base64로 인코딩한 데이터를 이미지로 변환하고 이를 이미지 형태로 반환합니다.

앱 실행하기

파이썬 코드를 실행할 때와 같이 명령 프롬프트나 VS Code에서 앱을 실행할 수 있습니다. 명령 프롬프트에서 다음 명령어를 입력합니다.

```
(ch09_env) C:\openai-prg\ch09> streamlit run ch09_app.py
```

실행이 정상적으로 완료되면 그림 9.29와 같이 웹 페이지가 실행되면서 실습을 진행할 수 있습니다. 실행 순서는 9.1절 '선택에 따라 스토리가 진행되는 동화책 맛보기'를 참고하세요.

그림 9.29 동화책 프로그램의 실행 화면

이렇게 해서 지금까지 GPT-4와 랭체인의 메모리 기능을 활용하여 과거의 진행 내역을 보관하면서, OpenAI의 이미지 생성 AI인 DALL·E와 함께 선택지에 따라 스토리가 진행되는 동화책 프로그램을 만들어봤습니다. GPT-4의 프롬프트와 DALL·E의 프롬프트를 수정하면 선택지에 따라 내용이 전개되는 스릴러 게임, 몽환적인 판타지 소설 등 다양한 이야기를 만들 수 있습니다. GPT-4와 DALL·E를 이용하여 여러분만의 재미있는 스토리를 만들어보기 바랍니다.

Part 10

GPTs를 활용한 노코드 챗봇 만들기

GPT 스토어

GPT 빌더를 활용한 챗봇 제작 기초

문서를 참고하여 챗봇 제작하기

웹 브라우징 기능을 활용한 챗봇 제작하기

이미지 생성 AI인 DALL · E를 활용한 챗봇 제작하기

Actions를 활용하여 외부 API를 챗봇에 적용하기

이번 장에서는 조금 특별한 OpenAI의 기능에 대해 설명합니다. 바로 ChatGPT 유료 회원에게 제공하는 GPTs입니다. GPTs를 활용하면 노코드로 본인만의 커스텀 챗봇을 제작할 수 있습니다. 특히 PDF나 텍스트 파일과 같은 문서 기반 챗봇, DALL·E, VISION을 활용한 이미지를 생성하거나 이해하는 챗봇, 웹 브라우징 기능을 활용한 인터넷 정보를 검색하는 챗봇, 코드 인터프리터 기능을 활용한 다양한 기능의 챗봇을 코드 없이 노코드로 탑재할 수 있습니다. GPTs는 챗봇 개발뿐만 아니라 GPT 스토어를 통해 챗봇 공유까지 할 수 있습니다. 우선 GPTs 관련 용어를 정리해 보겠습니다.

- **GPTs**: OpenAI에서 공개한 누구나 쉽게 만들 수 있는 챗봇을 의미합니다. 개별 챗봇을 GPT 혹은 커스텀 GPT라 부릅니다.
- **GPT 빌더**: GPTs를 만드는 빌더를 의미합니다. 이번 장에서 챗봇 만들기를 실습하는 환경이 바로 GPT 빌더 환경입니다.
- **GPT 스토어**: 사용자들이 각자 개발한 GPT 챗봇을 공유하는 플랫폼으로, 개인뿐만 아니라 여러 빅테크 기업도 다양한 챗봇을 서비스 중입니다.

10.1 GPT 스토어

GPT 스토어는 전 세계 ChatGPT 유저들이 만든 챗봇을 공유하는 플랫폼입니다. 출시 일주일 만에 300만 개 이상의 챗봇이 등록될 만큼 다양한 챗봇이 등록되고 있으며, 2024년 1분기 북미를 시작으로 유저들의 사용량을 통해 수익을 얻을 수 있는 시스템을 오픈한다고 합니다. GPT 스토어에 들어가기 위해서는 먼저 ChatGPT 화면 왼쪽에서 [Explore GPTs] 버튼을 클릭합니다.

그림 10.1 GPTs 들어가기

화면 중앙에 보이는 검색 창에서 원하는 챗봇의 이름을 검색할 수 있습니다. 검색 창 아래의 탭을 클릭하면 각 카테고리별 인기 GPT를 확인할 수 있습니다.

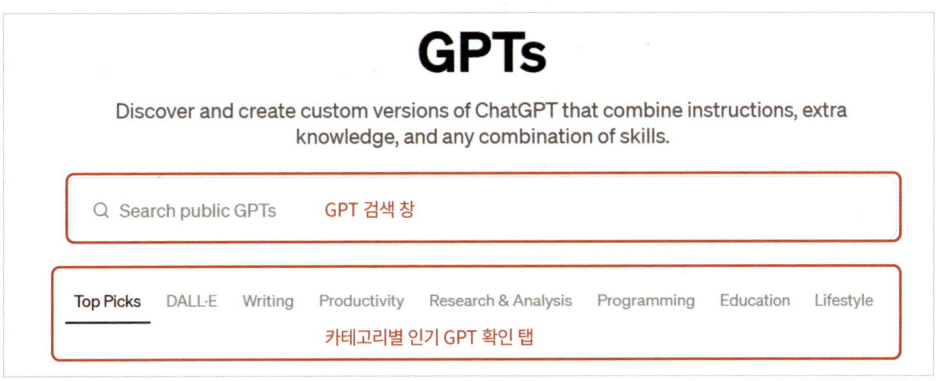

그림 10.2 GPT 검색 창 및 카테고리 탭

이 책의 작성일 기준(24년 2월 5일)으로 DALL·E를 활용한 챗봇의 인기순위 상위 6개는 다음과 같습니다.

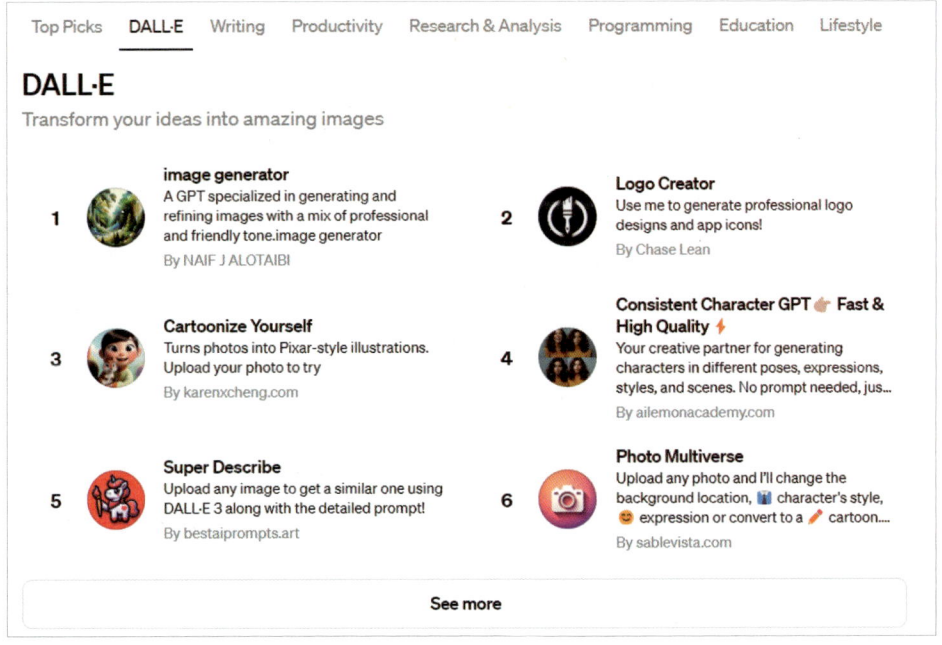

그림 10.3 DALL·E를 활용한 챗봇 인기 순위

PART 10 _ GPTs를 활용한 노코드 챗봇 만들기   251

10.2 GPT 빌더를 활용한 챗봇 제작 기초

GPT 빌더를 활용해서 챗봇을 만드는 방법은 크게 두 가지가 있습니다. 첫 번째는 인공지능 챗봇과 대화하며 챗봇을 제작하는 방법이고, 두 번째는 설정을 하나하나 직접 튜닝해서 제작하는 방법입니다. 인공지능 챗봇과 대화하며 챗봇을 만드는 방법은 굉장히 편리하지만, 원하는 대로 챗봇을 튜닝하는 데는 한계가 있어 이 책에서는 따로 다루지 않고 직접 튜닝해서 제작하는 방법을 활용해 챗봇을 만들겠습니다.

ChatGPT 화면 왼쪽에서 [Explore GPTs] 버튼을 클릭한 후 오른쪽 상단의 [+ Create] 버튼을 클릭합니다.

그림 10.4 GPT 빌더 실행하기

GPT 빌더를 통해 챗봇을 만드는 방법은 크게 2가지입니다. GPT 빌더와 대화를 통해 자동으로 챗봇을 만드는 방법과 직접 설정값을 일일이 입력해서 만드는 방법이 있습니다. 첫 번째 방법으로 진행하려면 Create 탭을, 두번째 방법으로 진행하려면 Configure 탭을 클릭해서 진행합니다. 이 책에서는 직접 설정을 통해 챗봇을 만들 예정입니다. 따라서 상단의 [Configure] 탭을 클릭합니다.

그림 10.5 Configure 탭 선택

GPT 빌더의 화면 구성은 다음과 같습니다.

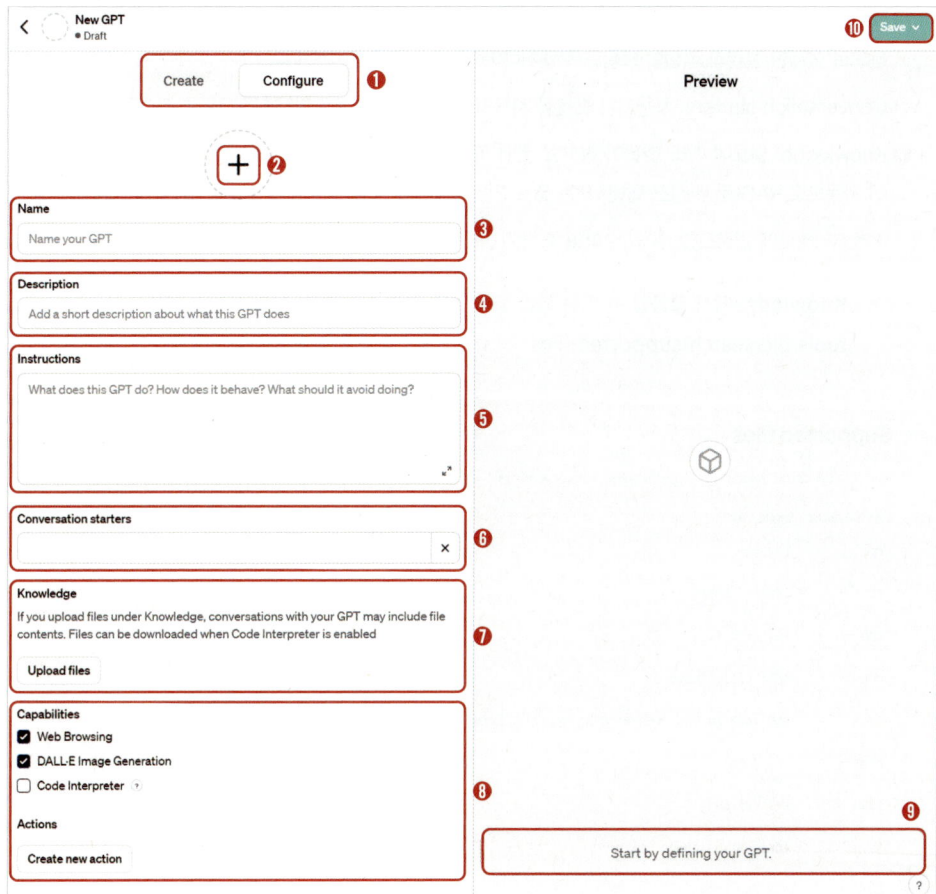

그림 10.6 GPT 빌더의 Configure 화면

각 항목의 역할은 다음과 같습니다.

❶ **GPT 빌더 환경 설정 탭**: Create를 선택하면 AI 챗봇과의 대화를 통해 챗봇을 생성하고 Configure를 선택하면 챗봇의 기능을 직접 일일이 설정할 수 있습니다. 이 책에서는 챗봇 성능을 극대화할 수 있는 Configure 환경에서 제작을 진행합니다.

❷ **프로필 사진 설정**: 프로필 사진을 설정할 수 있습니다. 직접 프로필 사진을 업로드하는 것도 가능하고 DALL·E 모델을 활용하여 생성할 수도 있습니다.

❸ **Name**: 챗봇의 이름을 지정합니다.

❹ **Description**: 챗봇의 기능을 간단히 설명합니다. 실제 사용자가 챗봇을 검색했을 때 챗봇의 이름 밑에 Description에 작성한 내용이 보입니다.

PART 10 _ GPTs를 활용한 노코드 챗봇 만들기 253

❺ **Instructions**: 챗봇의 기능 및 규칙을 인간의 언어로 설명합니다. 챗봇의 기능을 설정하는 가장 중요한 부분으로 상세한 설명과 적절한 프롬프트 엔지니어링을 활용하여 작성합니다.

❻ **Conversation starters**: 사용자가 챗봇을 사용하는 방법에 대한 간단한 예시 질문을 작성합니다.

❼ **Knowledge**: 필요에 따라 챗봇이 참고할 문서 또는 파일을 업로드합니다. 업로드 파일 형식에 따라 챗봇이 자동으로 RAG(문서 참조 답변) 또는 코드 인터프리터를 활용하여 파일 내용을 기반으로 답변합니다. Knowledge에 업로드할 수 있는 파일 형식은 아래 사이트에서 확인할 수 있습니다.

- **Knowledge에서 활용할 수 있는 파일 형식**: https://platform.openai.com/docs/assistants/tools/file-search/supported-files

Supported files

For `text/` MIME types, the encoding must be one of `utf-8`, `utf-16`, or `ascii`.

FILE FORMAT	MIME TYPE
.c	text/x-c
.cs	text/x-csharp
.cpp	text/x-c++
.doc	application/msword
.docx	application/vnd.openxmlformats-officedocument.wordprocessingml.document
.html	text/html
.java	text/x-java
.json	application/json
.md	text/markdown
.pdf	application/pdf
.php	text/x-php
.pptx	application/vnd.openxmlformats-officedocument.presentationml.presentation
.py	text/x-python
.py	text/x-script.python
.rb	text/x-ruby
.tex	text/x-tex
.txt	text/plain
.css	text/css
.js	text/javascript
.sh	application/x-sh
.ts	application/typescript

그림 10.7 Knowledge에서 지원하는 파일 형식

❽ **Capabilities/Actions**: GPT 빌더에서 지원하는 다양한 기능을 설정하는 공간입니다.

- **Web Browsing**: 챗봇이 직접 웹 사이트에 접속하여 해당 사이트의 내용 기반으로 답변하는 기능을 활성화합니다. 날씨나 증시 같은 최신 정보는 직접 웹 사이트에서 검색한 후 답변하고, 사용자가 직접 URL을 입력하면 해당 사이트에 접속하여 답변을 생성하기도 합니다(단, 접근 가능한 사이트에 한정).
- **DALL · E Image Generation**: 챗봇이 이미지를 생성하는 기능을 활성화합니다.
- **Code Interpreter**: 챗봇이 코드 인터프리터 기능을 사용할 수 있도록 활성화합니다. 주로 데이터 분석 및 업로드한 파일 처리와 같은 프로그래밍이 필요한 작업에 활용됩니다.
- **Actions**: 외부 API와 연동할 때 사용합니다. 외부 API와 연동하면 챗봇의 기능은 무한대로 확장됩니다. 기본적인 코딩 지식 및 API의 개념을 알아야 활용할 수 있습니다.

❾ **챗봇 테스트**: 설정을 추가 또는 변경할 때마다 바로 질문하여 챗봇의 성능을 테스트합니다.

❿ **챗봇 저장 및 배포**: 최종 완성된 챗봇을 저장하고 배포합니다.

지금까지 설명한 GPT 빌더 환경을 활용하여 다양한 기능이 탑재된 총 4개의 챗봇을 만들어 보겠습니다.

10.3 문서를 참고하여 챗봇 제작하기

예제 파일 _ 축구규칙정리.pdf

GPTs를 활용하면 PDF나 텍스트 파일과 같은 문서 파일을 참고하여 답변하는 RAG 기능을 손쉽게 구현할 수 있습니다. 이번 절에서는 대한축구협회에서 제공한 '축구 규칙 정리'라는 PDF 파일을 활용하여 축구 규칙을 설명하는 챗봇을 만들어 보겠습니다. 먼저 실습 폴더인 ch10 에 있는 '**축구규칙정리.pdf**' 파일을 열어봅니다. 총 220페이지로 구성된 상세한 축구 규칙 설명 내용을 확인할 수 있습니다.

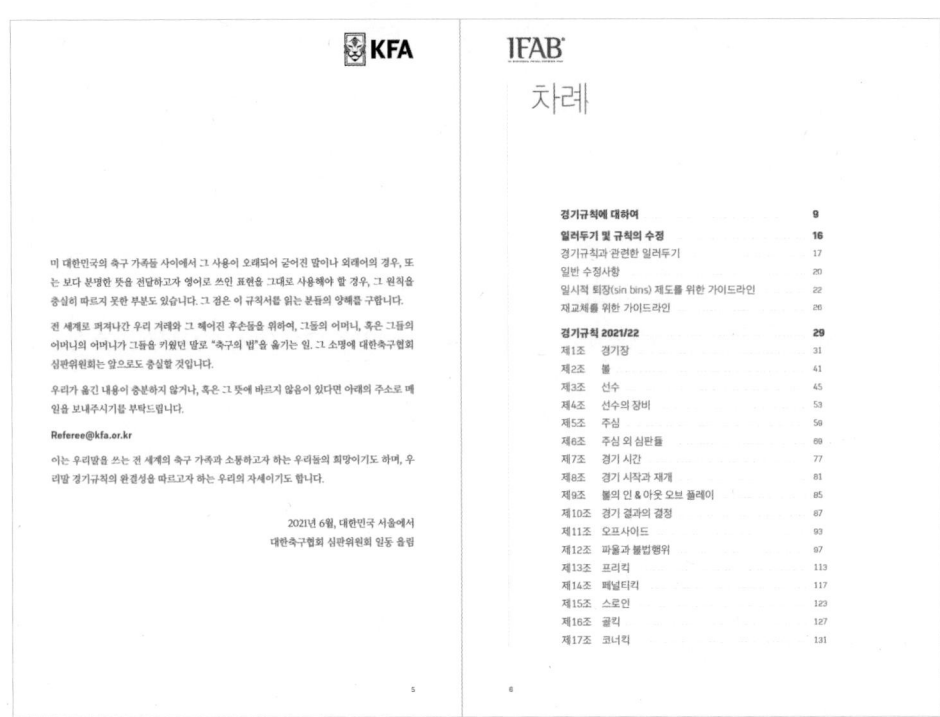

그림 10.8 축구 규칙 설명 문서

10.2절 'GPT 빌더를 활용한 챗봇 제작 기초'에서 설명한 GPT 빌더 환경에 접속합니다. 먼저 챗봇의 Name과 Description을 다음과 같이 입력합니다.

Name

축구 규칙 설명 챗봇

Description

축구 규칙에 대해 자세히 설명드립니다.

Name과 Description 작성이 완료되면 챗봇의 프로필 사진을 DALL·E를 활용하여 생성해 보겠습니다. [+] → [Use DALL·E] 버튼을 차례로 클릭하면 GPT 빌더가 Name과 Description 정보를 활용하여 알맞은 프로필 사진을 생성합니다.

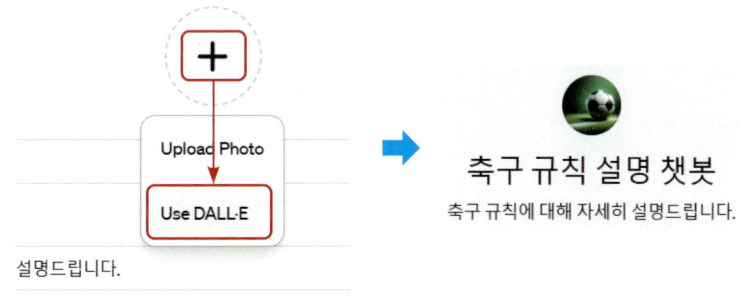

그림 10.9 DALL·E를 활용하여 프로필 사진 생성하기

다음으로 GPT 빌더에서 가장 중요한 Instructions를 작성합니다. Instructions에 챗봇의 기능 및 상세 튜닝을 인간의 언어로 상세하게 작성합니다. 상황에 맞게 프롬프트 엔지니어링 기법을 활용하여 챗봇이 잘 동작할수 있도록 규칙 및 답변 예시를 추가합니다. 설명의 길이는 큰 상관이 없으며 한번의 Instructions 작성으로 원하는 챗봇의 기능을 100% 구현하기는 쉽지 않으니 지속적으로 수정 및 테스트를 통해 최종 Instructions를 완성하는 과정이 필수입니다.

Instructions

[목적]
이 GPT는 축구 규칙을 상세히 설명해주는 챗봇입니다.

[규칙]
1. 사용자가 축구 규칙에 대해 질문하면 업로드된 파일에서 해당 내용을 찾아 자세히 답변합니다.
2. 파일안에서 마땅한 답을 찾을 수 없거나 축구 규칙에 관한 질문이 아니면 "축구 규칙에 관한 질문만 부탁해요^^" 라고 답해주세요.
3. 답변의 형태는 아래 예시와 같이 해주세요
예시)
- 질문 : 질문 내용
- 답변 : 답변 내용
4. 모든 질문에 한국어로 답변해주세요.

다음으로 Conversation starters를 등록합니다.

Conversation starters

오프사이드 규칙에 대해 설명해줘

축구장의 크기를 알려줘

등록이 완료되면 다음 그림과 같이 사용자의 입력창 위에 예시 질문이 생성됩니다.

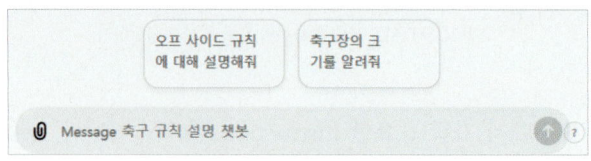

그림 10.10 Conversation Starters 등록

Knowledge

다음으로 [Upload file] 버튼을 클릭하여 예제 파일로 제공된 '축구규칙정리.pdf' 파일을 업로드합니다.

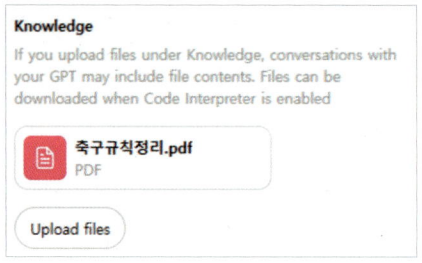

그림 10.11 축구규칙정리.pdf 파일 업로드

Capabilities

다음으로 Capabilities에서 사용하지 않는 기능들은 체크박스를 클릭하여 다음 그림과 같이 비활성화합니다. 축구 규칙 설명 챗봇은 RAG 외에는 별도의 기능을 사용하지 않기 때문에 모두 체크 해제합니다.

그림 10.12 Capabilities 설정하기

이제 챗봇 생성이 완료되었습니다. 배포 전에 오른쪽의 테스트 창을 활용해 성능을 테스트해 보겠습니다. 먼저 "오프사이드 규칙에 대해 설명해줘"라고 질문해 보겠습니다. 실제 업로드한 **축구규칙정리.pdf** 파일을 참고하여 답변했는지 확인해 보겠습니다. 93페이지의 규칙 설명과 챗봇의 답변이 일치하는 것을 확인할 수 있습니다.

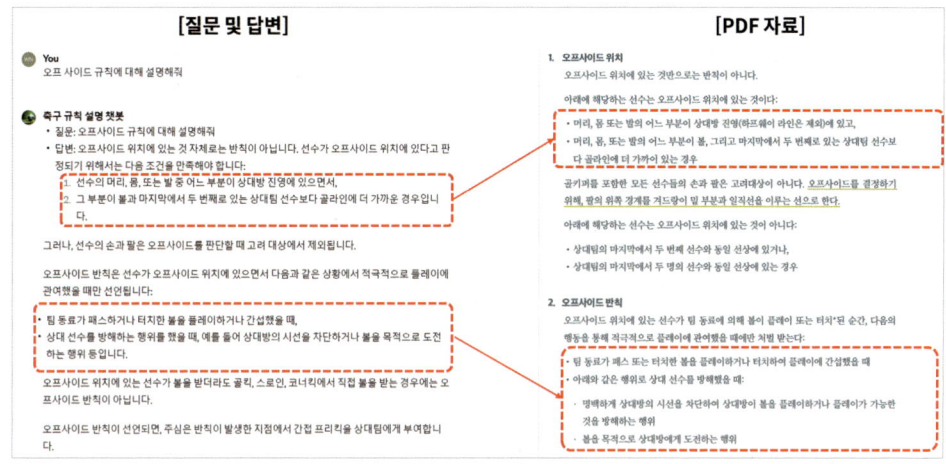

그림 10.13 답변 결과를 원문과 비교

마지막으로 제작이 완료된 챗봇을 저장 및 배포해 보겠습니다. 오른쪽 상단의 [Create] 버튼을 클릭하면 3가지 배포 옵션 선택 항목이 나옵니다.

- **Only me**: 오직 본인만 챗봇 이용이 가능합니다. 개인 업무를 보조하며 보안이 중요한 정보가 포함되어 있다면 Only me를 선택합니다.
- **Anyone with a link**: 챗봇 링크를 받은 사용자만 이용이 가능합니다.
- **GPT Store**: 모두에게 공개되며 GPT 스토어 검색에 노출됩니다.

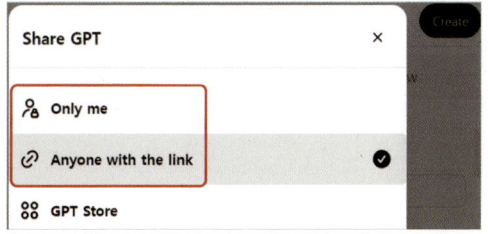

그림 10.14 챗봇 배포 옵션 선택

Everyone을 선택하면 GPT 스토어에 배포를 원하는 Category를 설정해야 합니다. Category 설정 후 [Save] 버튼을 클릭하면 최종 배포가 완료됩니다. 최종적으로 GPT 스토어에서 검색하면 다음과 같이 챗봇을 확인할 수 있습니다.

그림 10.15 배포된 챗봇을 GPT Store에서 검색한 결과

10.4 웹 브라우징 기능을 활용한 챗봇 제작하기

이번 절에서는 챗봇이 직접 웹 주소에 접속하여 얻은 정보를 토대로 답변하는 기능인 '웹 브라우징'을 활용한 챗봇을 만들어 보겠습니다. 웹 브라우징 기능을 활용하면 챗봇이 사용자의 질문에 대한 답변을 직접 검색을 통해 찾고 답변할 수도 있고, 사용자가 직접 URL을 입력한다면 해당 URL에 접속해서 해당 내용을 토대로 답변을 작성할 수도 있습니다.

이번 실습에서는 "뉴스 기사를 기반으로 한 블로그 글 작성 챗봇"을 만들어 보겠습니다. 사용자가 블로그 포스팅을 하고 싶은 주제의 뉴스 기사 URL을 입력하면 챗봇은 바로 블로그 포스팅 형식을 갖춘 글을 작성해 줍니다. 이번에는 프로필 사진 생성 부분은 생략하고 그 외의 설정은 다음과 같이 작성합니다.

Name

뉴스 기사 기반 블로그 글 생성기

Description

뉴스 기사 URL을 넣으면 멋진 블로그 글을 생성합니다.

Instructions

[목표]
이 GPT는 사용자의 뉴스기사 URL 정보를 활용하여 접속해서 SEO 최적화 블로그 글을 생성합니다.

[규칙]
1. 사용자에게 뉴스 기사 URL을 입력 받고 정보를 불러옵니다
2. 뉴스 기사 정보를 활용하여 SEO 최적화 블로그 글을 작성합니다.
3. 명확한 소개, 본문 및 결론의 구조를 갖춰 작성합니다.
4. 친근하고 부드러운 어조로 설명합니다.
5. **마크다운 형식으로 작성하고 제목과 소제목, 결론, 3줄 요약의 구조로 1000자~1500자 사이로 작성하세요.**
6. 전체적으로 구성은 명확하면서도 독자의 관심을 사로잡을 수 있도록 세부 사항이 풍부해야 합니다.
7. 링크 내용에 대한 설명 없이 바로 블로그 글을 작성해주세요
8. 마지막에 뉴스 기사에 걸맞는 해시태그도 작성해 주세요

목표와 규칙에 따라 한글로 블로그 글을 생성해 주세요

이번에도 Instructions 작성이 가장 중요합니다. 본인의 블로그 콘셉트 및 분위기에 맞게 규칙을 작성하여 원하는 포스팅을 생성할 수 있게 수정합니다. 중간에 **글 내용**과 같이 작성된 부분은 해당 내용을 챗봇에게 좀 더 강조하고 싶을 때 사용하는 기술적인 프롬프트 엔지니어링 기법입니다.

이번에는 Conversation starters는 별도로 작성하지 않고 Knowledge 파일 또한 업데이트할 필요가 없습니다. 가장 중요한 설정은 Capabilities에서 Web Browsing을 활성화하는 것입니다. 그래야 챗봇이 웹에 접속하는 기능이 활성화됩니다.

그림 10.16 Capabilities에서 Web Browsing을 체크

챗봇을 배포하기 전에 테스트해보겠습니다. 최근에 OpenAI에서 출시한 Text to Video 모델인 Sora에 관한 기사 URL을 입력한 결과 다음과 같이 아주 근사한 블로그 글이 생성되었습니다.

- 예시 뉴스 링크: https://buly.kr/Nhy3VG

You
https://www.wowtv.co.kr/NewsCenter/News/Read?articleId=A202402170015&t=NN

뉴스 기사 기반 블로그 글 생성기

이번 블로그 글에서는 최근 인공지능 기술의 혁신적 발전과 그 영향에 대해 다룹니다. 특히 오픈AI가 새롭게 선보인 영상 생성 도구 'Sora'가 어도비를 시장에서 어떻게 뒤흔들었는지에 초점을 맞춥니다. 또한, 이 기술이 기존의 창작 소프트웨어 시장에 어떤 변화를 가져오고 있는지, 그리고 이러한 변화가 향후 우리의 일상과 산업에 어떤 의미를 가지는지 탐구합니다.

오픈AI의 혁신, 'Sora'가 기존 시장 질서를 바꾸다

오픈AI의 새로운 도전, 어도비의 시장 지위에 변화를 주다

오픈AI가 공개한 영상 생성 도구 'Sora'는 인공지능 기술을 활용해 실제와 구분하기 어려운 영상을 생성할 수 있는 툴입니다. 이는 어도비와 같은 기존의 영상 및 이미지 편집 도구 시장에 큰 도전장을 던졌습니다. 'Sora'는 사용자가 텍스트 입력을 통해 원하는 영상을 생성할 수 있게 해, 창작의 장벽을 대폭 낮췄습니다.

기술적 혁신이 가져온 시장과 산업의 변화

오픈AI의 이번 혁신은 단순히 새로운 도구의 출시를 넘어, 창작과 편집 소프트웨어 시장의 경쟁 구도를 재편하는 계기가 되었습니다. 어도비의 주가가 크게 하락하는 등 시장의 반응은 실질적이었으며, 이는 오픈AI가 창작 도구 분야에서도 중요한 플레이어로 자리매김하고 있음을 보여줍니다.

결론: 인공지능 기술의 미래와 그 영향

오픈AI의 'Sora'와 같은 기술의 등장은 창작과 표현의 방식을 근본적으로 변화시키고 있습니다. 이러한 기술이 가져올 미래는 매우 흥미롭지만, 동시에 기존 시장 질서와 산업의 생태계 변화에 대한 심도 있는 논의가 필요합니다. 인공지능 기술의 발전이 우리 사회와 산업에 미치는 영향은 계속해서 주목해야 할 주제입니다.

Message 뉴스 기사 기반 블로그 글 생성기...

그림 10.17 최종 블로그 글 작성 결과

10.5 이미지 생성 AI인 DALL·E를 활용한 챗봇 제작하기

GPTs를 활용하면 챗봇 안에 OpenAI 사의 이미지 생성 모델인 DALL·E 3를 활용하여 여러 가지 재미있는 기능을 구현할 수 있습니다. 이번 절에서는 "창의적인 컬러링북 생성 챗봇"을 만들어 보겠습니다.

컬러링북이란 이미지의 윤곽선이 그려져 있는 책으로, 사용자가 색연필, 마커, 물감 등을 사용하여 그림에 색을 입힐 수 있게 설계된 책입니다. 아이들의 미술 활동을 위해 처음 만들어졌지만 최근에는 스트레스 해소와 창의력 증진을 위해 성인을 대상으로 하는 컬러링북도 매우 인기가 있습니다.

그림 10.18 컬러링북 예시

그럼 지금부터 "창의적인 컬러링북 생성 챗봇" 작성을 시작해 보겠습니다.

Name

창의적인 컬러링북 생성 챗봇

Description

색칠 공부를 위한 창의적이고 이쁜 그림을 생성해 드려요

Instructions

[목표]
이 GPT는 어린이를 위한 컬러링 페이지를 만들기 위해 고안되었습니다. 복잡하지 않고 단순하고 선명한 흑백 윤곽선을 생성하는 데 중점을 두어 어린 아이들도 쉽게 색칠할 수 있습니다.

[규칙]
1. 유치원생과 초등학생에게 적합한 이 챗봇은 특정 테마(동물, 자연, 공주, 우주선 등)에 대한 사용자 요청에 응답하고 계절, 동물, 우주 등 다양한 주제의 컬러링 페이지를 제공합니다.
2. 숫자나 알파벳과 같은 교육적 요소가 포함되어 있으며 읽기 능력과 상상력을 향상시키는 짧은 이야기나 교훈이 포함되어 있습니다.
3. 모든 질문에 한국어로 답변합니다.

목표와 규칙에 따라 그림을 그려주세요.

Conversation starters

예쁜 고양이 관련 페이지를 만들어 주세요

산과 바다가 있는 페이지를 만들어 주세요

이번 실습에서 생성하는 챗봇은 특히 어린이를 타깃으로 Instructions를 작성했습니다. 타깃층을 변경하거나 새로운 규칙을 포함하고 싶다면 Instructions를 수정합니다. 다음으로 Capabilities의 DALL·E Generation을 체크하여 활성화합니다.

그림 10.19 Capabilities에서 DALL·E Image Generation 선택

배포 전 챗봇의 성능을 확인해 보겠습니다. "산과 바다가 있는 페이지를 만들어 주세요"라는 요구에 아주 근사한 컬러링북을 생성했습니다.

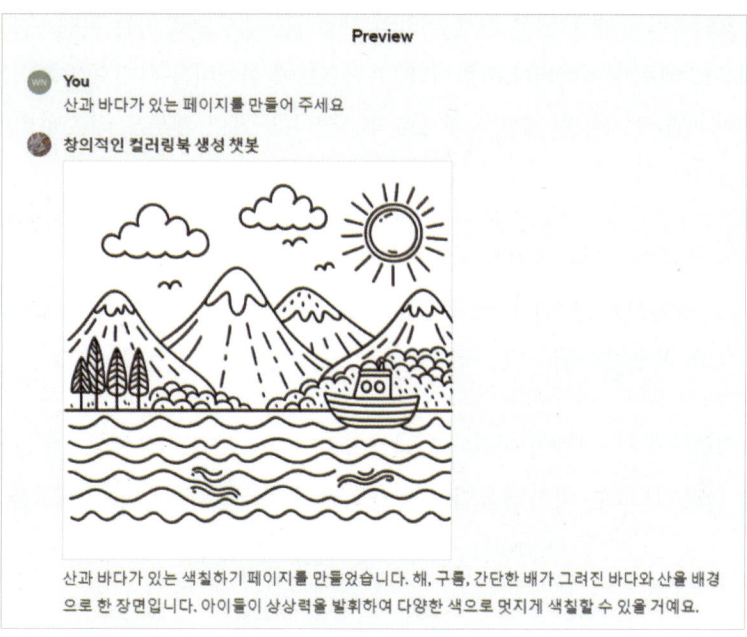

그림 10.20 컬러링북 생성 챗봇의 답변 결과

컬러링북을 배포하기 위해 Anyone with the link 또는 GPT Store를 선택하면 다음과 같은 안내 메시지가 나옵니다.

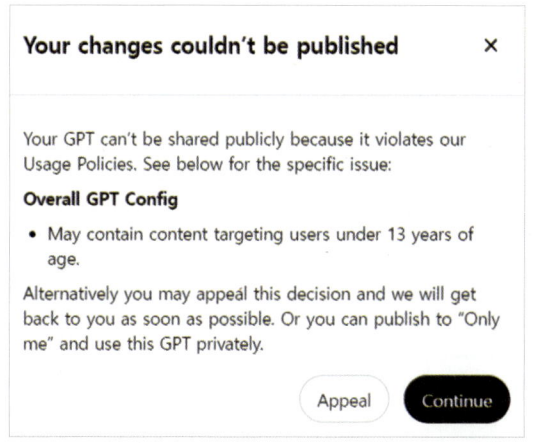

그림 10.21 컬러링북 배포 시 나오는 안내 문구

내용을 요약하면 현재 모델이 13세 이하의 사용자를 대상으로 하는 콘텐츠를 포함하고 있다는 이유로 배포가 제한된다고 합니다. 프롬프트에 어린이를 타깃으로 한다는 내용이 포함돼 있기 때문에 사용을 제한한 것으로 추측됩니다. 해당 챗봇을 배포하려면 두 가지 옵션이 있습니다.

1. GPT 모델을 "Only me"로 설정하여 비공개로 사용하면 본인만 사용할 수 있습니다.
2. [Appeal] 버튼을 클릭하고 해당 챗봇 13세 이하 사용자에게 무해하다는 내용의 이의 신청을 해서 다시 검토 요청을 할 수 있습니다.

배포를 진행하기 전, 모델이 어린이를 대상으로 하거나 부적절한 콘텐츠를 포함하지 않도록 주의 깊게 검토하는 것이 중요합니다. 정책을 준수하도록 수정하고, 배포를 진행해야 합니다.

10.6 Actions를 활용하여 외부 API를 챗봇에 적용하기

GPT 빌더는 몇 가지 간단한 문서 작성만으로 외부 API 기능을 챗봇 안에 탑재할 수 있는 Actions라는 기능을 지원합니다. 예를 들어, 실시간으로 날씨 정보를 조회하는 API를 활용하면 날씨 정보 제공 챗봇을 만들 수 있고 주식 정보를 제공하는 API를 활용하면 주식 정보 조회 챗봇을 만들 수 있습니다.

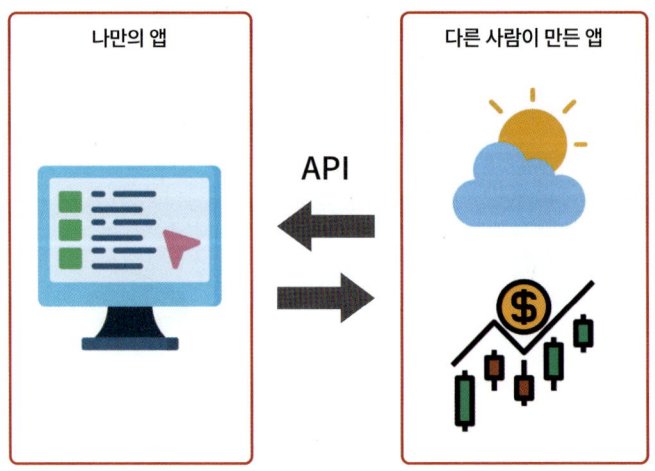

그림 10.22 API 적용 구조

이미 웹상에 우리가 상상하는 것 이상의 수많은 API 서비스가 존재합니다. 다음은 다양한 한국어 기반의 API 서비스를 모아놓은 깃허브 사이트 주소입니다.

- 한국어 API 모음 사이트: https://github.com/dl0312/open-apis-korea

이렇게 수많은 API가 수행하는 기능들을 활용할 수만 있다면 우리 챗봇의 기능은 무한대로 확장될 것입니다.

Actions를 활용하여 외부 API를 챗봇 안에 탑재하려면 다음의 총 3가지 작업을 수행해야 합니다.

1. 외부 API 호출 방법 확인
2. 스키마 작성 및 Actions 연동
3. GPT 빌더 내용 작성

총 3가지 작업 안에서 어떤 식으로 챗봇을 구성해야 하는지 직접 실습을 진행하며 설명하겠습니다. 이번에 제작할 챗봇은 네이버 쇼핑 리스트를 불러오는 API를 활용한 "네이버 쇼핑 리스트 확인 챗봇"입니다.

가장 먼저 챗봇에 탑재할 외부 API 호출 방법을 확인해 보겠습니다. 외부 API를 사용하는 방법은 다양합니다. 이번 실습에서는 SerpApi 플랫폼을 활용하여 네이버 쇼핑 리스트 호출 API를 사용할 예정입니다. 먼저 SerpApi 공식 홈페이지에 접속하여 회원 가입을 합니다.

- SerpApi 홈페이지: https://serpapi.com/

회원 가입이 완료되면 [Your Account] → [Api Key]를 클릭한 후 API 키 오른쪽에 있는 [복사] 아이콘을 클릭해 API 키를 복사하여 따로 관리합니다.

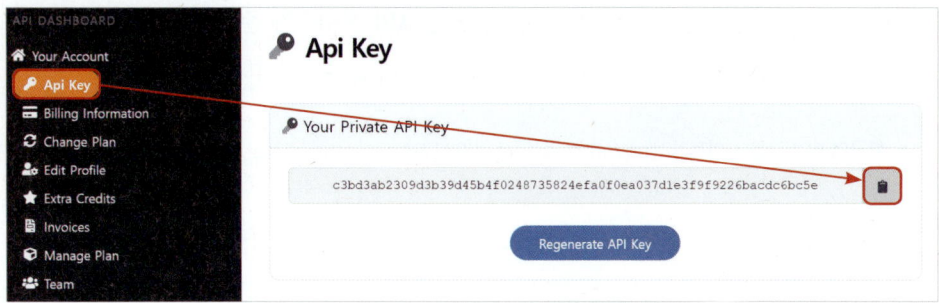

그림 10.23 SerpApi API 키 발급하기

SerpApi를 활용하여 API를 호출하는 서비스는 OpenAI API와 같이 유료 서비스입니다. 매달 총 100건의 무료 호출 크레딧을 제공하기 때문에 이번 실습은 무료로 진행 가능합니다.

한달에 100건 이상의 호출을 하는 서비스 개발을 위해서는 유료 요금제에 가입해야 합니다. 요금제별 호출 가능 횟수는 아래 사이트를 참고합니다.

- **Serpapi 요금제:** https://serpapi.com/pricing

SerpApi를 통해 호출할 수 있는 API 목록은 왼쪽 사이드바 메뉴에서 확인할 수 있습니다. 이 중에서 우리가 사용할 네이버 쇼핑 리스트 API의 사용법은 사이드바 하단의 [Naver Search API] → [Ad Results]를 클릭하여 확인합니다.

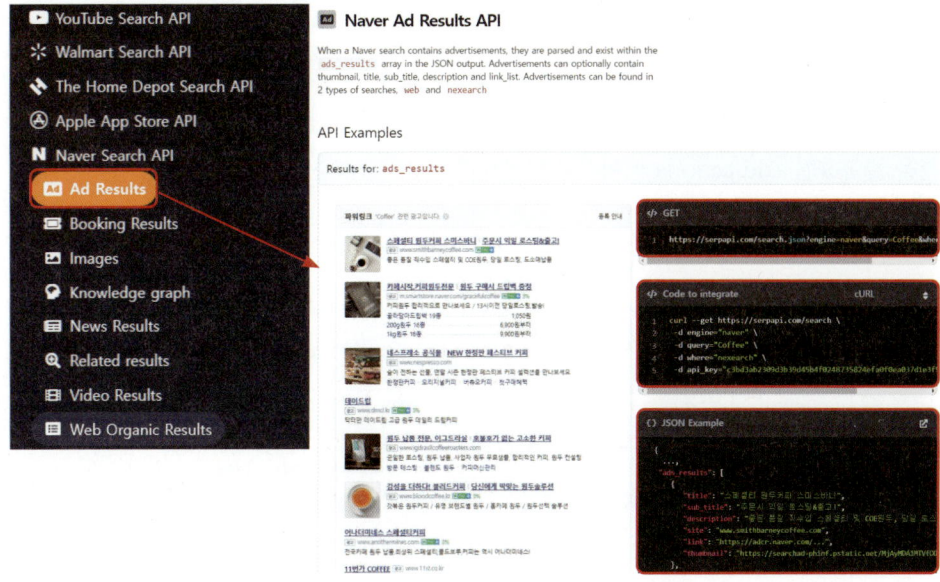

그림 10.24 SerpApi에서 Naver Search API 사용법 확인

화면 중간에 나오는 GET, Code to integrate는 API 호출 방법, JSON Example은 API 호출을 통한 최종 답변 예시입니다. Code to integrate의 코드를 자세히 살펴보겠습니다.

- engine=naver: 검색 엔진으로 네이버를 사용하겠다는 것을 나타냅니다.
- query=Coffee: 검색 쿼리로 "Coffee"를 사용하겠다는 것을 나타냅니다.
- where=nexearch: 네이버의 검색 영역을 지정합니다.
- api_key=개인 API 키: SerpApi에서 발급받은 API 키를 입력합니다.

다음 단계에서 진행할 OpenAI 스키마 작성 및 Actions 연동 부분에서 스키마를 작성할 때 위의 내용을 참고하여 작성합니다.

JSON Example은 API의 호출 결과를 JSON 형태로 답변받은 형태입니다. 네이버 광고 검색 결과 중 title, sub_title, description, site, link, thumbnail 정보를 답변받을 수 있습니다. 즉, 해당 API를 활용하면 챗봇에서 사용자에게 해당 정보를 제공할 수 있습니다.

외부 API 사용법을 익혔으니 이제 우리의 챗봇에 외부 API 호출 기능을 추가하기 위해 스키마 작성 및 Actions 연동 실습을 진행하겠습니다. 먼저 GPT 빌더를 실행하고, Actions 아래에 있는 [Create new action] 버튼을 클릭합니다. [Create new action] 버튼을 클릭하면 Add actions 페이지가 나옵니다.

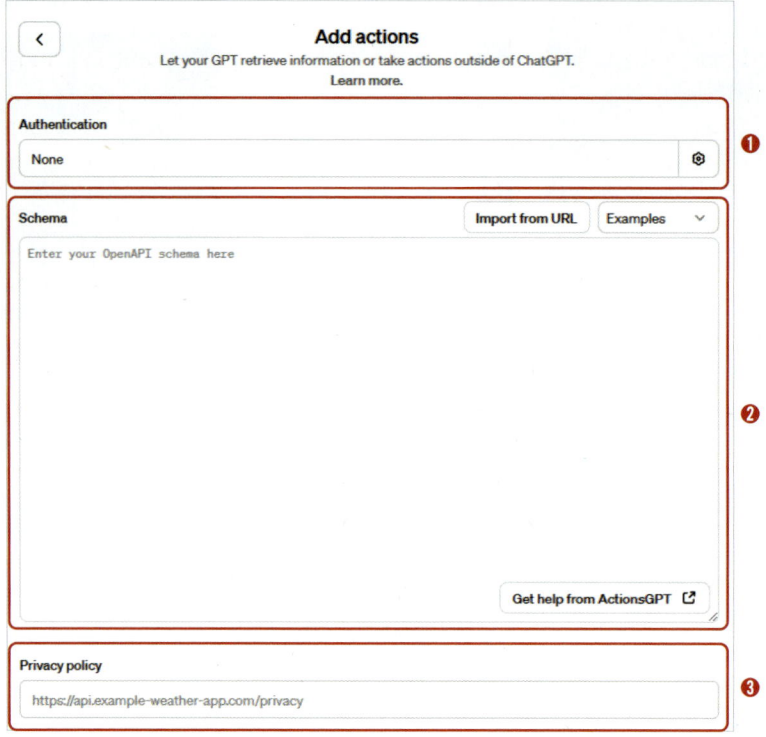

그림 10.25 GPTs Actions 화면

❶ Authentication: API 접근을 위한 인증 방법을 선택할 수 있습니다.

- None: 별도의 인증 절차가 없습니다.
- API Key: 사용자가 개별적으로 로그인할 필요는 없지만 내부적으로 API 키 입력을 통해 인증합니다.
- OAuth: 각 사용자마다 Oauth 로그인을 통해 인증할 수 있도록 하는 방식입니다. 예를 들어 구글 캘린더 연동 챗봇이면 본인의 구글 캘린더 인증 절차가 필요할 것입니다.

❷ Schema: API와 통신을 주고받는 내용 및 규칙을 정리한 문서입니다. OpenAPI 포맷을 사용하여 JSON 형태 또는 YAML 파일로 작성합니다. 스키마 안에는 다음의 정보를 포함해야 합니다.

- OpenAPI 버전: 사용 중인 OpenAPI의 버전을 명시합니다(예: 3.0.1).
- 정보 객체: API에 대한 기본 정보(제목, 설명, 버전 등)를 제공합니다.
- 서버 객체: API에 접근할 수 있는 URL을 나열합니다.
- 경로 객체: 실행할 수 있는 경로(엔드포인트)와 각 경로에서 실행할 수 있는 작업(메서드)을 정의합니다.
- 구성 요소 객체: 요청 및 응답 본문의 스키마와 같은 재사용 가능한 구성 요소를 선언합니다.

❸ Privacy policy: 개인정보 정책 URL을 설정하여 사용자가 챗봇을 열었을 때 볼 수 있게 제공합니다.

이번 네이버 쇼핑 리스트 검색 챗봇은 별도의 인증이 필요 없기 때문에 인증은 None으로 지정하고 Privacy policy 또한 없기 때문에 추가로 입력하지 않습니다. 하지만 스키마는 필수로 작성해야 합니다. 최종 작성 완료된 스키마는 다음과 같습니다.

```
{
  "openapi": "3.1.0",
  "info": {
    "title": "SerpApi Search Service",
    "description": "Utilize SerpApi to conduct searches across various search engines.",
    "version": "1.0.0"
  },
  "servers": [
    {
      "url": "https://serpapi.com"
    }
  ],
  "paths": {
    "/search": {
      "get": {
        "description": "Use SerpApi to perform a search on a specified engine.",
        "operationId": "searchNaver",
        "parameters": [
          {
            "name": "api_key",
            "in": "query",
            "description": "Your SerpApi API key",
```

```
          "required": true,
          "schema": {
            "type": "string",
            "enum": ["개인 API 키"]
          }
        },
        {
          "name": "engine",
          "in": "query",
          "description": "Specifies the search engine to use (e.g., 'naver')",
          "required": true,
          "schema": {
            "type": "string"
          }
        },
        {
          "name": "query",
          "in": "query",
          "description": "The search query term(s) to search for",
          "required": true,
          "schema": {
            "type": "string"
          }
        }
      ],
      "responses": {
        "200": {
          "description": "A successful response containing the search results",
          "content": {
            "application/json": {
              "schema": {
                "type": "object",
                "properties": {
                  "results": {
                    "type": "array",
                    "items": {
                      "type": "object"
                    }
```

```
          }
        },
        "additionalProperties": false
      }
    }
  }
},
"401": {
  "description": "Invalid API key or unauthorized access"
},
"400": {
  "description": "Invalid request"
}
      },
      "deprecated": false
    }
  }
 }
}
```

1. OpenAPI 버전

    - openapi: "3.1.0" – 이 스키마가 사용하는 OpenAPI 사양의 버전입니다. "3.1.0"은 최신 OpenAPI 표준을 따르고 있음을 나타냅니다.

2. API 정보

    - info – API에 대한 기본 정보를 제공합니다.

    title: "SerpApi Search Service" – API의 이름입니다.

    description: "Utilize SerpApi to conduct searches across various search engines." – API의 주요 목적 및 기능을 설명합니다.

    version: "1.0.0" – API의 버전입니다. 이를 통해 사용자는 API의 상태와 변경사항을 추적할 수 있습니다.

3. 서버 정보

    - servers – API가 호스팅되는 서버의 URL을 나열합니다.

    url: "https://serpapi.com" – API를 호출할 때 사용하는 기본 URL입니다.

4. **경로와 작업**: 사용 가능한 경로(또는 엔드포인트)와 각 경로에서 수행할 수 있는 작업(HTTP 메서드)을 정의합니다

    - /search – 검색을 수행하기 위한 경로입니다.
    - get – 이 경로에 대해 GET 요청을 사용할 수 있음을 의미합니다. GET은 데이터를 조회할 때 사용하는 HTTP 메서드입니다.
    - description: "Use SerpApi to perform a search on a specified engine." – 해당 작업의 간략한 설명입니다.
    - operationId: "searchNaver" – 이 작업을 식별하는 고유한 ID입니다.
    - parameters: 작업에 필요한 파라미터를 정의합니다.
      api_key: SerpApi의 개인 API 키로, 검색 작업을 수행할 때 필수로 제공해야 합니다.
      engine: 검색 엔진을 지정하는 파라미터로, 예를 들어 'naver' 등을 사용할 수 있습니다.
      query: 검색에 사용될 검색어를 입력하는 파라미터입니다.

5. **응답**

    - responses – API 호출의 가능한 응답을 설명합니다.
      200: 성공적인 응답을 의미하며, 요청에 따라 검색 결과를 반환합니다.
      401: API 키가 유효하지 않거나 접근이 거부되었을 때 발생합니다.
      400: 잘못된 요청이 있을 경우 반환됩니다.

최종 스키마 입력이 완료되면 스키마 입력 창 아래에 Available actions 탭이 생성됩니다. 이번 실습에서는 GET 메서드를 활용하여 searchNaver라는 API 호출을 진행하기 때문에 다음 그림과 같이 actions가 추가됩니다.

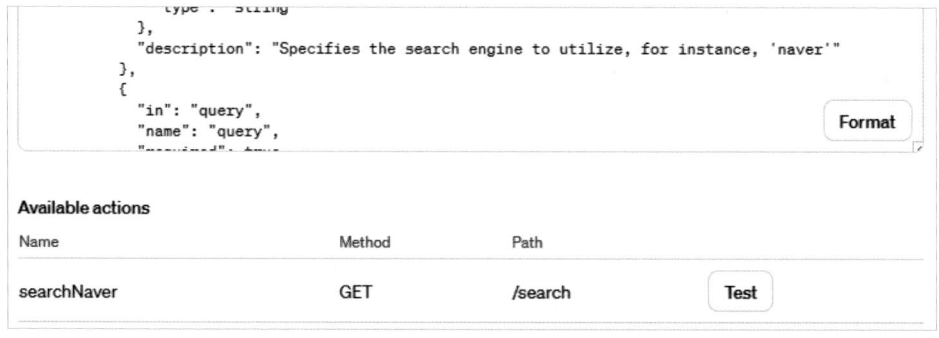

그림 10.26 Available actions 생성 결과

이제 마지막으로 앞에서 다른 챗봇을 생성할 때 수행한 내용과 동일한 챗봇의 정보를 입력해 보겠습니다.

Name

네이버 쇼핑리스트 생성 챗봇

Description

네이버 쇼핑 리스트를 찾아주는 챗봇입니다.

Instrcutions

[목표]
이 GPT는 Actions를 활용하여 사용자가 원하는 쇼핑 리스트를 불러옵니다.

[Actions 작동 순서]
1) 사용자는 "keyword: $input" 형태로 찾고자 하는 상품명을 입력합니다.
2) 사용자가 이 형태로 입력을 하면 keyword를 "$input"으로 인식합니다.
3) 그런 다음 seachNaver 연산과 함께 serpapi.com API를 사용하여 해당 keyword 대한 네이버의 검색 엔진 결과 페이지(SERP)에서 상위 5개 결과를 분석합니다.
4) 상위 5개 결과 각각에 대해 상품명, 가격, 상품에 대한 리뷰 수를 제공합니다

[규칙]
1) 필요한 정보만을 제공합니다.
2) 모든 대화는 한글로 진행합니다.
3) 사용자로부터 "keyword: $input" 형태의 입력을 받지 못하면 "keyword: %상품명 형태로 입력해 주세요"라고 안내합니다.

목표와 Actions 작동순서 및 규칙에 맞춰 사용자의 질문에 대응합니다.

Conversation starters

keyword: 커피머신

keyword: 아이폰 15 pro

챗봇이 동작을 하는 방법은 keyword: "검색 품목"의 형태로 사용자가 검색하면 해당 품목을 API를 활용해 찾고 답변을 주는 형식으로 동작합니다. 해당 동작에 맞게 Instructions 및 Conversation starters를 작성했습니다.

별도의 Capabilities 항목은 필요 없기 때문에 모두 비활성화하고 Actions에는 앞에서 이미 생성한 Action이 들어가 있는 것을 확인할 수 있습니다(그림 10.26).

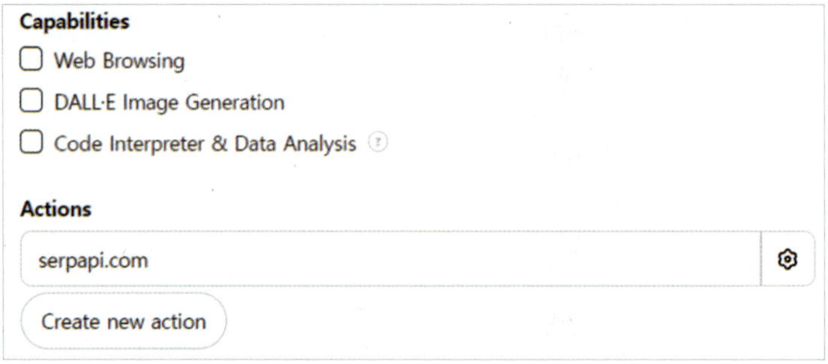

![Capabilities 및 Actions 설정 화면]

그림 10.27 Action 생성 결과

이제 챗봇 제작이 완료되었습니다. 챗봇이 잘 동작하는지 확인해 보겠습니다. 핸드폰 거치대 쇼핑 리스트를 확인하고자 "keyword:핸드폰 거치대"라고 검색하겠습니다.

Actions를 사용하면 항상 HTTP Call 허용 여부를 확인하는 절차를 거칩니다. 이때 [Allow] 또는 [Always Allow] 버튼을 클릭하면 챗봇 안의 API가 뒷단에서 드디어 동작하고 정보를 주고받기 시작합니다.

그림 10.28 Actions의 HTTP Call 허용 여부 확인

최종 답변 내용을 보면 상위 1위부터 5위까지 상품명뿐만 아니라 상품 사진 및 상품 링크까지 답변하는 것을 확인할 수 있습니다.

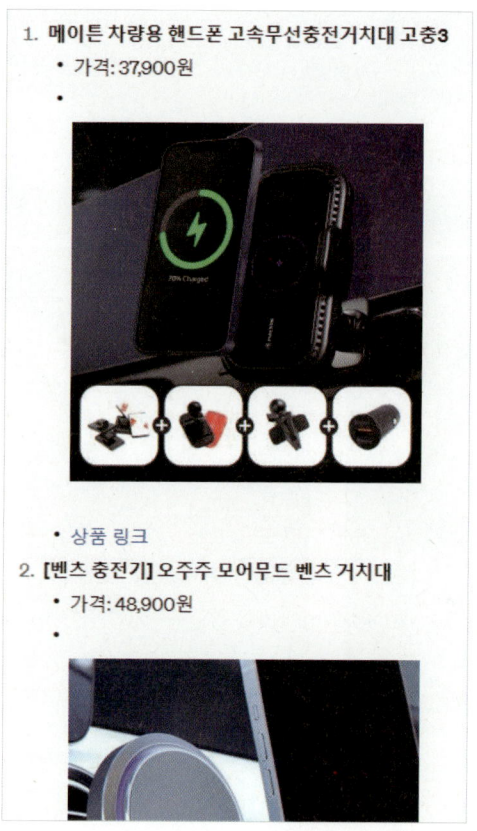

그림 10.29 최종 Actions 답변

이렇게 해서 이번 실습에서는 API를 활용하여 검색 결과를 보여주는 챗봇의 기능을 구현했습니다. 기능을 한 단계 더 업그레이드하려면 챗봇의 장점을 살려 사용자와의 대화를 통해 챗봇이 사용자에게 추천하는 물건 키워드를 직접 찾고 해당 키워드를 검색하는 등 다양한 방법으로 기능을 확장할 수 있습니다.

Part 11

Assistants API를 활용한
커스터마이징 챗봇 만들기

실습 환경 구축하기
문서 기반 답변 Assistants API 사용법 익히기
함수 호출을 활용한 Assistants API 사용법 익히기
기업의 주가 및 최신 뉴스를 답변하는 주가 정보 AI 챗봇

10장에서 소개한 GPTs를 활용하면 코드 없이 쉽게 다양한 기능을 탑재한 챗봇을 제작하고 배포할 수 있습니다. 하지만 ChatGPT Plus 회원(유료 회원)만 해당 서비스를 사용할 수 있고, 오직 GPTs 플랫폼 안에만 배포가 가능하다는 단점이 있습니다. 이번 장에서 설명할 Assistants는 GPTs의 모든 기능을 코드 형태로 구현하는 API입니다. Assistants를 활용하면 자기만의 프로그램 안에 다양한 기능(코드 작성, 문서 기반 답변, 함수 호출)이 탑재된 챗봇을 적용할 수 있을 뿐만 아니라 API 형태로 제공하기 때문에 API가 탑재된 프로그램을 사용하는 모든 사용자에게 서비스가 가능합니다. 이 책을 작성하는 시점(2024년 03월 19일)에는 아직 베타 버전이지만 곧 정식 버전을 론칭할 예정입니다. 이 책에서는 베타 버전을 활용하여 실습합니다.

GPTs와 Assistants의 차이점은 다음과 같습니다.

1. **구현 방법**: GPTs는 GPT 빌더를 활용하여 노코드로 구현할 수 있습니다. 반면, Assistants는 직접 API를 활용하여 코드를 작성하는 방법으로 구현해야 합니다.
2. **기능**: GPTs는 문서 기반 답변, 코드 인터프리터, 웹 브라우징, DALL·E를 활용한 이미지 생성 기능, Actions를 활용한 외부 API 활용을 지원하지만, 현 시점의 Assistants는 문서 기반 답변 및 코드 인터프리터 기능, 함수 호출(Function Calling, 펑션 콜링) 기능을 지원합니다. 함수 호출 기능을 활용하여 GPTs의 Actions처럼 기능을 확장할 수 있습니다.

Assistants API는 총 4단계에 걸쳐 실행됩니다.

1. Assistant를 생성합니다. 이때 Name, Instructions와 같은 기본 설정을 하고 추가 기능이 필요하다면 코드 인터프리터나 함수 호출과 같은 기능을 설정합니다.
2. Thread를 생성합니다. Thread에는 사용자와 챗봇이 주고받는 대화 정보가 저장됩니다. Thread는 마치 Assistant와 대화가 가능한 카카오톡 대화창을 생성한 개념에 비유할 수 있습니다.
3. 사용자의 질문을 포함한 Message를 생성합니다. 생성한 Message는 Thread 안에 추가해 대화 내용을 관리합니다.
4. Run을 통해 Assistant를 실행합니다. Run을 실행하지 않으면 Assistant를 생성하고 Thread 안에 메시지를 입력해도 실제 구동하지 않습니다. 즉, Run을 활용하여 Assistant 실행 시점을 관리하고 그 과정에서 최종 답변을 얻고 답변을 Thread 안에 저장합니다.

Assistants API의 구조를 다이어그램으로 나타내면 그림 11.1과 같습니다.

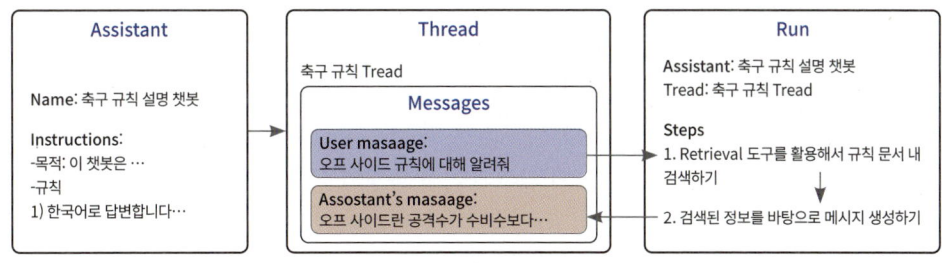

그림 11.1 Assistants API의 구조

위 과정을 하나하나 글로 설명하는 것보다 직접 코드를 작성하며 실습하는 것이 더 이해하기가 쉽습니다. 따라서 축구 규칙을 설명하는 챗봇 Assistant를 생성하는 예제를 실습하면서 각 모듈의 동작 원리를 이해해 보겠습니다.

11.1 실습 환경 구축하기

본격적인 개발에 앞서 개발 환경을 준비하겠습니다. 프로젝트 폴더 생성부터 가상 환경 생성까지 명령 프롬프트를 활용하여 진행합니다.

프로젝트 폴더 생성하기

openai-prg 폴더에 11장에서 실습할 코드를 모아 둘 폴더인 ch11을 생성하고, 해당 폴더로 이동합니다.

```
C:\openai-prg> mkdir ch11
C:\openai-prg> cd ch11
C:\openai-prg\ch11>
```

가상 환경 생성하기

다음 명령어를 입력하여 ch11_env라는 이름의 가상 환경을 생성합니다.

```
C:\openai-prg\ch11> python -m venv ch11_env
```

가상 환경이 생성되면 다음 명령어로 가상 환경을 활성화[1]합니다.

```
C:\openai-prg\ch11> ch11_env\Scripts\activate.bat
```

가상 환경이 활성화되면 프롬프트의 왼쪽에 가상 환경의 이름이 표시됩니다.

```
(ch11_env) C:\openai-prg\ch11>
```

VS Code에서 프로젝트 폴더 선택하기

비주얼 스튜디오 코드(Visual Studio Code, 이하 VS Code)를 열고, 상단 메뉴에서 [File] → [Open Folder]를 클릭합니다. 앞서 생성한 ch11 폴더(C:\openai-prg\ch11)를 선택하고, [열기] 버튼을 누릅니다.

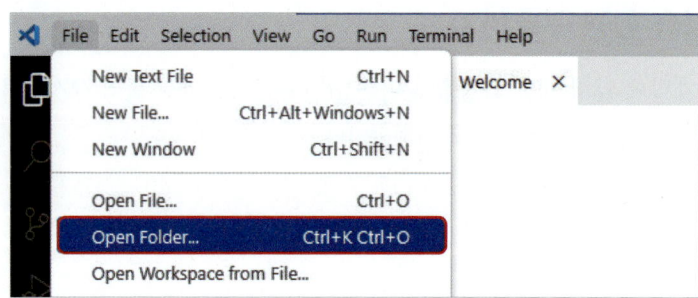

그림 11.2 VS Code의 폴더 열기 메뉴

11.2 문서 기반 답변 Assistants API 사용법 익히기

이번 절에서는 업로드한 문서 기반으로 RAG를 통해 답변하는 Assistants API의 기본 사용법을 익혀 보겠습니다.

---

[1] macOS에서는 'source ch11_env/bin/activate' 명령으로 가상 환경을 활성화합니다.

먼저 다음 명령어로 가상 환경에 OpenAI 패키지를 설치합니다.

```
(ch11_env) C:\openai-prg\ch11> pip install openai
```

클라이언트 생성 및 참고 파일 업로드하기

먼저 ch11_AssistantsAPI_retrieval.ipynb 파일을 생성하고 3장의 내용을 참고하여 커널을 지정합니다.

```python
import openai
```

다음으로 client = openai.OpenAI()의 api_key 값에 11쪽 'OpenAI API 키 발급하기'에서 얻은 키 값을 입력합니다. 키 값은 쌍따옴표 안에 들어가야 합니다.

```python
client = openai.OpenAI(api_key = "여기에 API 키를 넣어주세요")
```

먼저 참고할 문서를 2단계에 걸쳐 업로드합니다. 문서 파일 업로드 단계와 업로드한 문서를 벡터화하여 저장하는 벡터 저장소 생성 단계입니다. 먼저 client.beta.vector_stores.create() 메서드를 활용해서 벡터 저장소를 생성합니다.

```python
vector_store = client.beta.vector_stores.create(name="축구 규칙 파일")
```

다음으로 벡터 저장소에 참고할 파일을 client.beta.vector_stores.file_batches.upload_and_poll() 메서드를 활용해서 업로드합니다.

```python
file_streams = open("축구규칙정리.pdf", "rb")

file_batch = client.beta.vector_stores.file_batches.upload_and_poll(
    vector_store_id=vector_store.id, files=[file_streams]
)
print(file_batch.status)
print(file_batch.file_counts)
```

결과

```
completed
FileCounts(cancelled=0, completed=1, failed=0, in_progress=0, total=1)
```

여기서 결과를 보면 바로 앞에서 생성한 파일을 OpenAI 서버에 업로드한 내역을 보여줍니다. 또한 업로드한 파일을 OpenAI 플랫폼 환경에서도 확인할 수 있습니다. OpenAI 사이트에 접속한 후 로그인합니다.

- OpenAI 플랫폼: https://platform.openai.com/assistants

왼쪽의 [Storage] 메뉴를 클릭하면 방금 업로드한 파일을 확인할 수 있습니다.

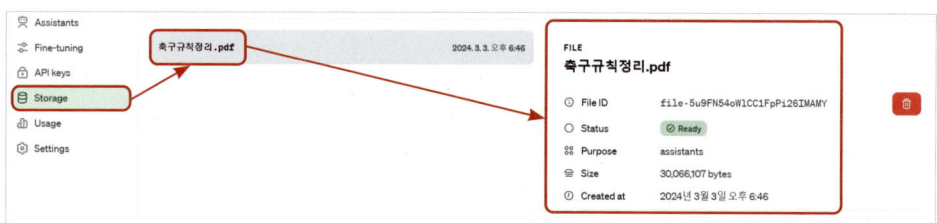

그림 11.3 업로드한 파일 확인하기

업로드 파일에 대해서는 하루에 $0.1/GB씩 요금이 부과됩니다. 따라서 필요하지 않은 파일은 바로 삭제하여 비용을 절감해야 합니다(실습 마지막 단계에서 업로드한 파일을 삭제하는 방법을 설명하겠습니다). 문서 기반 답변 기능을 구현하기 위해 사용할 수 있는 파일 형식은 정해져 있습니다. 다음 링크를 통해 문서 기반 답변이 가능한 파일 형식을 확인할 수 있습니다.

- 문서 기반 답변에 사용할 수 있는 파일 형식: https://platform.openai.com/docs/assistants/tools/file-search/supported-files

Supported files

For `text/` MIME types, the encoding must be one of `utf-8`, `utf-16`, or `ascii`.

FILE FORMAT	MIME TYPE
.c	text/x-c
.cs	text/x-csharp
.cpp	text/x-c++
.doc	application/msword
.docx	application/vnd.openxmlformats-officedocument.wordprocessingml.document
.html	text/html
.java	text/x-java
.json	application/json
.md	text/markdown
.pdf	application/pdf
.php	text/x-php
.pptx	application/vnd.openxmlformats-officedocument.presentationml.presentation

그림 11.4 지원하는 파일 형식

> **참고**
>
> Assistant API 코드는 아직 정식 버전이 나오지 않고 베타 버전으로 배포되고 있습니다. 실제로 코드를 보면 `client.beta.xxx`와 같이 베타 버전임을 알 수 있습니다. 정식 버전이 출시되면 깃허브와 홈페이지를 통해 안내하겠습니다.

Assistant 생성하기

파일 업로드가 완료되었으면 Assistant를 생성합니다. Assistant는 앞으로 우리가 사용할 챗봇의 코어가 되는 것으로, 챗봇의 이름, 규칙, 기능 등을 설정합니다.

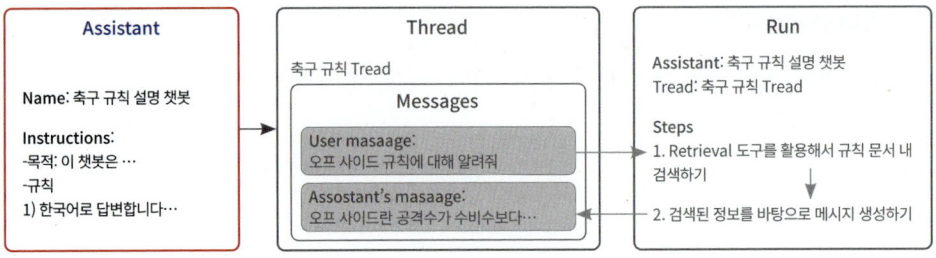

그림 11.5 Assistant 생성

Assistant는 다음과 같이 `client.beta.assistants.create()` 메서드를 활용해서 생성합니다.

```
instruction = '''
[목적]
이 GPT는 축구 규칙을 상세히 설명해주는 챗봇입니다.

[규칙]
1. 사용자가 축구 규칙에 대해 질문하면 업로드된 파일에서 해당 내용을 찾아 자세히 답변합니다.
2. 파일안에서 마땅한 답을 찾을 수 없거나 축구 규칙에 관한 질문이 아니면 "축구 규칙에 관한 질문만 부탁해요^^" 라고 답해주세요.
3. 답변의 형태는 아래 예시와 같이 해주세요
예시)
-  질문 : 질문 내용
-  답변 : 답변 내용
4. 모든 질문에 한국어로 답변해주세요.
'''
assistant = client.beta.assistants.create(
    name = "축구 규칙 설명 챗봇",
    instructions=instruction,
    model="gpt-3.5-turbo-1106",
    tools=[{"type" : "file_search"}],
    tool_resources={"file_search": {"vector_store_ids": [vector_store.id]}}
)

print(assistant.id)
```

결과

```
asst_2zHoFZNdrDxlqksAmPTRAwe0
```

방금 전에 생성한 Assistant의 ID를 출력한 결과입니다. Assistant ID 역시 새롭게 생성할 때마다 변경됩니다.

각 파라미터의 의미는 다음과 같습니다.

- 이름(name): Assistant의 이름을 지정합니다.
- 지침(instructions): 챗봇의 규칙이나 설정을 상세히 기술합니다.
- 모델(model): 사용할 언어 모델을 지정합니다. 모델에 관한 자세한 내용은 내용은 1.2절의 API 사용 요금 설명을 참고하세요.
- 기능(tools): 챗봇에 탑재할 기능을 작성합니다.
    - 코드 인터프리터: [{"type": "code_interperter"}]
    - 파일 참고: [{"type": "file_search"}]
    - 함수 호출: [{"type": "function"}]
- 기능 정보(tool_resources): 기능을 챗봇에 탑재했을 경우 기능에서 참고하는 여러 정보를 입력합니다.
    - 문서 기반 답변: {"file_search": {"vector_store_ids": [vector_store.id]}}의 형태로 앞에서 생성한 벡터 저장소의 아이디를 입력합니다.
    - 코드 인터프리터: {"code_interpreter": {"file_ids": [file.id]}}의 형태로 업로드한 파일의 아이디를 입력합니다.

생성한 Assistant 또한 OpenAI 플랫폼 환경에서 확인할 수 있습니다. 왼쪽에서 [Assistants] 메뉴를 클릭하면 마치 GPTs의 Configure 환경과 비슷하게 Assistant의 설정을 변경할 수 있습니다.

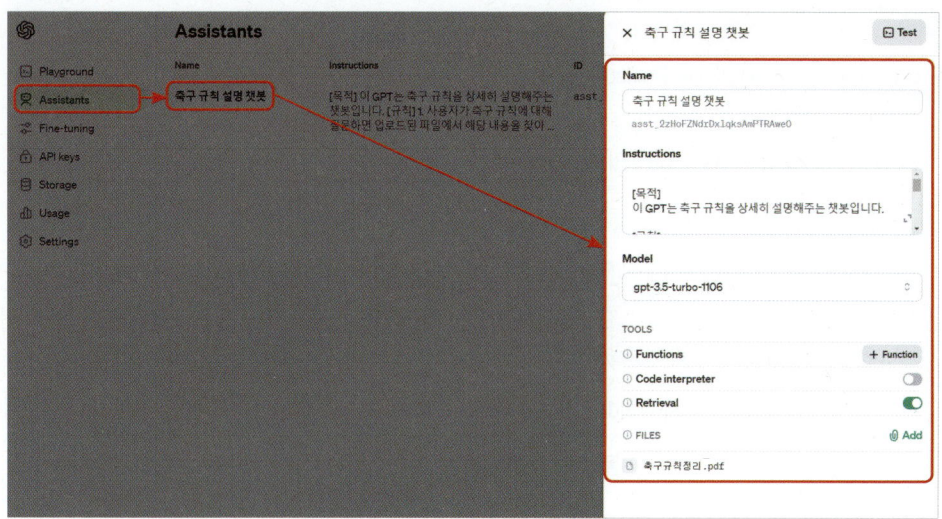

그림 11.6 Assistant 생성 확인하기

이렇게 OpenAI 플랫폼의 대시보드에서 수정하는 것뿐만 아니라 Assistant의 ID만 안다면 코드를 활용해서도 변경이 가능합니다. model, instruction과 같은 설정을 `client.beta.assistants.update()` 메서드를 활용해서 변경합니다.

```
assistant = client.beta.assistants.update(
    "변경할 assistant ID",
    instructions=변경 instructions,
    model="변경모델",
    tools=[{"type": "변경 기능"}],
    file_ids=[변경 파일 ID]
)
```

Assistant를 생성하여 작업하다가 종료하고 다음 날 다시 해당 Assistant를 불러와서 작업하고 싶을 수 있습니다. 그때는 총 2단계에 걸쳐 이미 생성된 Assistant를 작업 환경에 불러올 수 있습니다. 먼저 생성된 Assistant의 id를 알아야 합니다. 따라서 생성한 모든 Assistant리스트를 `client.beta.assistants()` 메서드를 활용하여 불러옵니다.

```python
my_assistants = client.beta.assistants.list(
    order="desc",
    limit="20",
)
print(my_assistants.data)
```

결과

```
[Assistant(id='asst_2zHoFZNdrDxlqksAmPTRAweO', created_at=1709470447,
description=None, file_ids=['file-5u9FN54oWlCC1FpPi26IMAMY'],
instructions='\n[목적]\n이 GPT는 축구 …', object='assistant',
tools=[ToolRetrieval(type='retrieval')])]
```

예시의 결과에서 이미 생성된 총 1개의 Assistant 정보가 리스트에 담겨 있는 것을 확인할 수 있습니다. 만약 2개의 Assistant를 생성했다면 리스트에 2개의 Assistant정보가 담겨있을 것입니다.

이제 방금 전에 확인한 Assistant의 id 정보를 활용해서 작업 환경에 Assistant를 불러오겠습니다. 그러려면 다음과 같이 `client.beta.assistants.retrieve()` 메서드를 활용하면 됩니다.

```
assistant = client.beta.assistants.retrieve("assistant ID")
```

Thread 생성하기

Thread는 사용자와 챗봇의 대화 내용을 메시지 형태로 저장 및 관리하는 공간입니다. 하나의 Thread에 저장할 수 있는 메시지 수의 제한이 없으며, Thread를 활용하여 별도의 설정 없이 챗봇이 사용자와의 과거 대화를 반영하여 답변하게 됩니다. 마치 카카오톡 대화창과 같은 역할을 수행하며, 다른 주제의 대화를 하나의 Assistant를 활용해서 진행하려면 각각의 Thread를 생성해서 관리가 가능합니다.

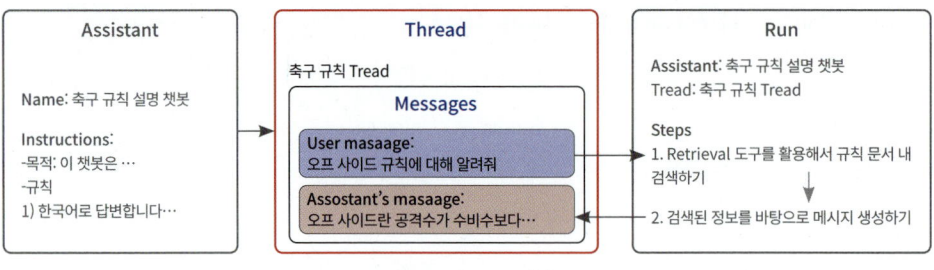

그림 11.7 Thread 생성

먼저 Thread를 생성해 보겠습니다. `client.beta.threads.messages.create()` 메서드를 활용해서 생성합니다.

```
thread = client.beta.threads.create()
print(thread)
```

결과

```
Thread(id='thread_AxrgJpI8OeDtL0YNzpOxSjOi', created_at=1709473919, metadata={}, object='thread')
```

Thread 역시 각각 ID를 부여받습니다. 다음으로는 Thread 안에 사용자의 질문을 담기 위해 `message`를 생성하겠습니다. `message`는 `client.beta.threads.messages.create()` 메서드를 활용하여 생성합니다.

```
message = client.beta.threads.messages.create(
    thread_id=thread.id,
    role="user",
    content="축구장의 크기는?"
)
print(message)
```

결과

```
ThreadMessage(id='msg_LOQ4mze4YeZvKR0XKL1VexYz', assistant_id=None,
content=[MessageContentText(text=Text(annotations=[], value='축구장의
크기는?'), type='text')], created_at=1709473937, file_ids=[],
metadata={}, object='thread.message', role='user', run_id=None,
thread_id='thread_AxrgJpI8OeDtL0YNzpOxSjOi')
```

message 생성과 동시에 Thread 안에 해당 메시지를 저장했습니다.

각 파라미터의 의미는 다음과 같습니다.

- **Thread ID(thread_id)**: message를 저장할 Thread의 ID를 입력합니다.
- **역할(role)**: message를 보내는 주체를 지정합니다. 현재는 user만 지원합니다.
- **내용(contents)**: 질문 내용을 작성합니다.

Run을 통해 질문 및 답변 받기

이제 챗봇의 모든 세팅이 끝났습니다. 이 모든 정보를 종합하여 Run을 통해 질문을 실행합니다. Run 인스턴스를 생성하고 실행하기 전까지는 챗봇이 동작하지 않습니다. 즉, Run을 활용하여 챗봇의 동작 결정 및 상태 점검을 효율적으로 수행할 수 있습니다.

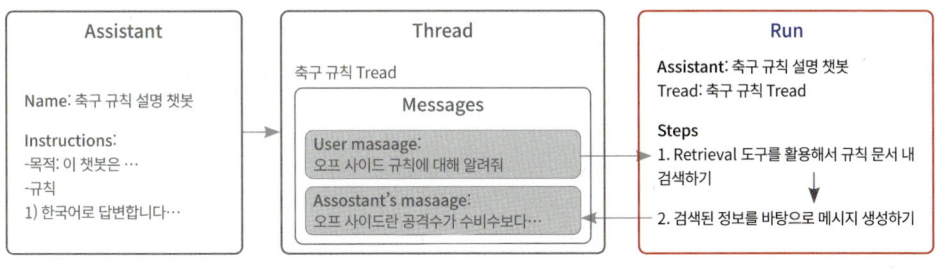

그림 11.8 Run 생성

run 인스턴스를 생성하기 위해 `client.beta.threads.runs.create()` 메서드를 활용합니다.

```
run = client.beta.threads.runs.create(
    thread_id=thread.id,
    assistant_id=assistant.id
)
```

이것만으로 질문이 실행되지는 않고 질문 대기 상태가 됩니다. 질문을 실행하려면 client.beta.threads.runs.retrieve() 메서드를 사용합니다. 질문에 대한 답변 상태는 run.status를 통해 확인이 가능합니다. 답변 상태의 종류는 다음과 같습니다.

- **대기 중(queued)**: run을 처음 생성한 후 대기하고 있는 상태입니다.
- **진행 중(in_progress)**: assistant가 질문을 정상적으로 수행 중인 상태입니다. Assistant는 보통 API를 사용할 때보다 답변 속도가 느리기 때문에 in_progress 상태를 몇 초간 유지한 후 작업이 완료됩니다.
- **완료(completed)**: 답변이 성공적으로 완성된 상태입니다. Thread를 활용하여 추가된 답변을 확인할 수 있습니다.
- **조치 필요(requires_action)**: 함수 호출 기능을 사용할 때 질문에 대해 함수 호출이 필요한 상태를 나타냅니다. requires_action이 status에 나타나면 적합한 함수를 활용하여 후속 작업을 진행해야 합니다. 자세한 내용은 함수 호출 예제에서 설명하겠습니다.
- **만료(expired)**: status가 requires_action 상태에서 10분간 추가로 함수를 활용해서 후속작업을 하지 않을 경우를 뜻합니다.
- **취소됨(cancelled)**: 중간에 사용자가 인위적으로 작업을 종료할 수 있습니다. 이때 성공적으로 취소되었음을 안내합니다.
- **실패(failed)**: 어시스턴트 작업이 어떤 이유로 실패한 경우를 뜻합니다.

```
import time

while run.status not in ["completed", "failed"]:
    run = client.beta.threads.runs.retrieve(
        thread_id= thread.id,
        run_id= run.id
    )
    print(run.status)
    time.sleep(5)
```

결과

```
in_progress
in_progress
completed
```

while 문을 활용하여 5초에 한 번씩 run.status를 확인하는 코드입니다. in_progress 가 2번 나타난 후 completed가 된 것을 보니 답변이 생성되는 데 약 10초의 시간이 걸린 것으로 예상됩니다. 내부적으로 RAG 로직이 작동하고 답변을 완성하느라 보통의 언어 모델 API를 사용할 때보다 시간이 더 걸린 것으로 예상됩니다.

최종적으로 답변 결과를 확인해 보겠습니다. 답변 확인을 위해서는 먼저 thread에 저장된 메시지를 리스트 형태로 받아오는 과정이 필요합니다. 이때 client.beta.threads.messages.list() 메서드를 이용합니다.

```
messages = client.beta.threads.messages.list(
    thread_id=thread.id
)
```

messages 변수 안에 대화 내용이 list 형태로 저장되었습니다. 이제 for 문을 활용해서 대화 내용을 순서대로 출력해 보겠습니다.

```
for each in messages:
    print(each.role + ": "+each.content[0].text.value)
    print("=========")
```

결과

> assistant: 축구장의 크기는 국제 경기를 위한 경우와 일반적인 대회를 위한 경우로 구분됩니다.
>
> - 국제 경기를 위한 크기:
>   - 터치라인: 최소 100m (110 야드) - 최대 110m (120 야드)
>   - 골라인: 최소 64m (70 야드) - 최대 75m (80 야드)
>
> - 대회를 위한 크기:
>   - 터치라인: 최소 90m (100 야드) - 최대 120m (130 야드)
>   - 골라인: 최소 45m (50 야드) - 최대 90m (100 야드)
>
> 대회 주최 측은 위의 범위 내에서 골라인과 터치라인의 길이를 결정할 수 있습니다【7†출처】.
> =========
> user: 축구장의 크기는?

Messages 안의 대화 Thread를 각각 each 변수로 불러옵니다. each.role은 대화의 주체를 알려주고 each.content[0].text.value는 대화 내용을 나타냅니다. User에는 앞서 입력한 질문이 담겨 있고, Assistant에는 최종 질문에 대한 답변이 담겨 있는 것을 확인할 수 있습니다.

질문을 추가해 보겠습니다. 이번에는 오프사이드 룰에 대해 질문해 보겠습니다. 먼저 Thread에 새로운 질문에 대한 message를 추가한 후 확인해 보겠습니다.

```python
# 메시지 추가
message = client.beta.threads.messages.create(
    thread_id=thread.id,
    role="user",
    content="오프사이드 룰에 대해 설명해줘"
)

# 메시지 리스트 가져오기
messages = client.beta.threads.messages.list(
    thread_id=thread.id
)

# 메시지 프린트
for each in messages:
    print(each.role + ": "+each.content[0].text.value)
    print("=========")
```

결과

```
user: 오프사이드 룰에 대해 설명해줘
=========
assistant: 축구장의 크기는 국제 경기를 위한 경우와 일반적인 대회를 위한 경우로 구분됩니다.

- 국제 경기를 위한 크기:
  - 터치라인: 최소 100m (110 야드) - 최대 110m (120 야드)
  - 골라인: 최소 64m (70 야드) - 최대 75m (80 야드)

- 대회를 위한 크기:
  - 터치라인: 최소 90m (100 야드) - 최대 120m (130 야드)
```

```
    - 골라인: 최소 45m (50 야드) - 최대 90m (100 야드)

대회 주최 측은 위의 범위 내에서 골라인과 터치라인의 길이를 결정할 수 있습니다【 7†출처 】.
=========
user: 축구장의 크기는?
=========
```

맨 위에 "user: 오프사이드 룰에 대해 설명해줘"라는 대화가 추가되었습니다. 다음으로 run 인스턴스를 생성하고 바로 실행해 보겠습니다.

```python
run = client.beta.threads.runs.create(
    thread_id=thread.id,
    assistant_id=assistant.id,
)

while run.status not in ["completed", "failed"]:

    run = client.beta.threads.runs.retrieve(
        thread_id= thread.id,
        run_id= run.id
    )

    print(run.status)

    time.sleep(5)
```

결과

```
in_progress
in_progress
completed
```

이번에도 답변을 얻기까지 10초 정도의 시간이 걸렸습니다. 이제 마지막으로 답변을 확인해 보겠습니다.

```python
# 메시지 리스트 가져오기
messages = client.beta.threads.messages.list(
    thread_id=thread.id
)

# 메시지 프린트
for each in messages:
    print(each.role + ": "+each.content[0].text.value)
    print("=========")
```

결과

assistant: 오프사이드 룰은 다음과 같은 내용을 포함합니다:

1. 오프사이드 위치:
   - 오프사이드 위치에 있는 것만으로는 반칙이 아닙니다. 오프사이드 위치에 있는 선수는 특정 조건을 충족해야 오프사이드라고 판단됩니다.
   - 대략적으로 말하면, 상대방 골라인에 더 가까이 있고, 볼과 마지막으로 부딪힌 상대팀 수비수보다 더 앞선 위치에 있는 선수가 오프사이드 위치에 있다고 판단됩니다.

2. 오프사이드 반칙:
   - 오프사이드 위치에 있는 선수가 팀 동료에 의해 볼이 플레이되거나 터치된 순간에 적극적으로 플레이에 관여하거나 상대 선수를 방해할 때에만 처벌을 받습니다.
   - 상대팀 선수의 시선을 가림으로써 플레이를 방해하거나, 명백하게 상대 선수의 플레이를 방해하는 행위를 하거나, 볼을 목적으로 상대 선수에게 도전하는 행위 등이 이에 해당합니다.

상세한 내용은 규칙서에 기재되어 있으며, 위의 내용은 그 일부에 불과합니다【6†출처】.
=========
user: 오프사이드 룰에 대해 설명해줘?
=========
assistant: 축구장의 크기는 국제 경기를 위한 경우와 일반적인 대회를 위한 경우로 구분됩니다.

- 국제 경기를 위한 크기:
  - 터치라인: 최소 100m (110 야드) - 최대 110m (120 야드)
  - 골라인: 최소 64m (70 야드) - 최대 75m (80 야드)

- 대회를 위한 크기:
  - 터치라인: 최소 90m (100 야드) - 최대 120m (130 야드)
  - 골라인: 최소 45m (50 야드) - 최대 90m (100 야드)

> 대회 주최 측은 위의 범위 내에서 골라인과 터치라인의 길이를 결정할 수 있습니다【 7†출처 】.
> =========
> user: 축구장의 크기는?

대화 맨 위에서 "assistant: 오프사이드 룰은 다음과 같은 내용을 포함합니다:"로 시작하는 답변을 확인할 수 있습니다.

이제 마지막으로 생성한 Assistant와 업로드한 파일을 삭제하는 방법을 설명하겠습니다. Assistant는 매일 업로드한 파일에 대한 요금이 부과되기 때문에 장기적으로 사용하지 않을 예정이라면 바로바로 삭제하는 것을 권합니다. 먼저 Assistant를 삭제하기 위해서는 `client.files.delete()` 메서드를 활용합니다.

```
# assistant 삭제
response = client.beta.assistants.delete(assistant.id)
print(response)
```

결과

```
AssistantDeleted(id='asst_2zHoFZNdrDxlqksAmPTRAwe0', deleted=True, object='assistant.deleted')
```

파일 삭제를 위해서는 업로드한 파일의 ID를 먼저 조회해야 합니다. 먼저 `client.files.list()` 메서드를 활용하여 업로드한 파일의 목록을 가져옵니다.

`client.files.list()` 메서드를 활용해 저장되어 있는 파일의 리스트를 가져옵니다.

```
# 업로드한 파일 목록 가져오기
file_list = client.files.list()
print(file_list)
```

결과

```
SyncPage[FileObject](data=[FileObject(id='file-XHR2zl9rcLf20XEOiFy6NCEI', bytes=30066107, created_at=1714955622, filename='축구규칙정리.pdf', object='file', purpose='assistants', status='processed', status_details=None)], object='list', has_more=False)
```

앞에서 업로드한 파일명과 일치하는 파일의 ID를 찾아서 `file_id`라는 변수에 저장합니다. 이번 실습에서는 저장소에 업로드한 파일이 한 개뿐이고 리스트의 첫 번째에 위치합니다.

```
# 특정 파일 ID 가져오기
file_id = file_list.data[0].id
print(file_id)
```

결과

```
file-XHR2zl9rcLf20XEOiFy6NCEI
```

최종적으로 `client.files.delete()` 메서드를 활용해서 파일을 삭제합니다.

```
# 업로드 파일 삭제
response = client.files.delete(file_id)
print(response)
```

결과

```
FileDeleted(id='file-XHR2zl9rcLf20XEOiFy6NCEI', deleted=True, object='file')
```

파일 및 Assistant가 완벽하게 삭제되었는지 확인하려면 앞서 소개한 OpenAI 플랫폼에 접속하여 Assistants와 Storage 메뉴를 이용합니다.

지금까지 Assistants에 관한 기본 설명을 문서 기반 답변 방법을 활용하여 제공했습니다. 다음 절에서는 함수 호출을 활용하여 Assistants 안에서 외부 API를 불러오는 방법과 최종적으로 스트림릿을 활용하여 프로그램을 작성하는 방법을 설명하겠습니다.

11.3 함수 호출을 활용한 Assistants API 사용법 익히기

이번 절에서는 함수 호출을 활용한 Assistants API 사용법에 대해 다룹니다. 함수 호출은 Assistant가 답변할 때 작성자가 미리 생성한 함수를 활용하는 기능입니다. Assistant에서 공식적으로 지원하는 기능은 코드 인터프리터, 문서 기반 답변의 두 가지입니다. 함수 호출 기능을 활용하면 이 두 가지 기능 외에 수백, 수천 가지 기능을 탑재할 수 있습니다. 함수 안에 언어 모델이 처리하기 힘든 수학 계산식을 넣어도 되고 외부 API를 호출하는 기능을 넣어서 GPTs의 Actions와 같이 기능을 무한 확장할 수도 있습니다.

이번에도 역시 직접 실습을 진행하면서 Assistant 안에 함수 호출 기능을 구현하는 방법을 알아보겠습니다. 여기서는 사용자에게 기업의 현재 주식 가격을 알려주는 Assistants를 제작합니다. Assistants가 사용하는 언어 모델은 과거의 정보만을 학습했기 때문에 현재의 주식 가격은 알지 못합니다. 이때 함수 호출 기능을 활용하며, 총 3단계에 걸쳐 진행합니다.

1. 외부 API를 활용해서 현재의 주식 가격을 알려주는 함수를 생성합니다.
2. 함수와 Assistant의 연결을 도와주는 스키마를 작성합니다. (스키마 안에는 함수의 기능부터 요청 입력값, 출력값 등의 상세한 정보를 작성합니다.)
3. Assistant를 생성합니다.

그럼 지금부터 각 단계별로 코드를 작성하며 실습해 보겠습니다.

주식의 현재가를 불러오는 yfinance API

이번 절에서는 주식의 현재가를 조회할 때 사용하는 API인 yfinance의 사용법을 알아보겠습니다. yfinance는 Yahoo Finance의 데이터에 접근할 수 있게 해주는 파이썬 라이브러리입니다. 다양한 기간별 주식 가격을 쉽게 호출할 수 있을 뿐만 아니라 기업 정보와 뉴스도 조회가 가능합니다.

- yfinance 라이브러리의 공식 홈페이지: https://github.com/ranaroussi/yfinance

먼저 다음 명령어로 가상 환경에 yfinance 패키지를 설치합니다.

```
(ch11_env) C:\openai-prg\ch11> pip install yfinance
```

파이썬 스크립트 생성

먼저 코드를 작성할 파일(주피터 노트북)을 생성합니다. VS Code의 왼쪽 EXPLORER에서 마우스 오른쪽 버튼을 클릭하고, [New File]을 클릭해 새로운 파일을 추가합니다. 파일 이름은 ch11_yfinance_example.ipynb로 지정합니다.

주피터 노트북이 열리면 먼저 다음 코드로 yfinance를 yf라는 별칭으로 불러옵니다.

```python
import yfinance as yf
```

가장 먼저 테슬라 정보를 가지고 있는 객체를 생성하겠습니다. 이때 yf.Ticker()라는 메서드 안에 조회하고 싶은 종목의 심볼(ticker)을 넣어야 합니다. 테슬라의 경우 'TSLA'입니다. 여기서 종목의 심볼이란 주식이나 금융 상품을 대표하는 고유한 알파벳 코드를 말합니다. 예를 들어 'AAPL'은 애플을, 'MSFT'는 마이크로소프트를 나타냅니다.

```python
tsla = yf.Ticker("TSLA")
```

가장 먼저 기업의 정보를 호출해 봅니다. 이때 tsla.info 메서드를 활용합니다.

```python
# 기업 정보 가져오기
info = tsla.info

# 일부 중요한 정보 출력
print("회사명:", info['longName'])
print("업종:", info['sector'])
print("사업 설명:", info['longBusinessSummary'])
print("현재 가격:", info['currentPrice'])
```

결과

```
회사명: Tesla, Inc.
업종: Consumer Cyclical
사업 설명: Tesla, Inc. designs, develops, manufactures, leases, and sells…
현재 가격: 173.8834
```

다음으로 과거의 주가 정보를 조회해 보겠습니다. 이때 tsla.history() 메서드를 활용합니다.

```
tsla_df = tsla.history(interval='1d', period='5d', auto_adjust=False)
tsla_df
```

결과

Date	Open	High	Low	Close	Adj Close	Volume	Dividends	Stock Splits
2019-03-19 00:00:00-04:00	17.83333	18.22	17.564	17.83133	17.83133	1.77E+08	0	0
2019-03-20 00:00:00-04:00	17.97933	18.33133	17.75333	18.24	18.24	1.04E+08	0	0
2019-03-21 00:00:00-04:00	18.17333	18.43	17.89667	18.268	18.268	89206500	0	0
2019-03-22 00:00:00-04:00	18.172	18.18667	17.6	17.63533	17.63533	1.31E+08	0	0
2019-03-25 00:00:00-04:00	17.314	17.54533	16.964	17.36133	17.36133	1.53E+08	0	0

다음과 같이 과거 주가가 테이블 형태로 출력됩니다. 이때 interval은 데이터 조회 단위로서 예제에서는 '1d'로 설정했기 때문에 하루 단위로 데이터가 조회되었고, period는 '5d'로 설정했기 때문에 5일 동안의 데이터가 출력되었습니다. interval과 period 파라미터를 조정하여 원하는 주기로 원하는 기간 동안 데이터 수집이 가능합니다.

다음으로 종목 관련 뉴스를 조회해 보겠습니다. 이때 tsla.news() 메서드를 활용합니다.

```
news = tsla.news

# 최근 뉴스 출력
for item in news:
    print(item['title'], "-", item['publisher'], "-", item['link'])
```

결과

> Dow Jones Futures Fall: Nvidia CEO Speech In Focus; Google, Tesla Surge Ahead Of Fed Meeting - Investor's Business Daily - https://finance.yahoo.com/m/6171e83e-7dae-330e-b9bf-caef5b72d2c3/dow-jones-futures-fall%3A.html
> Jensen Huang Sends A.I. Partners Higher in Late Trading - Zacks - https://finance.yahoo.com/news/jensen-huang-sends-partners-higher-214000661.html
> … 생략 …

종목 관련 뉴스는 1개가 아니기 때문에 리스트 형태로 조회됩니다. 따라서 파이썬의 for 문을 활용해서 뉴스의 제목, 발행 회사, 뉴스 링크를 조회했습니다.

이 외에도 `tsla.financials`를 활용하면 기업의 재무제표를, `tsla.major_holders`를 활용하면 기업의 보유 지분 정도를 확인할 수 있습니다.

함수 생성 및 스키마 작성

지금부터 본격적으로 함수 호출을 활용하는 Assistant를 생성해 보겠습니다.

먼저 코드를 작성할 파일(주피터 노트북)을 생성합니다. VS Code의 왼쪽 EXPLORER에서 마우스 오른쪽 버튼을 클릭하고, [New File]을 클릭해 새로운 파일을 추가합니다. 파일 이름은 ch11_AssistantsAPI_Functions.ipynb로 지정합니다.

가장 먼저 패키지를 불러옵니다. Assistant 생성에 활용하는 `openai`, 주식 정보 호출에 사용하는 `yfinance`, JSON 형태의 자료를 처리하기 위한 `json`으로 총 3개의 패키지를 불러옵니다.

```python
import openai
import yfinance as yf
import json
```

다음으로 Assistants와 연결할 함수를 생성해 보겠습니다. 총 2개의 함수를 생성합니다. 첫 번째 함수는 주식의 현재 가격을 알려주는 함수이고, 두 번째 함수는 주식의 최신 뉴스를 총 3개 불러오는 함수입니다. 먼저 종목의 현재 가격을 불러오는 함수입니다.

```python
def get_stock_price(symbol):
    stock = yf.Ticker(symbol)
    price = stock.info['currentPrice']
    return price
```

get_stock_price라는 이름으로 현재 가격을 조회하고자 하는 종목의 symbol을 입력받아 yfinance API를 활용해서 최종적으로 현재 가격을 반환합니다.

다음은 종목의 최신 뉴스를 불러오는 함수입니다.

```python
def get_latest_company_news(symbol):
    stock = yf.Ticker(symbol)
    news = stock.news
    # 최신 뉴스 3개 리스트에 저장하기
    news_list = []
    num =1
    for item in news[:3]:
        news_list.append(f"{num}: title : "+item['title']+", publisher :"+item['publisher']+", link :"+item['link'])
        num+=1
    return news_list
```

get_latest_company_news 함수로 이번에도 역시 종목의 심볼을 입력받고 최종적으로 뉴스의 제목, 뉴스를 발행한 회사, 뉴스 링크를 리스트에 담아서 반환하는 구조입니다.

그런데 문제가 있습니다. 이 함수는 구조상 종목의 정확한 심볼을 입력받지 않으면 정상적으로 작동하지 않습니다. 보통 사용자들은 기업의 이름만 알지 심볼은 모르는 경우가 많습니다. 하지만 걱정하지 않아도 됩니다. 사용자가 기업의 이름을 물어봐도 assistant가 함수의 입력 요구조건을 분석하고 알아서 종목의 심볼을 찾아 입력을 진행하도록 설정할 예정입니다.

예를 들어 사용자가 "테슬라의 현재 주가를 알려줘"라고 입력해도 앞으로 우리가 만들 assistant 내부에서는 질문 내용을 알아서 분석하고 함수의 구조를 분석해서 알아서 테슬라의 심볼인 'TLSA'를 함수에 입력해 수행합니다. 이와 같이 동작하기 위해서는 assistant

를 생성하는 단계에서 함수의 기능 및 함수가 필요로 하는 입력 정보를 담은 데이터 구조 스키마를 함께 입력해야 합니다. 이번 실습에서 사용할 스키마의 구조는 다음과 같습니다.

```
tools_list = [
    {
        "type": "function",
        "function": {
            "name": "get_stock_price",
            "description": "Retrieve the latest closing price of a stock using its ticker symbol",
            "parameters": {
                "type": "object",
                "properties": {
                    "symbol": {
                        "type": "string",
                        "description": "The ticker symbol of the stock"
                    }
                },
                "required": ["symbol"]
            }
        }
    },
    {
        "type": "function",
        "function": {
            "name": "get_latest_company_news",
            "description": "Fetches the latest news articles related to a specified company",
            "parameters": {
                "type": "object",
                "properties": {
                    "symbol": {
                        "type": "string",
                        "description": "The ticker symbol of the stock"
                    }
                },
                "required": ["symbol"]
```

```
      }
    }
  }
]
```

이 스키마는 총 두 가지 함수의 기능을 설명합니다. 각 항목은 특정 작업을 수행하는 함수에 대한 정보를 포함합니다. 다음에서 각 항목을 상세히 설명하겠습니다.

1. get_stock_price 함수
   - 유형(type): function – 이 항목이 함수임을 나타냅니다.
   - 기능(function):
     - 이름(name): get_stock_price – 이 함수의 이름입니다.
     - 설명(description): "Retrieve the latest closing price of a stock using its ticker symbol"
       - 이 함수가 주식의 티커 심볼을 사용하여 해당 주식의 최신 종가를 검색하는 기능을 수행한다는 것을 설명합니다.
     - 매개변수(parameters):
       - 유형(type): object – 이 함수가 받아들이는 매개변수가 객체 형태임을 나타냅니다.
       - 속성(properties):
         - symbol:
           - 유형(type): string – 이 속성의 데이터 유형이 문자열임을 나타냅니다.
           - 설명(description): "The ticker symbol of the stock" – 이 속성이 주식의 티커 심볼을 나타냄을 설명합니다.
       - 필수(required): ["symbol"] – 이 함수를 사용하기 위해 반드시 제공해야 하는 매개변수입니다. 여기서는 "symbol"이 필수 매개변수입니다.

2. get_latest_company_news 함수
   - 유형(type): function – 이 항목이 함수임을 나타냅니다.
   - 기능(function):
     - 이름(name): get_latest_company_news – 이 함수의 이름입니다.
     - 설명(description): "Fetches the latest news articles related to a specified company" – 이 함수가 특정 회사와 관련된 최신 뉴스 기사를 가져오는 기능을 함을 설명합니다.

- 매개변수(parameters):
  - 유형(type): object – 이 함수가 받아들이는 매개변수가 객체 형태임을 나타냅니다.
  - 속성(properties):
    - symbol:
      - 유형(type): string – 이 속성의 데이터 유형이 문자열임을 나타냅니다.
      - 설명(description): "The ticker symbol of the stock" – 이 속성이 주식의 티커 심볼을 나타냄을 설명합니다. 여기서는 해당 주식과 관련된 회사의 뉴스를 가져옵니다.
  - 필수(required): ["symbol"] – 이 함수를 사용하기 위해 반드시 제공해야 하는 매개변수입니다. 여기서는 "symbol"이 필수 매개변수입니다.

Assistant 생성 및 실행

이제 함수 생성 및 스키마 작성이 완료되었으니 본격적으로 assistant를 생성해 보겠습니다. 먼저 클라이언트를 생성합니다.

```
client = openai.OpenAI(api_key = "여기에 API 키를 넣어주세요")
```

다음으로 assistant를 생성하겠습니다.

```
instruction = '''
너는 주식 분석 전문가야

규칙:
1. 사용자가 회사 또는 종목에 대해 물어보면, function을 활용해서 회사의 주식 가격과 최신 뉴스를 답해줘.
2. 모든 답변은 한국어로 해줘.
'''

# Add the file to the assistant
assistant = client.beta.assistants.create(
    name = "Company Stock Analyst",
    instructions=instruction,
    model="gpt-3.5-turbo",
    tools=tools_list,
)
```

이때 앞선 절에서 생성했던 과정과 다른 점은 **tools**에 함수의 정보에 대해 작성한 스키마를 입력으로 넣어주는 부분입니다. Assistant의 상세 규칙을 변경하고 싶다면 **instructions** 변수 안에 저장된 규칙을 수정합니다.

다음으로 Thread를 생성합니다.

```
thread = client.beta.threads.create()
```

이제 질문 메시지를 생성해서 Thread 안에 저장합니다.

```
message = client.beta.threads.messages.create(
    thread_id=thread.id,
    role="user",
    content="테슬라의 최근 주가와 최신 뉴스에 대해 알려줘"
)
```

이제 assistant를 동작시키기 위해 run 인스턴스를 생성합니다.

```
run = client.beta.threads.runs.create(
    thread_id=thread.id,
    assistant_id=assistant.id
)
```

여기까지는 앞선 절에서 실습한 내용과 동일합니다. 그러나 함수 호출 기능이 탑재된 어시스턴스의 run 과정은 앞선 실습과는 다르게 2단계에 걸쳐 진행됩니다. 먼저 어시스턴트를 run해 보겠습니다.

```
import time

while run.status not in ["completed", "failed", "requires_action"]:

    run = client.beta.threads.runs.retrieve(
        thread_id= thread.id,
        run_id= run.id
    )
```

```
        print(run.status)
        time.sleep(5)

print(run.status)
```

결과

```
requires_action
```

run.status가 requires_action이라고 나옵니다. 즉, 이 assistant를 구동하려면 함수를 호출하는 추가 액션이 필요하다는 것을 의미합니다. 아쉽게도 run 과정에서 알아서 함수를 실행하지는 않습니다. 따라서 추가 과정을 통해 함수를 호출하는 과정이 필요합니다.

먼저 run 인스턴스가 어떤 추가 액션을 원하는지 run.required_action.submit_tool_outputs.tool_calls 메서드를 활용해서 확인해 보겠습니다.

```
tools_to_call = run.required_action.submit_tool_outputs.tool_calls
print("필요 호출 개수: ", len(tools_to_call))
print(tools_to_call)
```

결과

```
필요 호출 개수: 2
[RequiredActionFunctionToolCall(id='call_wmb1RVogXIYZhOgB1eM0TbE0',
function=Function(arguments='{"symbol": "TSLA"}',
name='get_stock_price'), type='function'),
RequiredActionFunctionToolCall(id='call_jMzDXblHr8uGMSzjtPZVmQMt',
function=Function(arguments='{"symbol": "TSLA"}', name='get_latest_company_news'),
type='function')]
```

tools_to_call 변수에는 총 2개의 필요 액션 정보가 있는 것으로 확인됩니다. 각 요청 정보는 RequiredActionFunctionToolCall이라는 객체에 담겨 있습니다. 이를 하나하나 확인해 보겠습니다.

```
print(tools_to_call[0].function.name)
print(tools_to_call[0].function.arguments)
print(tools_to_call[1].function.name)
print(tools_to_call[1].function.arguments)
```

결과

```
get_stock_price
{"symbol": "TSLA"}
get_latest_company_news
{"symbol": "TSLA"}
```

각각 get_stock_price 함수와 get_latest_company_news 함수를 호출해야 하며 각각 심볼에는 'TSLA'를 입력으로 넣어야 한다는 정보까지 포함되어 있습니다. 이렇게 해서 첫 번째 run을 통해 사용자의 질문에 답하기 위한 함수명과 해당 함수에 입력해야 할 값이 구해졌습니다.

다음으로는 각각의 함수에 심볼을 입력하여 반환값을 tools_output_array 리스트에 저장하겠습니다.

```python
tools_output_array = []
for each_tool in tools_to_call:
    tool_call_id = each_tool.id
    function_name = each_tool.function.name
    function_arg = each_tool.function.arguments
    # Json 포매팅
    function_arg = json.loads(each_tool.function.arguments)
    if (function_name == 'get_stock_price'):
        ## Custom 함수 생성 ##
        output=get_stock_price(function_arg["symbol"])
    if (function_name == 'get_latest_company_news'):
        ## Custom 함수 생성 ##
        output=get_latest_company_news(function_arg["symbol"])
    tools_output_array.append({"tool_call_id": tool_call_id, "output": json.dumps(output)})

print(tools_output_array)
```

결과

```
[{'tool_call_id': 'call_wmb1RVogXIYZhOgB1eM0TbEO', 'output': '171.04'},
{'tool_call_id': 'call_jMzDXblHr8uGMSzjtPZVmQMt', 'output': '["1: title :
Where Will Tesla Stock Be in 3 Years?, publisher :Motley Fool, link :https://
```

```
finance.yahoo.com/m/8597e275-3ebc-3402-a126-2e3c0eee4dda/where-will-tesla-stock-
be-in.html", "생략..}]
```

최종적으로 tools_out_array에는 각각의 함수가 실행된 결과가 tool_call_id와 output 값이 키가 되어 딕셔너리 형태로 저장됩니다. 이젠 함수 반환값을 활용해서 최종 답변을 생성하기 위한 run 인스턴스를 생성합니다.

```
run = client.beta.threads.runs.submit_tool_outputs(
    thread_id = thread.id,
    run_id = run.id,
    tool_outputs=tools_output_array
)
```

이때는 앞선 첫 번째 run의 정보가 필요하기 때문에 run.id를 통해 이전 run의 정보를 입력하고 tool_outpus에는 최종 함수 출력 결과를 저장한 tools_output_array 리스트를 입력합니다.

```
while run.status not in ["completed", "failed", "requires_action"]:
    run = client.beta.threads.runs.retrieve(
        thread_id = thread.id,
        run_id = run.id
    )

    print(run.status)
    time.sleep(5)
```

결과

```
in_progress
completed
```

최종 답변 생성이 완료되었습니다. 이제 답변 메시지 리스트를 가져와 답변 결과를 확인해 보겠습니다.

```python
# 메시지 리스트 가져오기
messages = client.beta.threads.messages.list(
    thread_id=thread.id
)

# 메시지 출력
for each in messages:
    print(each.role + ": "+each.content[0].text.value)
    print("=========")
```

결과

assistant: 테슬라의 최근 주가는 171.27달러이며, 최신 뉴스에는 다음과 같은 기사들이 있습니다:
1. 제목: Where Will Tesla Stock Be in 3 Years?, 출판사: Motley Fool, 링크: [Where Will Tesla Stock Be in 3 Years?](https://finance.yahoo.com/m/8597e275-3ebc-3402-a126-2e3c0eee4dda/where-will-tesla-stock-be-in.html)
2. 제목: Tesla Stock Is Falling, CEO Elon Musk Gives Revealing Interview. What to Know., 출판사: Barrons.com, 링크: [Tesla Stock Is Falling, CEO Elon Musk Gives Revealing Interview. What to Know.](https://finance.yahoo.com/m/28b8d0cd-be77-3922-95fb-0b14878c7a58/tesla-stock-is-falling%2C-ceo.html)
3. 제목: Dow Jones Futures Fall: Nvidia CEO Speech In Focus; Google, Tesla Surge Ahead Of Fed Meeting, 출판사: Investor's Business Daily, 링크: [Dow Jones Futures Fall: Nvidia CEO Speech In Focus; Google, Tesla Surge Ahead Of Fed Meeting](https://finance.yahoo.com/m/6171e83e-7dae-330e-b9bf-caef5b72d2c3/dow-jones-futures-fall%3A.html)
=========
user: 테슬라의 최근 주가와 최신 뉴스에 대해 알려줘

최종적으로 "테슬라의 최근 주가와 최신 뉴스에 대해 알려줘"라는 질문에 아주 멋진 답변을 생성했습니다. Assistant 내에서 함수를 호출하는 기능을 구현하는 과정은 조금 복잡했지만 이번 예제뿐만 아니라 멋진 기능이 구현된 함수를 사용해서 본인만의 멋진 Assistant 챗봇을 만들어 보시길 바랍니다.

11.4 기업의 주가 및 최신 뉴스를 답변하는 주가 정보 AI 챗봇

이번에는 지금까지 배운 함수 호출과 assistant를 활용하여 기업의 최신 주가 및 뉴스 정보를 회신하는 AI 챗봇을 만들어 보겠습니다. 프로그램의 내부 핵심 기능은 모두 앞에서 배운 내용을 활용할 예정이며, 스트림릿에서 해당 기능을 활용해 챗봇 형태의 프로그램을 만드는 방법을 자세히 다뤄보겠습니다.

프로그램 맛보기

주가 정보 AI 챗봇의 사용법은 간단합니다. 다음 그림은 프로그램의 메인 화면입니다.

그림 11.9 주가 정보 AI 챗봇 프로그램 메인 화면

정보를 얻고자 하는 종목을 채팅창에 입력하면 해당 종목의 정보가 다음과 같이 출력됩니다.

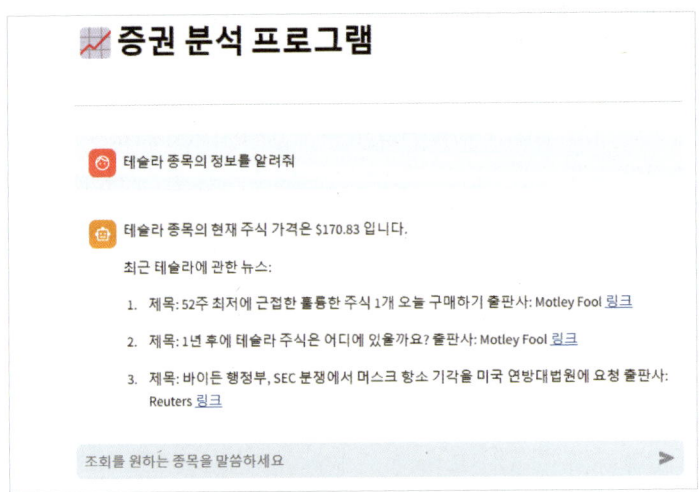

그림 11.10 테슬라 정보에 대한 답변 결과

정확한 종목의 이름을 입력하지 않아도 됩니다. 예를 들어 다음 그림과 같이 "테슬라의 가장 강력한 경쟁 회사의 정보를 알려줘"라는 질문에 챗봇이 직접 애플을 선택해서 정보를 출력해 줍니다.

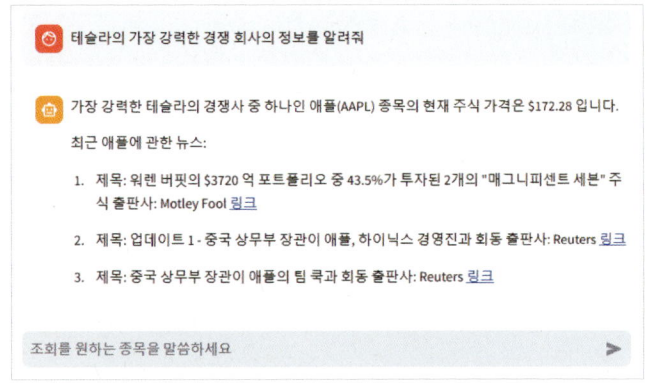

그림 11.11 테슬라의 경쟁사 정보에 대한 답변 결과

챗봇은 이전 대화의 정보를 기억하고 답변합니다. 이번에는 이전 질문(그림 11.11)에 이어서 "아니 동종업계 회사 중에서 찾아줘"라고 질문해 보겠습니다. 질문 안에 테슬라 기업 정보가 없었음에도 불구하고 이전 대화 내용을 참고하여 답변하는 것을 확인할 수 있습니다.

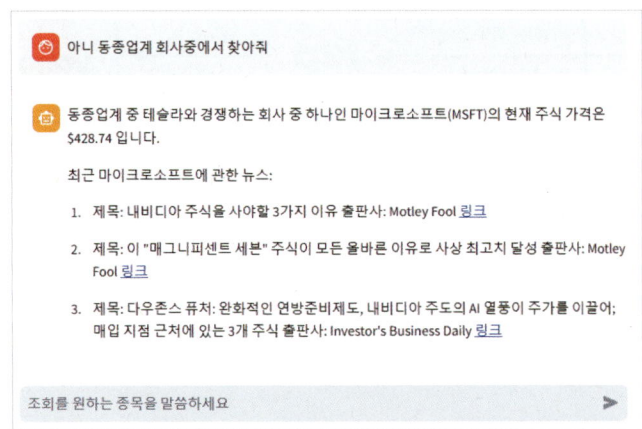

그림 11.12 이전 대화를 참고하여 답변

대화를 초기화하고 다시 시작하고 싶으면 왼쪽 사이드 바의 [Reset] 버튼을 클릭합니다.

그림 11.13 대화 초기화하기

프로그램 구조

본격적인 프로그램 구현에 앞서 이 챗봇 프로그램의 구조를 파악해 보겠습니다. 프로그램의 작동 순서는 다음과 같습니다.

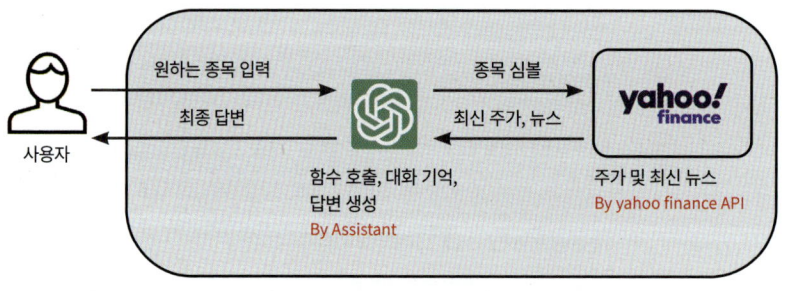

주가 정보 AI 챗봇 프로그램(애플리케이션)
스트림릿
그림 11.14 주가 정보 AI 챗봇 구조

- **웹 기반 애플리케이션 구현: 스트림릿**

  주가 정보 AI 챗봇 프로그램은 스트림릿을 활용하여 프런트엔드, 백엔드 코딩 없이 간단하게 구현합니다.

- **종목 정보 요청 입력: 사용자**

  사용자는 프로그램의 채팅 입력창에 찾고자 하는 종목을 입력합니다.

- **함수 호출, 대화 기억, 최종 답변 작성: Assistant**

  사용자가 정보를 원하는 종목의 심볼을 추출해서 사용자 지정 함수에 전달합니다. 최종적으로 함수로부터 전달받은 기업의 주가 및 최신 뉴스 정보를 조합하여 답변을 생성합니다. 이 과정에서 내부적으로 채팅 기록을 저장하고 과거 대화 내용을 바탕으로 답변을 생성하는 기능까지 수행합니다.

- **기업 주가 정보 및 최신 뉴스: Yahoo Finance**

  assistant로부터 전달받은 종목의 심볼을 전달받습니다. yfinance API를 활용하여 Yahoo Finance 플랫폼에서 제공하는 주식 종목의 현재가 및 최신 뉴스 정보를 정리해서 다시 assistant로 전달합니다.

코드 작성하기

본격적으로 코드 개발을 진행하기에 앞서 다음 명령어로 가상 환경에 streamlit 패키지를 설치합니다.

```
(ch11_env) C:\openai-prg\ch11> pip install streamlit
```

다음으로 ch11 폴더에 작업을 진행할 ch11_stock_information.py 파이썬 스크립트를 생성합니다.

코드 구조

코드의 구조는 크게 기본 정보 입력, 기능 구현 함수, 메인 함수의 세 부분으로 나뉩니다. 기본 정보 입력 부분에서는 프로그램에서 사용할 패키지를 불러오고, 기능 구현 함수 부분에서는 메인 함수에서 상황에 따라 기능을 구현하기 위해 호출하는 함수를 정리해 놓습니다. 메인 함수 부분에서는 프로그램을 동작하는 메인 함수로 프로그램 UI부터 모든 동작을 총괄합니다. 지금부터 각 구조별로 상세히 설명하겠습니다.

예제 11.1 코드 구조 설명   ch11/ch11_stock_information.py

```
01  ##### 기본 정보 입력 #####
02  # 스트림릿 패키지 추가
03  import streamlit as st
04  # OpenAI 패키지 추가
05  import openai
06
07  ##### 기능 구현 함수 #####
08  def get_stock_price(symbol):
09      ... 생략 ...
10
11  ##### 메인 함수 #####
12  def main():
13      st.set_page_config(page_title="주가 정보 AI 챗봇")
14      # 사이드바
15      with st.sidebar:
16          ... 생략 ...
17      # 메인 공간
18      ... 생략 ...
19
20  if __name__=="__main__":
21      main()
```

기본 정보 불러오기

프로그램에서 사용할 패키지를 불러오는 부분입니다. 프로그램 기능 구현을 위해 총 5개의 패키지를 불러옵니다. 또한 프로그램 안에서 OpenAI 패키지 사용을 위한 정보도 정리합니다.

예제 11.2 기본 정보 불러오기   ch11/ch11_stock_information.py

```
01  ##### 기본 정보 입력 #####
02  # 스트림릿 패키지 추가
03  import streamlit as st
04  # OpenAI 패키지 추가
```

```
05  import openai
06  # assistant 상태 및 출력 파일 정리를 위한 패키지 추가
07  import time
08  import json
09  # 종목 정보 호출을 위한 yfinance 패키지 추가
10  import yfinance as yf
11
12  # OpenAI API 키 불러오기
13  OPENAI_API_KEY = "여기에 API 키를 넣어주세요"
14  # assistant ID 불러오기
15  ASSISTANT_ID = "assistant id 입력"
16
```

03 streamlit 패키지를 st라는 약어로 불러옵니다.

05 openai 패키지를 불러옵니다.

07 time 패키지를 불러옵니다. 일정 시간 간격으로 Assistants의 상태를 확인할 때 사용됩니다.

08 json 패키지를 불러옵니다. 함수 호출 결과를 전처리하기 위해 사용됩니다.

12 OpenAI API 키를 입력합니다. 이번 실습에서는 사용자의 API 키를 입력받지 않고 프로그램 내부에 API 키를 저장해서 사용합니다. 이유는 이전 절에서 본인 계정에 생성해 놓은 Assistants를 불러와서 사용해야 하기 때문입니다.

15 11.3절 '함수 호출을 활용한 Assistants API 사용법 익히기'에서 실습 시 생성한 Assistants의 ID를 입력합니다. 만약 ID를 별도로 저장하지 않은 상태라면 앞서 실습했던 OpenAI 플랫폼의 Assistants 메뉴를 통해 확인이 가능합니다.

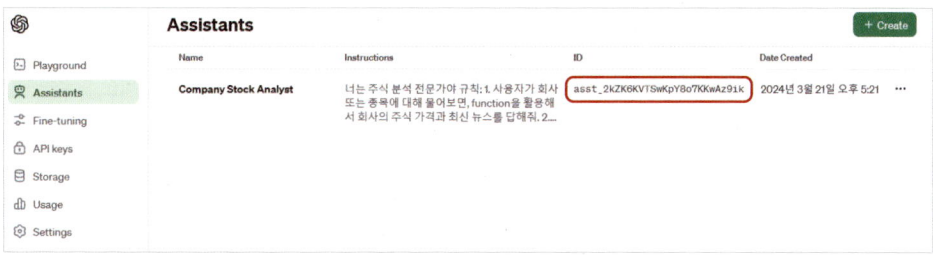

그림 11.15 assistant의 ID 확인

기능 구현 함수

메인 함수에서 상황에 따라 기능을 구현하기 위해 호출하는 함수를 정리합니다. 먼저 주식 현재가를 호출하는 함수와 종목의 뉴스를 호출하는 함수를 먼저 설명합니다.

예제 11.3 기능 구현 함수 설명   ch11/ch11_stock_information.py

```python
##### 기능 구현 함수 #####
def get_stock_price(symbol):
    stock = yf.Ticker(symbol)
    price = stock.info['currentPrice']
    return price

def get_latest_company_news(symbol):
    stock = yf.Ticker(symbol)
    news = stock.news
    # 최신 뉴스 3개를 리스트에 저장
    news_list = []
    num =1
    for item in news[:3]:
        news_list.append(f"{num}: title : "+item['title']+", publisher :"+item['publisher']+", link :"+item['link'])
        num+=1
    return news_list
```

02~05 get_stock_price 함수를 생성합니다. 종목의 심볼을 입력으로 받고 yfinance 패키지를 활용해 최종적으로 현재 주가를 반환합니다. 자세한 설명은 11.3절 '함수 호출을 활용한 Assistants API 사용법 익히기'를 참고합니다.

07~16 get_latest_company_news 함수를 생성합니다. 종목의 심볼을 입력으로 받고 yfinance 패키지를 활용해 최종적으로 해당 종목의 최신 뉴스 3개를 파이썬 리스트 형태로 반환합니다. 자세한 설명은 11.3절을 참고합니다.

이어서 Assistants를 실행하기 위한 함수를 정리합니다.

예제 11.4 기능 구현 함수 설명   ch11/ch11_stock_information.py

```python
01  def requires_actions(client, run):
02      tools_to_call = run.required_action.submit_tool_outputs.tool_calls
03      tools_output_array = []
04      for each_tool in tools_to_call:
05          tool_call_id = each_tool.id
06          function_name = each_tool.function.name
07          function_arg = each_tool.function.arguments
08          # Json 포맷팅
09          function_arg = json.loads(each_tool.function.arguments)
10          if (function_name == 'get_stock_price'):
11              ## 주가 정보 저장 ##
12              output=get_stock_price(function_arg["symbol"])
13          if (function_name == 'get_latest_company_news'):
14              ## 최신 뉴스 정보 저장 ##
15              output=get_latest_company_news(function_arg["symbol"])
16
17          tools_output_array.append({"tool_call_id": tool_call_id, "output": json.dumps(output)})
18      run = client.beta.threads.runs.submit_tool_outputs(
19          thread_id = st.session_state.Thread.id,
20          run_id = run.id,
21          tool_outputs=tools_output_array)
22      while run.status not in ["completed", "failed","requires_action"]:
23          run = client.beta.threads.runs.retrieve(
24              thread_id= st.session_state.Thread.id,
25              run_id= run.id)
26          time.sleep(2)
27      return run
28
29  def get_response(client, run):
30      if run.status == "queued":
31          while run.status not in ["completed", "failed", "requires_action"]:
32              run = client.beta.threads.runs.retrieve(
33                  thread_id= st.session_state.Thread.id,
34                  run_id= run.id)
35              time.sleep(2)
```

```
36          response = get_response(client, run)
37      elif run.status =="requires_action":
38          run = requires_actions(client, run)
39          response = get_response(client, run)
40      elif run.status =="completed":
41          messages = client.beta.threads.messages.list(thread_id=st.session_state.Thread.id)
42          response = messages.data[0].content[0].text.value
43      else:
44          response = "문제가 발생했습니다. 다시 질문해주세요"
45      return response
```

01 requires_actions 함수를 생성합니다. 이 함수는 assistant의 run 상태가 requires_actions인 상황, 즉 함수 호출이 필요한 상황에 사용됩니다. 해당 함수는 클라이언트 객체와 함수 호출이 필요한 run 객체를 입력받습니다.

02~17 입력받은 run 객체가 요구한 함수들을 모두 실행해서 함수의 실행 결과를 tools_output_array 리스트의 형식에 맞춰 정리합니다.

18~21 함수의 반환 결과를 활용한 최종 답변을 생성하기 위해 새로운 run 객체를 생성합니다.

22~27 최종적으로 run을 실행하고 실행이 완료되면 run 객체를 함수 밖으로 반환합니다. 이때 대부분의 경우 최종적으로 run 상태가 completed가 되어 반환되지만, 가끔 다시 한번 requires_actions 상태로 완료되어 반환되기도 합니다. 그 이유는 assistant를 설계할 때 총 2개의 함수를 호출하도록 설계했음에도 불구하고 가끔씩 한 개의 함수만 required_actions에 담겨 나오는 경우가 발생하기 때문입니다. 이때 추가로 함수를 더 호출하기 위해 해당 현상이 발생합니다. 하지만 다음에 확인할 get_response 함수를 재귀적으로 활용하면 해당 문제를 해결할 수 있습니다.

29 get_response 함수를 생성합니다. 이 클라이언트 객체와 함수 호출이 필요한 run 객체를 입력받고 최종적으로 사용자의 질문에 대한 답변을 생성해서 response라는 변수에 담아 반환합니다.

30~36 run의 상태가 queued일 경우, 즉 아직 실행하지 않고 대기 상태일 경우 최초로 run을 실행합니다. 실행 결과를 다시 한번 재귀적으로 get_response 함수에 넣어 run 상태를 확인합니다. 이때 만약 run의 상태가 required_actions 상태라면 37번째 줄로 이동하고, run의 상태가 completed 상태라면 40번째 줄로 이동합니다.

37~39 run의 상태가 required_actions일 경우 run 인스턴스를 required_actions 함수로 전달하여 함수들의 답변을 받아오게 합니다. 함수의 결과를 활용해 실행된 run 인스턴스는 다시 한번 get_response에 입력되는데, 이때 대부분 completed 상태로 전달됩니다.

40~42 completed 상태의 run 인스턴스를 활용하여 최종 답변을 response 변수에 저장합니다.

43~44 assistant가 비정상적으로 작동할 경우에 response 변수에 "문제가 발생했습니다. 다시 질문해주세요"라는 메시지를 저장합니다.

메인 함수

프로그램을 동작하는 메인 함수입니다. 프로그램 UI를 작성하고 사용자의 행동 패턴에 따라 적절하게 기능 구현 함수를 호출하고 관리합니다.

예제 11.5 메인 함수 설명   ch11/ch11_stock_information.py

```python
##### 메인 함수 #####
def main():
    st.set_page_config(page_title="주가 정보 AI 챗봇")

    # session state 초기화
    if "messages" not in st.session_state:
        st.session_state.messages = []

    if "Thread" not in st.session_state:
        st.session_state.Thread = None

    # 사이드바
    with st.sidebar:
        # 대화 초기화
        st.write("대화 초기화 버튼")
        reset_button = st.button("Reset")
        if reset_button:
            st.session_state.messages = []
            st.session_state.Thread = None

    st.header("「주가 정보 AI 챗봇")
    st.markdown('---')

    # 기존 대화 내용을 화면에 채팅 형식으로 구현
    for message in st.session_state.messages:
        with st.chat_message(message["role"]):
```

```
27              st.markdown(message["content"])
28
29     # OpenAI 클라이언트 생성 및 assistant 불러오기
30     client = openai.OpenAI(api_key = OPENAI_API_KEY)
31     assistant = client.beta.assistants.retrieve(ASSISTANT_ID)
32
33     # Thread 생성하기
34     if st.session_state.Thread == None:
35         st.session_state.Thread = client.beta.threads.create()
36
37     # 채팅을 입력받고 답변을 생성
38     if prompt := st.chat_input("조회를 원하는 종목을 말씀하세요"):
39         st.session_state.messages.append({"role": "user", "content": prompt})
40         message = client.beta.threads.messages.create(
41                     thread_id=st.session_state.Thread.id,
42                     role="user",
43                     content=prompt)
44         with st.chat_message("user"):
45             st.markdown(prompt)
46
47         with st.chat_message("assistant"):
48             with st.spinner("Thinking..."):
49                 run = client.beta.threads.runs.create(
50                     thread_id=st.session_state.Thread.id,
51                     assistant_id=assistant.id)
52                 response = get_response(client, run)
53                 st.markdown(response)
54                 st.session_state.messages.append({"role": "assistant", "content": response})
55
56 if __name__ == '__main__':
57     main()
```

03 페이지의 타이틀을 생성합니다.

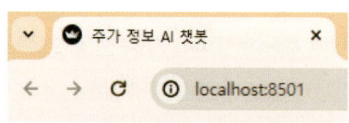

그림 11.16 페이지 타이틀 생성

06~10 sesstion_state를 초기화합니다.

주가 정보 AI 챗봇에서는 총 2개의 session_state를 활용합니다.

- st.session_state["message"]: 대화 내용을 저장해서 채팅 형식으로 시각화할 때 사용합니다.
- st.session_state["Thread"]: assistant에서 대화 내용을 저장하고 관리할 때 사용하는 Thread 객체를 저장할 때 사용합니다.

13~16 st.sidebar를 사용하여 사이드바를 생성하고 채팅 정보 리셋을 위한 버튼을 생성합니다.

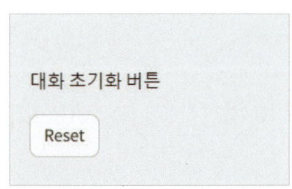

그림 11.17 사이드바 및 초기화 버튼 생성

17~19 [Reset] 버튼을 클릭하면 대화 내용 및 Thread를 초기화합니다.

21~22 header를 활용하여 프로그램의 타이틀을 생성하고 마크다운을 활용하여 아래에 구분선을 그립니다.

그림 11.18 프로그램 타이틀

25~27 st.session_state["message"]에 저장되어 있는 과거의 대화 내용을 활용해서 화면에 채팅 형식으로 시각화합니다. 이때 스트림릿에서 채팅 형식의 UI를 구현할 때 사용되는 st.chat_message를 활용합니다. st.chat_message("user")일 경우 그림 11.19의 빨간색 프로필 사진을 표시하고, st.chat_message("assistant")일 경우 노란색 프로필 사진을 표시해 사용자를 구분합니다.

그림 11.19 st.chat_message를 활용한 채팅 시각화

30~31 클라이언트와 assistant를 생성합니다. 이때 프로그램 내부에서 assistant를 새로 생성하는 불필요한 코드를 생략하기 위해 앞 절에서 생성해 놓은 assistant ID를 입력으로 받아 assistant를 불러옵니다.

34~35 프로그램을 처음 실행하거나 Reset 버튼을 눌러서 `st.session_state.Thread==None`으로 초기화된 경우 Thread를 새로 생성합니다.

38 사용자가 채팅을 입력하는 채팅 입력창을 `st.chat_input`을 활용하여 생성합니다. 사용자가 채팅을 입력하면 `prompt` 변수에 내용이 저장되고 `if` 문 내부의 코드가 실행됩니다.

그림 11.20 사용자 채팅 입력창 생성

39 사용자의 질문 내용을 `st.session_state.messages`에 저장합니다. 이때 `{"role": "user", "content": prompt}` 파이썬 딕셔너리 형태로 저장합니다. 추후에 채팅을 시각화할 때 `"role"` 키를 활용하여 user의 채팅인지 assistant의 채팅인지 구별하기 위함입니다.

40~43 사용자의 입력을 Thread 안에 저장합니다. 자세한 설명은 11.3절 '함수 호출을 활용한 Assistants API 사용법 익히기'를 참고합니다.

44~45 사용자의 입력을 `st.chat_message`를 활용해서 시각화합니다.

47 assistant의 답변을 받고 시각화를 시작합니다.

48 assistant로부터 답변을 받으려면 평균적으로 4~7초 정도의 시간이 필요합니다. 따라서 사용자에게 답변이 생성되고 있는 중임을 시각적으로 표현하기 위해 `with st.spinner("Thinking..."):`을 활용합니다. `with` 절 안의 코드 실행이 완료될 때까지 화면에는 다음 그림과 같이 로딩 중임을 나타내는 아이콘이 생성됩니다.

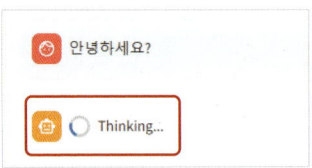

그림 11.21 st.spinner 시각화

49~51 assistant를 실행하기 위한 run 인스턴스를 생성합니다.

52 get_response 함수를 활용하여 assistant의 최종 답변을 response 변수에 저장합니다.

53 채팅창에 답변을 시각화합니다.

54 답변 내용을 st.session_state.messages에 저장합니다.

이제 프로그램 작성이 완료되었습니다. 프로그램의 작동 여부를 확인하기 위해 명령 프롬프트에서 다음 명령어를 입력합니다.

`(ch11_env) C:\openai-prg\ch11>` **`streamlit run`** `ch11_stock_information.py`

그림 11.22 최종 실행 화면

지금까지 OpenAI의 Assistants API에 대한 기본 활용법부터 함수 호출 기능을 활용한 주가 정보 챗봇 프로그램까지 제작해 보았습니다. Assistants API 기능을 잘 활용하면 별도의 시스템을 구축하지 않고도 다양한 기능의 챗봇을 제작할 수 있습니다. 책에서 실습한 내용뿐만 아니라 코드 인터프리터 기능 또는 다양한 함수 호출 기능을 활용하여 더 멋진 챗봇을 제작해보기 바랍니다.

Part 12

OpenAI의 ChatGPT
추가 학습하기

ChatGPT의 파인 튜닝

실습 환경 구축하기

파인 튜닝을 위한 데이터셋 준비

심리 상담 ChatGPT 만들기

OpenAI에서 제공하는 ChatGPT 모델에 사용자가 가진 데이터셋을 추가로 학습시켜서 해당 데이터셋에 한해서 더 좋은 성능을 얻을 수 있도록 하는 것을 파인 튜닝(fine-tuning)이라고 합니다. 이번 장에서는 ChatGPT를 직접 자신이 갖고 있는 데이터로 튜닝하여 원하는 결과를 얻는 방법을 살펴보겠습니다.

12.1 ChatGPT의 파인 튜닝

기본적으로 파인 튜닝은 유료 기능입니다. 따라서 파인 튜닝을 하려면 OpenAI API 키가 필요하며, ChatGPT API를 사용할 때와 마찬가지로 사용량에 따라 과금됩니다[1]. 다음은 OpenAI에서 제공하는 파인 튜닝 가능한 모델의 목록과 과금 체계를 보여주는 표입니다.

해당 모델들의 이름과 비용에 대한 최신 정보는 아래의 주소에서 확인할 수 있으며, 학습 가능한 모델의 이름과 비용은 현재 작성된 표에서 언제든 변경될 여지가 있으므로 파인 튜닝 전에 아래 주소에서 확인하시기 바랍니다.

- 모델과 파인 튜닝 비용: https://openai.com/api/pricing/

모델	파인 튜닝 비용	입력에 대한 사용량	답변에 대한 사용량
gpt-4o-2024-08-06	100만 토큰당 $25	100만 토큰당 $3.75	100만 토큰당 $15
gpt-4o-mini-2024-07-18	100만 토큰당 $3.00	100만 토큰당 $0.30	100만 토큰당 $1.20
gpt-3.5-turbo	100만 토큰당 $8.00	100만 토큰당 $3.00	100만 토큰당 $6.00
davinci-002	100만 토큰당 $6.00	100만 토큰당 $12.00	100만 토큰당 $12.00
babbage-002	100만 토큰당 $0.4	100만 토큰당 $1.6	100만 토큰당 $1.6

표 12.1 모델별 비용

---

1 OpenAI API 키를 발급받는 방법은 2장을 참고합니다. 사용량에 따라 과금되므로 너무 많이 과금되지 않도록 사용량을 계속 확인하는 것이 좋습니다.

표 12.1에서 gpt-4o-mini-2024-07-18이 이번 실습에서 사용하게 될 모델입니다. gpt-4o-mini-2024-07-18은 gpt-3.5-turbo보다 저렴하고 성능도 더 뛰어나서 파인 튜닝에서 가장 선호되는 모델입니다. 성능이 가장 뛰어난 모델은 gpt-4o-2024-08-06 이지만, 다른 모델 대비 비용이 많이 들어서 가급적 gpt-4o-mini-2024-07-18을 사용할 것을 권장합니다.

gpt-4o-2024-08-06, gpt-4o-mini-2024-07-18, gpt-3.5-turbo 모델의 학습 방법은 모두 동일하므로 이번 장에서 제공하는 방법을 통해 추후 다른 모델로 변경해서 파인 튜닝을 해도 무방합니다. 그 외의 모델인 davinci-002와 babbage-002는 ChatGPT 이전 세대의 모델로 성능이 상대적으로 떨어질뿐만 아니라 학습 방법도 앞으로 설명하게 될 gpt-4o-mini-2024-07-18의 파인 튜닝 방법과 완전히 다릅니다. OpenAI에서도 davinci와 babbage 같은 이전 세대의 모델들을 점차적으로 폐기하고 있으며, 성능 측면에서도 gpt-4o-mini-2024-07-18을 파인 튜닝하여 사용할 것을 권장하고 있습니다. 따라서 이 책에서는 나머지 두 개의 모델을 파인 튜닝하는 방법에 대해서는 다루지 않습니다.

gpt-4o-mini-2024-07-18의 파인 튜닝 비용을 보면 100만 토큰에 3달러를 과금하고, 파인 튜닝 후의 모델을 사용할 때는 사용자의 입력과 gpt-4o-mini-2024-07-18의 답변에 대해서 각각 100만 토큰에 0.3달러와 1.2달러를 과금하고 있습니다. 100만이라는 단위가 다소 크게 느껴진다면 100만을 1,000으로 나누어 생각해볼 수 있습니다. gpt-4o-mini-2024-07-18을 파인 튜닝할 때 100만 토큰에 3달러라는 의미는 결과적으로 학습 시에 1,000개의 토큰당 0.003달러를 과금한다는 의미입니다.

12.2 실습 환경 구축하기

본격적인 실습에 앞서 개발 환경을 준비하겠습니다. 프로젝트 폴더 생성부터 가상 환경 생성까지 명령 프롬프트를 활용하여 진행합니다.

프로젝트 폴더 생성하기

openai-prg 폴더에 12장에서 실습할 코드를 모아 둘 폴더인 ch12를 생성하고, 해당 폴더로 이동합니다.

```
C:\openai-prg> mkdir ch12
C:\openai-prg> cd ch12
C:\openai-prg\ch12>
```

탐색기에서 C 드라이브를 살펴보면 openai-prg 폴더에 ch12 폴더가 생성된 모습을 확인할 수 있습니다.

가상 환경 생성하기

다음 명령어를 입력하여 ch12_env라는 이름의 가상 환경을 생성합니다.

```
C:\openai-prg\ch12> python -m venv ch12_env
```

가상 환경이 생성되면 다음 명령어로 가상 환경을 활성화[2]합니다.

```
C:\openai-prg\ch12> ch12_env\Scripts\activate.bat
```

가상 환경이 활성화되면 프롬프트 왼쪽에 가상 환경의 이름이 표시됩니다.

```
(ch12_env) C:\openai-prg\ch12>
```

다음 명령어로 가상 환경에 openai 라이브러리와 UI 시각화에 사용할 gradio 라이브러리를 설치합니다.

```
(ch12_env) C:\openai-prg\ch12> pip install openai
(ch12_env) C:\openai-prg\ch12> pip install gradio
```

---

2 macOS에서는 'source ch12_env/bin/activate' 명령어로 가상 환경을 활성화합니다.

VS Code에서 프로젝트 폴더 선택하기

비주얼 스튜디오 코드(Visual Studio Code, 이하 VS Code)를 열고, 상단 메뉴에서 [File] → [Open Folder]를 클릭합니다. 앞서 생성한 ch12 폴더(C:\openai-prg\ch12)를 선택하고, [열기] 버튼을 누릅니다.

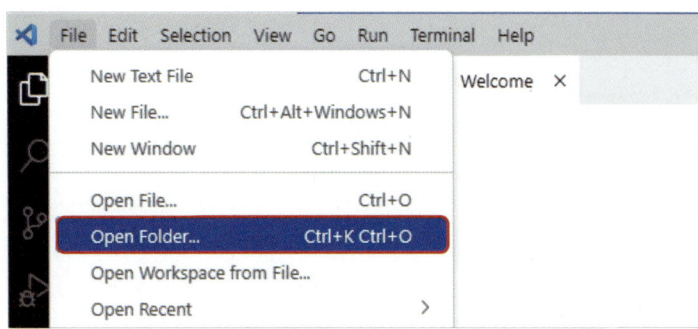

그림 12.1 VS Code의 폴더 열기 메뉴

12.3 파인 튜닝을 위한 데이터셋 준비

gpt-4o-mini-2024-07-18을 특정 주제나 스타일에 맞게 학습시키려면 해당 주제나 스타일을 반영하기 위한 학습 데이터가 필요합니다. 기본적으로 데이터의 형식은 ChatGPT API의 사용법과 동일하므로 3장에서 배운 ChatGPT API의 활용법을 복습해 봅시다.

```
completion = client.chat.completions.create(
    model="gpt-4o-mini-2024-07-18",
    messages=[
        {"role": "system", "content": "<ChatGPT에게 정해주고 싶은 역할>"},
        {"role": "user", "content": "<ChatGPT에게 입력할 Prompt>"},
        {"role": "assistant", "content": "<ChatGPT의 답변>"}
    ]
)
```

messages 안에 "system", "user", "assistant"로 3개의 role이 존재하며, "system"은 gpt-4o-mini-2024-07-18이 수행할 역할을 지정해주는 시스템 프롬프트, "user"는 사용자의 질문, "assistant"는 챗봇의 답변에 해당됩니다. 이 형식을 그대로 활용하여 gpt-4o-mini-2024-07-18을 학습하기 위한 데이터를 준비합니다. 예를 들어, 심리 상담 챗봇을 만든다면 하나의 데이터는 다음과 같이 구성합니다.

```
{"messages":[
    {"role": "system", "content": "당신은 심리 상담 챗봇입니다."},
    {"role": "user", "content": "요즘 너무 힘들어요."},
    {"role": "assistant", "content": "어떤 점이 힘드세요?"},
    {"role": "user", "content": "그러니까 공부하기 싫어하고, 공격적이게 됐어요."},
    {"role": "assistant", "content": "왜 그렇게 되었다고 생각하시나요?"},
    {"role": "user", "content": "제가 공부랑 안 맞아서 그런 것 같아요."},
    {"role": "assistant", "content": "휴식 시간을 가져보는 게 좋을 것 같아요."}]}
```

하나의 대화는 여러 개의 턴(turn)으로 구성됩니다. 여기서 턴이란 사용자(user) 또는 assistant(ChatGPT)의 하나의 질문 또는 답변을 의미합니다. 예를 들어 위의 예시에서는 role이 시스템(system)인 경우를 제외하면 총 6개의 턴으로 구성된 대화입니다. 또한 이러한 다수의 턴으로 구성된 하나의 대화 데이터셋은 최소 수백 개 이상이 존재해야 하며, 많으면 많을수록 더 좋은 성능을 얻을 수 있습니다. 참고로 위와 같은 형식의 파일을 JSONL 파일[3]이라고 합니다. 실습을 위해서 학습에 사용할 데이터를 위와 같은 형식으로 변환한 후에 파일의 확장자를 jsonl로 지정하면 됩니다.

12.4 심리 상담 ChatGPT 만들기

먼저 ch12 폴더 안에 작업을 진행할 ch12_Finetune_ChatGPT_(심리_상담_챗봇_만들기).ipynb 주피터 노트북 파일을 생성합니다.

---

[3] JSONL은 JSON Lines의 약어로 각 줄에 하나씩 JSON 객체를 포함하고 있습니다. 이해하기 쉽게 파이썬에 빗대서 말하자면 JSONL 파일은 한 줄마다 하나의 파이썬 딕셔너리 정보를 담고 있는 것과 비슷합니다. 파일을 읽을 때 각 줄을 딕셔너리로 변환하여 사용할 수 있으며, 이를 통해 각 줄을 독립적으로 처리할 수 있어 큰 데이터를 다룰 때 유용합니다.

파인 튜닝에는 OpenAI의 API 키가 필요합니다. 2장에서 발급받은 OpenAI의 API 키를 다음과 같이 현재 실습 환경에 세팅합니다.

```
key = "여기에 API 키를 넣어주세요"
%env OPENAI_API_KEY = {key}
```

여기서 `%env OPENAI_API_KEY={key}`는 주피터 노트북에서 `OPENAI_API_KEY`라는 환경 변수를 설정하고, 그 값을 "앞서 발급받은 OpenAI API 키"로 지정하는 코드입니다. 이렇게 하면 노트북의 다른 부분에서 API를 사용할 때 이 키를 통해 접근할 수 있습니다.

필요한 패키지를 임포트해봅시다. JSONL 형식의 데이터 처리를 위한 `json`, 판다스(`pandas`), 학습 데이터를 다운로드하기 위한 `urllib`, 파인 튜닝을 수행하기 위한 `openai`, UI 시각화를 위한 `gradio`를 임포트합니다.

```
import json
import pandas as pd
import urllib.request
from openai import OpenAI
import gradio as gr

client = OpenAI()
```

데이터셋 준비하기

파인 튜닝에 사용할 데이터는 김성현 님[4]이 만든 한국어 심리 상담 데이터셋을 사용합니다. 이 데이터는 총 8,731개의 대화 데이터로 구성되어 있으며, 하나의 대화 데이터 안에는 피상담자(내담자)와 상담사가 하나의 심리 상담 주제에 대해 주고받은 여러 질문과 답변이 있습니다. 해당 데이터셋에 대한 자세한 설명은 다음의 깃허브 주소에서 확인할 수 있습니다.

- 한국어 심리 상담 데이터셋: https://github.com/MrBananaHuman/CounselGPT

---

[4] https://github.com/MrBananaHuman

앞서 소개한 한국어 심리 상담 데이터셋을 다운로드하기 위해 다음과 같은 코드를 작성합니다. 여기서 urllib.request.urlretrieve()에 첫 번째 인자로 다운로드할 파일의 주소를, 두 번째 인자로 다운로드한 후에 사용할 파일의 이름을 넣어서 데이터를 다운로드합니다. 다시 말해 파일이 위치한 'https://raw.githubusercontent.com/MrBananaHuman/CounselGPT/main/total_kor_multiturn_counsel_bot.jsonl' 주소로부터 total_kor_multiturn_counsel_bot.jsonl이라는 이름으로 파일을 다운로드한다는 의미입니다. 다운로드한 JSONL 파일을 대상으로 json.loads()를 사용하여 8,731개의 데이터 각각을 불러와 각 대화를 원소로 담은 파이썬 리스트로 저장합니다.

```
urllib.request.urlretrieve('https://raw.githubusercontent.com/MrBananaHuman/CounselGPT/main/total_kor_multiturn_counsel_bot.jsonl',
'total_kor_multiturn_counsel_bot.jsonl')

with open('total_kor_multiturn_counsel_bot.jsonl', 'r', encoding='utf-8') as file:
    original_jsonl_data = [json.loads(line) for line in file]
print('데이터의 개수:', len(original_jsonl_data))
```

실행 결과

데이터의 개수: 8731

데이터가 8,731개라서 지나친 과금 발생을 방지하기 위해 여기서는 그중 200개만 사용하겠습니다. 이를 위해 다음과 같은 코드로 8,731개의 데이터 중 앞의 200개만 추출합니다.

```
original_jsonl_data = original_jsonl_data[:200]
print('데이터의 개수:', len(original_jsonl_data))
```

실행 결과

데이터의 개수: 200

200개의 데이터 중에서 첫 번째 데이터를 출력해 보겠습니다.

```
print(original_jsonl_data[0])
```

실행 결과

```
[{'speaker': '상담사', 'utterance': '안녕하세요. 상담사입니다. 무엇이 불편하시나요?'},
 {'speaker': '내담자', 'utterance': '내가 약간 중2병 같은 걸 증상을 보이고 있어요.'},
 {'speaker': '상담사', 'utterance': '중2병 증상이라니, 어떤 증상이신 건가요?'},
 {'speaker': '내담자', 'utterance': '그러니까 공부하기 싫어하고, 공격적이고, 좀 무례하게 말하고 싶은 게 많아져서 그런 거예요.'},
 {'speaker': '상담사', 'utterance': '그런 증상이 있으니까 힘드시겠죠. 중2병 같은 것이라고 생각하시는 이유는 무엇인가요?'},
 {'speaker': '내담자', 'utterance': '막 공부 안하고 이것저것 들먹이고 하고 싶은 게 너무 많아서 그런 거 같아요.'},
 ...생략...
```

첫 번째 데이터의 구성을 보면 파이썬 리스트 형태의 데이터로 각 원소는 하나의 상담사 대화 또는 하나의 내담자 대화를 보여줍니다. 'speaker'의 값이 '상담사'일 때는 'utterance'의 값이 상담사의 대화를 나타내고, 'speaker'의 값이 '내담자'일 때는 'utterance'의 값이 피상담자, 즉 상담을 받는 내담자의 대화를 나타내며, 각 대화는 순서를 갖고 있습니다. 여기서는 이 같은 데이터 200개를 가지고 gpt-4o-mini-2024-07-18을 파인 튜닝할 것이며, 파인 튜닝을 위해서는 먼저 위 데이터를 ChatGPT API에 사용할 수 있는 다음과 같은 형식으로 변경해야 합니다.

전처리 후 데이터 예시

```
{ messages=[
    {"role": "system", "content": "당신은 정서적으로 심리가 불안한 사용자를 위로해주는 심리 상담 챗봇입니다. 상담하면서 여러 가지 방법을 알려주세요."},
    {"role": "user", "content": "안녕하세요. 상담사입니다. 무엇이 불편하시나요?"},
    {"role": "assistant", "content": " 내가 약간 중2병 같은 걸 증상을 보이고 있어요."},
    ...생략...
    {"role": "assistant", "content": "그렇게 하셔서 조금이나마 좋아지시길 바라겠습니다. 이후에도 힘든 마음이 계속되면 언제든지 저를 찾아주세요."}
]}
```

따라서 데이터 전처리를 위해 다음과 같은 과정을 거칩니다.

- "system"의 "content"를 새로 추가하고, 여기에는 gpt-4o-mini-2024-07-18이 맡아줄 역할을 작성해야 하므로 "당신은 정서적으로 심리가 불안한 사용자를 위로해주는 심리 상담 챗봇입니다. 성심성의껏 상담해주세요."라는 시스템 프롬프트를 작성합니다.
- "speaker"라는 키 값은 "role"로, "utterance"라는 키 값은 "content"로 변경합니다.
- "내담자"는 "user"로 변경하고, "상담사"는 "assistant"로 변경합니다.

먼저 "내담자"는 "user"로 변경하고, "상담사"는 "assistant"로 변경하기 위한 딕셔너리인 speaker_dict를 선언합니다. 그 후 transform_to_new_format() 함수를 사용하여 전체 데이터에 해당하는 original_data에서 입력받아 각각의 대화 데이터를 수정하는 작업을 시작합니다. 첫 번째 반복문 for conversation in original_data: 은 각각의 대화 데이터에 "role"이 "system"에 해당하는 시스템 프롬프트를 추가합니다. 이 과정은 current_conversation = {"messages": [{"role": "system", "content": "당신은 정서적으로 심리가 불안한 사용자를 위로해주는 심리 상담 챗봇입니다. 상담하면서 여러 가지 방법을 알려주세요."}]} 코드를 통해 수행됩니다.

그 후 두 번째 반복문 for item in conversation: 을 통해 각각의 대화 데이터에 대해서 "speaker"가 "내담자"인 경우는 "role"에 "user"를 추가하고, "speaker"가 "상담사"인 경우는 "role"에 "assistant"를 추가합니다.

이때 파인 튜닝 과정에서 각각의 데이터의 마지막 대화는 반드시 "role"이 "assistant"인 대화여야만 합니다. 다시 말해 대화의 마지막이 "user" 대화가 아니라 "assistant"의 대화여야만 합니다. 이는 OpenAI에서 정한 데이터의 규칙입니다. 따라서 if current_conversation["messages"][-1]["role"] == "user":라는 조건문은 만약 현재 전처리 중인 대화 데이터의 마지막 대화가 "role"에 "user"인 대화인 경우인지를 확인합니다 그리고 조건문 아래의 코드를 통해서 "role"에 "user"인 대화가 마지막 대화라면 해당 대화를 삭제합니다.

```python
speaker_dict = {'내담자': 'user', '상담사': 'assistant'}

def transform_to_new_format(original_data, speaker_dict):
    transformed_data = []
    for conversation in original_data:
        current_conversation = {"messages": [{"role": "system", "content": "당신은 정서적으로 심리가 불안한 사용자를 위로해주는 심리 상담 챗봇입니다. 상담하면서 여러 가지 방법을 알려주세요."}]}
        for item in conversation:
            current_conversation["messages"].append({
                "role": speaker_dict[item["speaker"]],
                "content": item["utterance"]
            })
        if current_conversation["messages"][-1]["role"] == "user":
            current_conversation["messages"] = current_conversation["messages"][:-1]
        transformed_data.append(current_conversation)

    return transformed_data

result = transform_to_new_format(original_jsonl_data, speaker_dict)
print('데이터의 개수:', len(result))
```

실행 결과

데이터의 개수: 200

전처리 후의 첫 번째 데이터를 출력해 봅시다.

```python
print(result[0])
```

실행 결과

['messages': [{'role': 'system', 'content': '당신은 정서적으로 심리가 불안한 사용자를 위로해주는 심리 상담 챗봇입니다. 상담하면서 여러 가지 방법을 알려주세요.'},
{'role': 'system', 'content': '당신은 정서적으로 심리가 불안한 사용자를 위로해주는 심리 상담 챗봇입니다. 성심성의껏 상담해주세요.'},
{'role': 'assistant', 'content': '안녕하세요. 상담사입니다. 무엇이 불편하시나요?'},
{'role': 'user', 'content': '내가 약간 중2병 같은 걸 증상을 보이고 있어요.'},

```
...생략...
{'role': 'assistant', 'content': '그렇게 하셔서 조금이나마 좋아지시길 바라겠습니다.
이후에도 힘든 마음이 계속되면 언제든지 저를 찾아주세요.'}]
```

정상적으로 전처리된 것을 확인했습니다. 파인 튜닝을 위해서는 학습 데이터를 JSONL 파일로 저장해야만 합니다. 이를 위해 현재 데이터가 저장된 `result` 변수의 내용을 JSONL 파일로 재저장하는 함수를 작성하고, 해당 함수를 호출합니다.

```python
def save_jsonl_file(data, file_path):
    with open(file_path, 'w', encoding='utf-8') as file:
        for item in data:
            json.dump(item, file, ensure_ascii=False)
            file.write('\n')

save_jsonl_file(result, 'messages.jsonl')
```

위 코드를 실행하고 나면 코드 실행 경로에 `messages.jsonl` 파일이 저장됩니다. 이제 OpenAI 서버에 파일을 업로드하고 파인 튜닝을 진행해 봅시다.

파일 업로드

파인 튜닝을 위해서는 학습 데이터를 OpenAI 서버에 업로드하고, 파일 `id`를 발급받아야 합니다. 파일을 업로드하기 위해서는 `client.files.create()`를 사용합니다. 이를 위한 코드는 다음과 같습니다. 추후 다른 파일로 파인 튜닝을 하고 싶다면 `file`의 값에서 `open("<파일명>", "rb")` 안에 다른 파일명을 넣으면 됩니다. 여기서는 앞에서 전처리한 `messages.jsonl` 파일을 기재합니다.

```python
client.files.create(
    file=open("messages.jsonl", "rb"),   # 파인튜닝할 파일명
    purpose='fine-tune'
)
```

실행 결과

```
FileObject(id='file-dgOmwuUTUhZLKOUuyHg3Ap3g',  ← 파일의 고유 번호인 파일 id
bytes=688306,
created_at=1705732604,
filename='messages.jsonl',
object='file',
purpose='fine-tune',
status='processed',
status_details=None)
```

실행 결과를 확인해보면 `FileObject()` 내부에 `id`라는 값이 있습니다. 이는 파일을 업로드하면 발급받게 되는 파일의 고유한 `id`입니다. 위 실행 결과를 보면 저자의 경우 `file-dgOmwuUTUhZLKOUuyHg3Ap3g`라는 값으로 `id`가 발급되었는데 이 값은 사용자마다 다릅니다. 파일 `id`는 튜닝을 시작하기 위해서 기억해야 하는 값입니다.

파인 튜닝

파일 `id`로부터 파인 튜닝을 시작해봅시다. 이를 위해서는 `client.fine_tuning.jobs.create()`를 사용합니다. 이때 `training_file`의 값으로 앞에서 발급받은 파일 `id`를 기재합니다.

```
client.fine_tuning.jobs.create(
    training_file="file-dgOmwuUTUhZLKOUuyHg3Ap3g",   ← 앞서 발급받은 파일 id
    model="gpt-4o-mini-2024-07-18"
)
```

실행 결과

```
FineTuningJob(id='ftjob-82dQvDZyiUUU1uc9cUv5E32j',
created_at=1705732623,
error=None,
fine_tuned_model=None,
finished_at=None,
hyperparameters=Hyperparameters
(n_epochs='auto',
```

```
    batch_size='auto',
    learning_rate_multiplier='auto'),
    model='gpt-4o-mini-2024-07-18',
    object='fine_tuning.job',
    organization_id='org-vjbXeS58CtiAl1NR1fP5rgMY',
    result_files=[],
    status='validating_files',                    ┌─ 파인 튜닝 상황
    trained_tokens=None,
    training_file='file-dgOmwuUTUhZLKOUuyHg3Ap3g',   ┌─ 앞서 발급받은 파일 id
    validation_file=None)
```

실행 결과를 확인해 보면 FineTuningJob() 내부에 training_file의 값으로 앞에서 얻은 파일 id 값이 기재된 것을 확인할 수 있습니다. 위의 실행 결과에서 가장 중요한 값은 status의 값입니다. 해당 값을 통해서 현재 파인 튜닝 상황을 알 수 있습니다. 맨 처음 파인 튜닝을 시작하면 해당 값은 위의 실행 결과에서 확인할 수 있듯이 'validating_files'입니다. 이는 파인 튜닝 전 학습 데이터에 문제가 있지는 않은지 검증하는 단계로, 보통 10분 이내가 소요됩니다. 파인 튜닝을 시작하면 해당 값은 'running'으로 바뀌며, 학습이 문제없이 종료되면 해당 값은 'succeeded'로 바뀝니다. 앞으로 파인 튜닝되는 동안 status를 지속적으로 조회하면서 해당 값이 바뀌는 과정을 확인해 보겠습니다.

status 확인

앞서 발급받은 파일 id로 파인 튜닝 상황을 알려주는 status의 값을 조회할 수 있습니다. 다음 코드에서 elem.training_file의 값으로 각 사용자가 발급받은 파일 id를 기재해야 합니다. 그리고 elem.status를 출력하면 현재의 파인 튜닝 상황을 확인할 수 있습니다.

```
finetuning_list = client.fine_tuning.jobs.list(limit=10)

for elem in finetuning_list.data:
    if elem.training_file == "file-dgOmwuUTUhZLKOUuyHg3Ap3g":   ┌─ 앞서 발급받은 파일 id
        print(elem.status)
```

실행 결과

```
validating_files
```

처음 코드를 실행하면 status 값으로 'validating_files'가 출력됩니다. 이후 1~5분 정도 기다린 후 동일한 코드를 실행하면 다음과 같은 결과를 얻을 수 있습니다.

실행 결과
```
running
```

출력 결과가 'running'으로 바뀌었다면 학습이 시작되었다는 의미입니다. 학습이 종료되는 시간은 학습 데이터의 양과 OpenAI 서버 상황에 따라 다른데, 현재 실습에 사용되는 데이터 기준으로 저자의 경우에는 학습이 끝나는 데 약 20분의 시간이 소요되었습니다. 20분 뒤에 동일한 코드를 실행했을 때 다음과 같은 결과를 얻었습니다.

실행 결과
```
succeeded
```

출력 결과가 'succeeded'로 바뀌었다면 학습이 문제없이 종료되었다는 의미입니다.

파인 튜닝 모델 사용하기

학습이 완료되면 모델 id가 발급됩니다. 학습 완료 후 모델 id를 확인하는 코드는 다음과 같습니다. 앞서 status를 확인하는 코드에서 elem.status 대신 elem.fine_tuned_model을 출력합니다.

```python
finetuning_list = client.fine_tuning.jobs.list(limit=10)

for elem in finetuning_list.data:
    if elem.training_file == "file-dgOmwuUTUhZLKOUuyHg3Ap3g":
        print(elem.fine_tuned_model)
```

실행 결과
```
ft:gpt-4o-mini-2024-07-18:personal::8izeyA4k
```

위의 모델 id는 파일 id와 마찬가지로 각 사용자마다 다른 값을 가지며, 모델 id는 실제 모델을 호출할 때 필요하므로 기억해두어야 합니다. 학습하지 않은 기존의 ChatGPT(gpt-4o-mini-2024-07-18)와 파인 튜닝된 모델을 호출하여 동일한 질문에 대해 답변이 어떻게 달라지는지 확인해 봅시다. 기존의 ChatGPT API를 호출하는 코드를 response_by_chatgpt()라는 함수로 작성합니다. 함수의 첫 번째 인자로는 모델명을 전달하고, 두 번째 인자로는 각 role과 content를 작성한 messages를 전달합니다. 우선 기존 ChatGPT에 심리 상담을 가정하고 "요즘 혼자인 것 같아서 외로워요"라는 사용자의 요청을 전달합니다.

```
def response_by_chatgpt(model, messages):
    completion = client.chat.completions.create(
        model=model,
        messages=messages
    )
    print(completion.choices[0].message.content)

model="gpt-4o-mini-2024-07-18"
messages=[
    {"role": "system", "content": "당신은 정서적으로 심리가 불안한 사용자를 위로해주는 심리 상담 챗봇입니다. 상담하면서 여러 가지 방법을 알려주세요."},
    {"role": "user", "content": "요즘 혼자인 것 같아서 외로워요"}
]

response_by_chatgpt(model, messages)
```

실행 결과

저도 그런 기분을 이해해요. 외로움은 우리 모두가 가끔 느끼는 감정이에요. 특히 요즘은 혼자 시간을 보내는 일이 더 많아져서 더욱 더 그럴 수 있죠.
하지만 외로움을 극복하는 방법이 있어요. 먼저 첫 번째로, 혼자 시간을 보내는 것을 즐기는 활동을 찾아보는 것이 좋아요. 예를 들어, 취미를 찾아보거나 책을 읽거나 영화를 보는 등의 활동을 하면서 자신만의 시간을 즐길 수 있어요. 이렇게 하면 외로움보다는 혼자 있는 시간을 즐기며 스스로에게 조금 더 집중할 수도 있어요.

두 번째로, 주변 사람들과의 연락을 유지하는 것도 도움이 될 거예요. 가까운 친구나 가족들에게 한 번 연락을 해보세요. 함께 대화하거나 모임을 갖는 등의 방법으로 소통할 수 있어요. 혹은

> 새로운 사람들과 소통할 수 있는 온라인 커뮤니티나 친목 동호회에 가입해보는 것도 좋은 아이디어일 거예요.
>
> 마지막으로, 외로움은 때로는 누군가 더 의미 있는 관계를 만들기 위한 신호일 수도 있어요. 혼자 있는 시간을 활용하여 자기 자신과 친해질 수 있는 기회로 삼을 수도 있고, 새로운 관계를 만들기 위해 노력하는 것도 좋아요.
>
> 외로움은 일시적인 감정이기 때문에 언제나 이렇게 느끼고 있지는 않을 거예요. 하지만 혼자 있는 시간을 즐기는 법과 주변 사람들과 소통을 유지하는 방법을 찾아가는 것은 지속적인 해결책이 될 거예요. 저도 어떤 면에서는 당신의 곁에 있는 것처럼, 당신이 외로움을 극복하는 데 도움이 되고 싶어요. 언제든지 상담이나 대화를 할 준비가 되어 있으니 언제든지 말씀해주세요.

ChatGPT의 답변은 실행할 때마다 다소 달라지므로 실제 실습 시 출력 결과는 위 결과와 다를 수 있습니다. 위 답변은 다소 길뿐만 아니라, 첫 번째, 두 번째, 마지막이라는 표현을 사용하며 외로움을 극복하는 방법을 제시합니다. 깔끔한 답변이지만 여러 가지 방법을 구체적으로 나열하는 모습이 상담가라기보다는 다소 딱딱한 챗봇에 가깝다는 느낌이 듭니다. 물론, 딱딱한 말투를 부드럽게 하기 위해서 프롬프트를 조금 더 상세하게 수정하는 것도 방법이겠지만 여기서는 동일한 프롬프트임에도 파인 튜닝 후의 모델의 답변이 어떻게 바뀌는지 확인해보겠습니다.

이번에는 파인 튜닝된 모델을 호출해 보겠습니다. 호출 방법은 앞서 사용했던 코드에서 gpt-4o-mini 대신에 튜닝 후 얻은 모델 id를 모델명으로 사용하여 호출하면 됩니다.

```
model="ft:gpt-4o-mini-2024-07-18:personal::8izeyA4k"
response_by_chatgpt(model, messages)
```

실행 결과

> 혼자 있는 것 같아서 외로움을 느끼신다는 건, 친구나 가족과의 소통 부족으로 인해 자기감정을 충족시키지 못하고 있다는 것을 의미합니다. 내담자님이 외로움을 느끼는 이유에 대해 좀 더 말씀해주실 수 있을까요?

튜닝된 모델은 기존 모델과는 다른 답변 양상을 보이는데, 첫 대화에서 스스로 해결할 수 있는 방법을 먼저 제시하거나 하지 않으며 바로 사용자의 이야기에 공감하는 모습부터 보여줍니다.

이전 대화를 포함하여 호출하는 방법은 기존의 ChatGPT API 호출 방식과 동일합니다. 이번에는 위의 대화를 포함하여 사용자가 새로운 입력을 넣었다고 가정하고 호출해 봅시다.

```
messages=[
    {"role": "system", "content": "당신은 정서적으로 심리가 불안한 사용자를 위로해주는 심리 상담 챗봇입니다. 상담하면서 여러 가지 방법을 알려주세요."},
    {"role": "user", "content": "요즘 혼자인 것 같아서 외로워요"},
    {"role": "assistant", "content": "혼자 있는 것 같아서 외로움을 느끼신다는 건, 친구나 가족과의 소통 부족으로 인해 자기감정을 충족시키지 못하고 있다는 것을 의미합니다. 내담자님이 외로움을 느끼는 이유에 대해 좀 더 말씀해주실 수 있을까요?"},
    {"role": "user", "content": "저도 뭐가 문제인지 모르겠어요"}
]

response_by_chatgpt(model, messages)
```

실행 결과

이왕 상담을 받으러 오셨으니, 이번 기회에 내담자님이 외로워하는 이유를 찾아보는 것도 좋을 것 같아요. 일단 내담자님이 외로움을 느끼는 시기와 상황, 그리고 그 원인을 생각해보세요. 무엇 때문에, 어떤 상황에서, 어떤 사람과 함께하고 싶은지 그리고 그에 대한 해결책을 함께 생각해볼까요?

이전 대화와 어떤 것이 문제인지 모르겠다는 현재 질문을 고려하여 답변을 얻었습니다.

이제 파이썬을 이용하여 웹 인터페이스를 쉽게 만들어주는 Gradio를 이용하여 챗봇 웹페이지를 만들어봅시다. 먼저 아래의 predict() 함수는 사용자가 현재 입력한 메시지인 user_input과 지금까지의 모든 대화 내용을 history에 누적하여 ChatGPT로부터 답변을 받는 함수입니다.

```
def predict(user_input, history):
    history.append({"role": "user", "content": user_input})
    
    gpt_response=client.chat.completions.create(
        model=model,
        messages=history
```

```
    )
    response=gpt_response.choices[0].message.content
    history.append({"role": "assistant", "content": response})
    messages=[(history[i]["content"], history[i+1]["content"])
    for i in range(1, len(history), 2)]
    return messages, history
```

이제 이 predict() 함수를 Gradio의 웹 인터페이스 코드와 연결해봅시다. gr.State() 는 대화가 이루어지는 현재의 인터넷 창에서는 지속적으로 과거 대화 내역이 누적되어 저장되는 역할을 하는 변수입니다. 동일한 인터넷 창에서 변수의 값이 계속 변경되어야 하는 이러한 상황에서 Gradio는 상태 변수라는 개념을 도입하고 있으며, 현재 코드에서는 gr.State()가 이에 해당됩니다. gr.State()는 사용자가 새로운 입력을 전달하고, 챗봇이 새로운 답변을 할 때마다 과거 대화 내역이 누적되면서 지속적으로 업데이트되며, txt. submit() 코드를 통해서 앞서 작성한 predict() 함수에 history라는 변수로 전달됩니다. demo.launch(debug=True, share=True)는 웹 인터페이스를 실행합니다. debug=True는 오류 정보를 자세히 보여주고, share=True는 이 웹 페이지를 인터넷에서 접속할 수 있는 링크를 생성합니다.

```
with gr.Blocks() as demo:
    chatbot = gr.Chatbot(label="ChatBot")

    state = gr.State([{
        "role": "system",
        "content": "당신은 정서적으로 심리가 불안한 사용자를 위로해주는 심리 상담
챗봇입니다. 상담하면서 여러 가지 방법을 알려주세요."
    }])

    with gr.Row():
        txt = gr.Textbox(show_label=False,
                        placeholder="심리 상담 챗봇에게 심리 상담을 받아보세요.")
    txt.submit(predict, [txt, state], [chatbot, state])

demo.launch(debug=True, share=True)
```

실행 결과

```
Running on local URL:  http://127.0.0.1:7861
```

코드를 실행하면 'Running on local URL:'이라는 안내문과 함께 URL이 생성되며, 해당 URL로 접속하면 채팅할 수 있는 웹 인터페이스 화면이 나옵니다. 아래의 그림은 해당 화면에서 심리 상담을 하는 모습을 보여줍니다.

그림 12.2 심리 상담 챗봇의 웹 인터페이스

이번 장에서는 심리 상담 데이터를 ChatGPT에 학습하여 상담자의 말에 공감하고 심리 상담을 해주는 챗봇을 만들어봤습니다. 파인 튜닝 방법은 동일하게 진행하면서 학습 데이터를 어떻게 구축하느냐에 따라서 내가 좋아하는 캐릭터의 성격을 가진 챗봇을 만들거나 좀 더 전문적인 내용을 안내하는 챗봇을 학습할 수 있습니다. 여러분들도 ChatGPT 파인 튜닝을 통해서 자신만의 챗봇을 만들어보기 바랍니다.

A - Z

Actions	266
AI 도슨트 서비스	86
API 사용 요금	7
API 키 발급	11
Assistant	6
Assistants	280
Base64	215
ChatMessageHistory()	124
ChatOpenAI	117
chunk	127
DALL·E	209
Embedding API	112
frequency_penalty	39
GPT-4V	86, 89, 91
GPT 빌더	250, 252
GPT 스토어	250
GPTs	250
gradio	160
JavaScript Object Notation	46
JSON	46
LangChain	106
load_summarize_chain	187
Memory	117
messages	38
model	38
OpenAI 스키마	269
OpenAI API	5
PDF Loader	139
PDFPlumberLoader	143
Playground	17
presence_penalty	39
PyMuPDFLoader	142
PyPDFLoader	139
RAG	106, 109
RAG 챗봇	162
RecursiveCharacterTextSplitter	127
Retrieval-Augmented Generation	106, 109
RunnableWithMessageHistory()	122
seed	39
SemanticChunker	132
SerpApi	267
Speech to Text	71
Streamlit	47
STT	71
temperature	38
Text-To-Speech	67
top_p	39
TTS	67, 69
vector	109
Web Browsing	261
Whisper	6, 67, 71
'whisper-1' 모델	72
yfinance	299

ㄱ - ㅎ

가상 환경	25
기본 질문하기	38
데이터셋 준비하기	333
랭체인	106
메시지	38
모델	38
백분위수 방식	136
벡터	109
벡터 데이터베이스	145
복잡한 PDF를 이용한 챗봇	156
비전	5
비주얼 스튜디오 코드 설치	27
빈도수 페널티	39
사분위수 방식	138
선택에 따라 스토리가 진행되는 동화책	202
세션	123
스트림릿	47
스트림릿 기본 함수	49
시드	39
역할 부여하기	43
역할 지시문	44
온도 조절	38
외부 API	267
웹 브라우징	260
유튜브 요약/번역 프로그램	182
음성 비서 프로그램	64
응답 개수	39
응답 구조	40
이미지 생성	5
이전 대화를 포함하여 답변하기	45
인간의 음성 언어 생성	6
인간의 음성 언어 인식	6
임베딩	6, 109
존재 페널티	39
주피터 노트북	29, 31
중지 문자	39
청크	127
최대 토큰	39
코사인 유사도	110
크로마	145
텍스트 생성	5
텍스트 생성 모델	36
토큰	15
툴	40
파이스	151
파이썬 설치	20
파인 튜닝	328
표준편차 방식	137
플레이그라운드	17
함수 호출	298
핵 샘플링	39